치유과정의 심층심리학적 은유

샤머니즘과 예술치료

김진숙 저

Shamanism and Depth-Oriented
Arts Psychotherapy

학지사

⦀⦀⦀ 머리말 ⦀⦀⦀

　어린 시절 시간 가는 줄 모르고 그림을 그리고 풀뿌리 인형을 만들어 놀면서 이런 재미있는 일을 하는 직업이 있으면 얼마나 좋을까 생각했던 적이 있다. 저자는 어린 시절의 소박한 꿈이 예술치료사가 되는 것으로 실현되었다고 생각하면서 고마운 마음으로 살고 있다. 그러나 이제까지의 여정은 평탄하지만은 않았던 것 같다. 미국에서도 생소한 분야였던 예술치료 분야에 입문하고 심층예술치료를 표방하는 첫 스승인 라빈스 박사의 문하에서 치료사로서의 첫걸음을 내딛었다. 그 이후의 여정은 마치 이 책에서 다루고 있는 샤먼이 되는 경로와 같이 낡은 것이 해체되고 다시 통합되는 과정의 연속이었던 것 같다. 다루어야 할 주제와 내용은 다를지라도 앞으로도 이 여정은 이어질 것이다.

　저자가 예술치료라는 분야에 대하여 알게 된 것은 뉴욕프랫예술대학의 미술학도였던 1970년대 후반 Pratt in Mexico라는 겨울 계절학기 프로그램에 우연히 참여했을 때였다. 그 프로그램은 약 20여 명으로 구성된 예술사, 인류학 관련 교수진과 학도들이 40일 동안 버스를 타고 멕시코와 과테말라의 유적을 포함한 원주민 부락을 탐방하면서 각자가 관심을 가지는 분야를 연구하는 것으로, 그당시 뉴욕 시의 문화, 예술 관련 학도들 모두가 동경하던 여행 프로그램이었다.

마야 문명을 전공하여 원주민 언어가 가능했던 50대 후반의 여성 인류학자 레노가 인솔 책임 교수였는데, 화장기 없는 둥그스름한 얼굴에 짙은 갈색 머리칼을 그대로 길러서 틀어 올린 후덕한 모습의 평범한 중년여성이었다. 그녀는 조금만 같이 있어 보면 넓은 포용력과 해박한 지식을 함께 소유하고 있는 범상치 않은 사람이라는 것을 알게 하는 인물이었다.

40일간의 여행을 하면서 레노 교수와 개인적인 이야기를 나눌 기회가 있었는데 저자의 삶의 내력을 듣고 있던 그녀가 불쑥 미술치료가 저자에게 좋은 분야일 것이라는 말을 해 주었다. 그런데 그 당시 예술가로서의 꿈을 키워 가고 있었기 때문에 그녀의 조언이 황당스럽게 느껴졌던 것 같다.

매년 겨울 레노가 주관했던 Pratt in Mexico 프로그램은 불행하게도 저자가 참여했던 것이 마지막이 되었다. 레노가 그해 봄에 암 진단을 받고 가을에 별세했기 때문이다. 여행지 숙소에서 다음 날 답사할 유적지에 대한 강의를 하면서 긴 머리채를 빗어서 천천히 틀어 올리던 여유로운 그녀의 모습이 아직도 눈에 선하다.

그 여행은 저자에게 중요한 영향을 미쳤는데, 보이지 않는 세계에 관심을 가지게 되었다는 것이 그중 하나였다. 여행에서 우리 모두는 마야 귀신에 홀려서 돌아왔다고 할 정도로 영감에 차서 돌아왔고, 저자는 롱아일랜드 해변가의 쾌적한 삶을 뒤로 하고 열악한 환경의 뉴욕 시로 전격적으로 이사하여 스튜디오를 마련하고 나름대로 작업을 시작하게 되었다. 그러한 변신과정에서 작가의 내면세계와 작품의 관계에 관심을 가지게 되었고, 레노가 창작을 통하여 사람들을 변화시킬 수 있는 작업이라고 평가했던 미술치료를 자연스럽게 전공하게 되었다.

뉴욕에서 지낸 20여 년의 세월은 질곡도 많았지만 풍요로웠던 것 같다. 훌륭한 여러 스승들에게 골고루 배울 수 있었던 것과 다양한 문화체험을 할 수 있었던 것은 많은 사람들이 누리지 못한 행운으로 감사하게 생각하고 있다. 뉴욕프랫대학원 재학 당시 만났던 정신분석학자이자 미술치료사인 라빈스 박사, 분석심리학자이자 미술치료사인 윌리스 박사, 정신분석학자이자 무용치료사인 아브스트라이, 뉴욕대학원의 정신분석학자이자 미술치료사인 로리 윌슨과 크레이머, 미국 연극치료학계의 지도급에 있는 뉴욕대학원 연극치료학과장 랜디 박사와 예일대학교의 존슨 박사, 세계적인 공연학자인 세크너, 타우식 교수들에게 배울 기회가 있었고, 분석심리학 분야에서 만난 유니온 신학대학원 율라노브 부처, 그리고 당시 융연구원 원장이었던 포가디와의 만남도 귀중한 것이었다.

수련을 마치고 공인미술치료사로서 일하며 인형과 가면 등을 이용한 치료법을 시도하면서, 예술매체의 차원이 다양해질수록 치료성이 확대된다는 것을 경험적으로 알게 되었다. 처음에는 임상에서 환자 대상으로 인형을 만들고 인형극을 시도했다가 나중에는 일반인 대상으로 인형극단을 만들었다. 그 과정에서 필요한 자료를 구하러 뉴욕영사관에 있던 문화원을 찾아갔는데, 그때 자연스럽게 한국의 민속과 무속에 관심을 갖게 되었다. 수년간의 인형을 통한 문화예술 활동을 인정받아 1988년 뉴욕 시 문화담당 기관의 지원금을 받아 인형극 〈조상굿〉과 〈바리데기〉를 제작하고 공연하

게 되었는데, 특히 인형극 〈바리데기〉의 전 과정에서 지독하게 고
생은 했지만 새롭게 깨달은 무엇이 있었다. 공연을 위하여 수고했
던 사람들과 관객들까지 동일하게 경험했던 치유적 힘은 시공을 초
월하여 재구송되어 온 서사무가인 〈바리데기〉가 주는 특별한 힘이
라는 것을 알게 되었고 그러한 치유적인 경험의 실체가 무엇인지
궁금했다. 그 당시 저자는 뉴욕대학원 미술치료전공 박사과정에 재
학 중이었는데 공연이 주는 치유성에 대하여 너무 모르고 있다는
생각에서 공연학의 거장인 셰크니 교수의 과목과 실험연극에 관심
을 가지다가 연극치료로 전공을 바꾸게 되었다.

그 후 내림굿에 관련된 논문을 쓰기 위하여 한국을 드나들면서
관련 분야 전문인들과 교류하게 되었고 1993년 한국임상예술학회
10주년 기념 국제학술대회 〈무속, 임상예술, 정신치료〉에 참여한
것이 계기가 되어 1994년에 귀국하게 되었다. 그 당시 저자가 받은
인상은 국내에서 시행되고 있는 예술치료가 그림이나 기타 작품들
을 어떻게 해석하여 진단에 이용할 것인가에 치중하는 듯한 느낌
이었고, 창작성과 창작과정이 가져다주는 치유에 대한 관념과 거
기에 대한 재료가 부족하다는 것이었다. 그러한 필요를 직시하면
서 급하게 집필했던 『예술심리치료의 이론과 실제』(중앙적성,
1993, Keapa Press, 2001)가 나온 이후 개정판을 내려고 했으나 현
실적인 여건으로 미루고 오고 있었다.

지난 10여 년 동안 국내의 예술치료 분야는 많은 발전을 하여 예
술치료에 관련된 중요한 기초서적은 대부분이 번역되고 웬만한 재
료는 소개된 상태라서 또 하나의 예술치료를 소개하는 책보다는
한 걸음 나아간 자료가 필요하다는 생각을 하였고, 샤머니즘과 예

술치료의 상관관계를 현대 심리치료적인 관점으로 조명하는 주제로 방향을 바꾸게 되었다.

이 책은 크게 두 부분으로 나뉜다.

제1부는 예술심리치료와 심층예술치료 이론을 개괄적으로 소개하면서 정신병동의 한 환자의 치료 전 과정을 소개하면서 이론이 어떻게 실제에 적용되는가를 다루었다. 제2부에서는 치유과정의 은유로서의 샤머니즘과 예술치료를 논하기 위하여 샤먼의 정의 및 역할, 주술종교로서 샤머니즘이 가지는 치병개념, 그리고 샤머니즘의 핵심이라고 할 수 있는 접신, 빙의, 망아체험에 관련된 학자들의 상이한 개념들을 소개하고, 원시인들의 심성과 원시 민속의 심리학, 타계여행 모티브, 예술치료에서의 치료과정을 내림굿에 나타나는 입무/치유과정과 현대예술치료에 접목한 집단 및 개인사례를 소개하는 것으로 마감한다.

특히 제2부의 내용은 보수적인 고장에서 고된 시집살이로 한을 품고 죽어 간 숱한 여성들의 이야기를 들으면서 자란 시골뜨기인 저자가 뉴욕이라는 자유롭고 풍요로운 예술과 문화의 바다를 유영하면서 접했던 다양한 경험이 예술치료를 통하여 합쳐진 결과물로서, 뉴욕대학원 재학 당시 연극치료학계에서 새로운 모델로 주목했던 자료들이다. 현실적인 여건으로 임상사례들과 연결하는 부분이 부족한 감이 없지 않지만 예술치료 및 관련 분야 심리치료학도들에게 새로운 관점을 열어 줄 수 있을 것 같아서 더 이상 미루지 않기로 했다.

국내외에서 샤머니즘에 대한 연구가 다각적으로 이루어지고 있고, 샤머니즘을 무턱대고 미신이라고 부정적으로 생각하는 일반인들의 오해가 있을 수 있음을 감안하여 이 책에서 의미하는 샤머니즘의 개념을 미리 밝히려 한다.

이 책에서 의미하는 샤머니즘은 전 세계에 퍼져 있는 주술-종교체계(magico-religious system)이자 시공을 초월해서 존재해 온 보편적인 인간정신 현상의 표현으로, 시대와 주변 문화에 따라 다양한 형태로 나타나지만 그 구조는 동일하다. 따라서 이러한 현상은 언제 어디서나 치유와 변화를 전제로 하여 시행되는 제의 및 치유과정에 동일하게 나타난다고 보고 예술치료의 과정도 예외가 아니라고 보는 입장이다.

또한 샤먼의 제의과정이나 예술치료사의 치료과정에서 사용하는 다양한 예술적인 매체는 일상적인 의식 상태에서 비일상적인 무의식 상태로 향하는 망아체험의 도구로서의 의미를 가지며, 저승 또는 무의식세계 속에 있는 내용물(콤플렉스, 신, 지혜)과 상호소통을 하게 하여 자신과 도움이 필요한 사람들을 이롭게 한다는 샤먼의 망아를 통한 제의과정의 은유가 예술치료에서도 적용된다는 것에 관심을 둔다.

마지막으로 이 책이 나오기까지 수고해 주신 여러분들에게 감사드리며 특히 마지막 원고정리를 도와준 정희정 조교, 출간을 맡아 주신 학지사 김진환 사장님과 편집부 직원 여러분, 그리고 사진자료 사용을 허락해 준 뉴욕 ARAS(The Archive for Research in Archetypal Symbolism)에게 감사드린다.

명지대학교 연구실에서

金珍淑

제2부 예술치료와 샤머니즘

제1부
예술치료의 실제

||||| 들어가는 글 |||||

　예술작업을 통하여 치유적인 목적을 달성하려는 시도는 유사 이전부터 있었다. 그러다가 예술치료라는 전문 분야로 정착하게 된 것은 최근의 일이다. 이러한 측면에서 표현예술치료[1](이하 예술치료)는 가장 오래되었으면서도 새로운 치유 방식이라 하겠다.

　미국에서는 1920년대에 시작되어 1960년대에 미술치료, 음악치료, 무용치료, 연극치료의 순서로 학회가 창설되고 대학원 수준의 전문교육기관이 생기면서 빠른 속도로 확산되어 국가공인 전문치료 분야로 인정을 받았다. 국내에서도 일찍부터 관심이 있어 왔고 최근 관심이 고조되면서 많은 관련 서적들이 출간되고 대학원 수준의 교육과정이 여러 곳 생기는 등 괄목할 만한 발전을 해 오고 있으나 아직 전문직으로서 국가적인 공인을 받지 못한 상태다. 그러나 잘 훈련된 치료사들이 지역사회 곳곳에 들어가 뿌리를 내려 가고 있기 때문에 하나의 전문직으로 인정받을 날이 그리 멀지 않다고 생각하고 있다.

　예술치료가 국내외에서 관심의 대상이 되고 있는 것은 물질, 지성, 만능주의에 치우쳐 온 현대인들에게 나타나는 신경증, 우울증, 마약, 비행 등의 문제를 약물차원이나 기존의 심리치료 방식으로 대처하기에는 한계점이 있다는 것을 깨달았기 때문이라고 하겠다.

---

1) 1950년대부터 미국에서 전문직종으로 정착한 미술, 음악, 무용, 놀이, 연극치료 중 두 가지 이상의 예술매체를 적용하는 통합적인 형태의 예술치료로서 미국을 중심으로 서구에서 조직력을 갖추고 활동한 지 약 20여 년이 된 새로운 정신건강 분야다.

이러한 현상은 한 개인의 정신세계나 한 사회의 정신이 어느 한곳으로 지나치게 치우치면 보상을 필요로 하는 현상이 나타나기 마련이라는 점에서 자연스러운 현상이라고 볼 수 있다.

심층심리학적 예술치료에서 예술작업은 그 자체가 심리치료에서 요구되는 공감대적인 그릇(emphatic vessel)이자 촉진 치료 환경(facilitating environment)으로서 아동, 청소년, 중년, 노인들의 다양한 심리적인 문제들을 다루며, 신경증, 정서 및 발달 지체, 각종 약물중독, 비행 청소년, 폭력의 희생자, 치매노인 등과 정상인 듯 보이는 사람들도 보다 건강해지도록 하기 위한 치료를 가능하게 한다. 뿐만 아니라 예술치료에서 예술작업은 근원적인 삶으로부터 유리된 현대인을 신화적인 삶과 재연결한나는 점에서, 그리고 현대사회에서 여러 가지 형태로 나타나는 정신적인 문제들을 지원할 수 있다는 점에서 중요하다고 하겠다.

···
제1장
예술치료 개관

1. 예술치료의 정의

예술치료는 예술과 치료가 만난 분야로, 치료사가 가지고 있는 예술과 치료에 대한 관점에 따라서 다른 형태로 나타날 수 있기 때문에 간단히 정의하기가 쉽지 않다.

저자가 예술치료를 "예술적인 작업을 통하여 정서적 갈등과 심리적인 증상을 완화시키고, 원만하고 창조적으로 살아갈 수 있도록 돕는 심리치료법"(김진숙, 1993b)이라고 소개한 이후 국내외 예술치료학계에는 많은 발전이 있었다. 특히 치료 대상의 폭이 넓어져서 심리적인 치료에 국한되지 않고 심인성 질환의 치료나 신체적인 재활까지 포함하는, 거의 모든 사람들에게 다양한 도움을 줄 수 있는 수준으로 발전하였다.

2002년 미국미술치료협회(AATA)의 연차대회에서 정립한, 미술치료에 관한 최근의 정의는 예술치료의 다른 여러 장르의 발전을 반영하고 있을 뿐만 아니라 예술치료의 실제를 집약하고 있다고 사료되어 소개한다.

미술심리치료는 작품을 만드는 데 참여하게 하는 것이 치유와 삶을 강화시키는 창조적 과정이라는 믿음에 기초한다. 미술치료사와 작품을 만드는 과정에서 작품에 대해 나누고 만들어진 결과물을 통하여 그들 자신의 인식을 증가시킬 수 있으며, 증상, 스트레스, 외상 경험과 관련된 대처능력에 대한 자각을 돕고, 인지능력을 향상시키며, 나아가 예술적 창조활동을 통해 삶의 즐거움을 누릴 수 있게 된다. 즉, 꿈이나 명상, 환상 등은 자기를 관리하기 위해 끊임없이 움직이는 자아의 무의식적인 조직 활동으로 자기와 자기 자신 간에 일어나는 활동인 데 반해, 예술활동은 자기와 다른 사람들 간의 경험의 의사소통에 그 목표를 두고 있는 점이 다르며, 그 이유 때문에 예술은 현실과 논리의 구속을 받지 않고 자유분방하게 본능적 충동을 발산시키는 우리의 무의식적 활동에만 근거할 수 없는 활동이다. 그것은 자기중심적인 일차적인 사고과정(primary process)과 이차적인 사고과정(secondary process)[1] 간의 조작적인 종합에 근거를 두어야 한다. 이러한 예술치료의 실제는 인간발달과 교육, 정신역동, 인지, 초개인적인 차원을 포함하는 치료와 평가 모델에 대한 충분한 심리학 이론의 지식에 기초를 두고 있으며, 정서갈등을 조정하고, 자기인식을 기르고, 사회적 기술을 습득하고, 행동을 조정하고, 문

---

1) 프로이트(Sigmund Freud)의 용어로, 일차적인 사고과정이라 함은 생의 초기의 사고과정으로서 아기들의 사고에 해당되는 것을 의미하고 이차적인 사고과정은 생의 후기에 해당되는 사고과정으로서 성인의 사고에 해당하는 것이다.

제를 해결하고, 분노를 경감시키며, 현실 검증을 도와주며, 자존감
을 증가시켜 준다.

예술활동을 통하여 치유가 가능한 것은 치료자의 심리치료를 보
는 관점에 따라 다각적으로 소개할 수 있겠으나, 이 책에서 중심적
으로 다룰 심층심리학적 맥락의 부분을 중심으로 소개하면 [그림
1-1]과 같다.

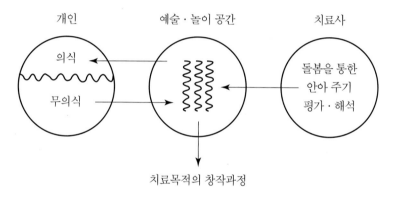

[그림 1-1] 예술치료의 기본 모델

[그림 1-1]에서는 예술치료가 다른 언어중심의 치료와는 달리
치료사와 개인/내담자의 사이에 예술작업이라는 중간영역이 있다
는 것을 보여 주면서 예술작업이 치료과정에 어떻게 작용하는지를
보여 주고 있다.
우선 예술치료사의 적절한 돌봄과 치료적인 안전한 환경제공으
로, 의식/무의식을 포함한 내담자의 마음속에 있는 내용물이 예술
작업을 통하여 표현된다. 이러한 과정에서 내담자 측에서는 이미

정신내면에 갇혀 있던 갈등적인 내용물이 일단 바깥으로 표현되면서 정서적인 환기가 되고 치료사 측에서는 작업 전 과정과 그 결과물인 작품을 통하여 내담자의 마음의 내용물(문제점)을 이해(평가)할 수 있게 된다. 이러한 이해(평가)를 토대로 하여 치료사는 나름대로의 치료방향을 설정하고 거기에 도달하기 위하여 필요한 예술작업을 하여 목표에 이르게 된다. 치료목표와 방침을 설정할 때 중요한 것은 어디까지나 도움을 필요로 하는 측의 수준과 요구에 맞게 해야 한다는 것이다. 따라서 어떤 매체가 언제, 왜 사용되어야 하고 또 어떤 방식으로 제공되어야 하는지에 관한 것이 예술치료사 교육과정에서 중요한 부분이 된다.

2. 왜 예술치료인가

예술치료의 효율성은 여러 가지 측면으로 설명할 수 있겠지만 무엇보다 언어로서 표현할 수 없는 마음을 부담 없이 표현할 수 있다는 점을 들 수 있다.

현대 심층심리치료의 근간이 되는 치료성은 개인의 정신에 자기도 모르고 있는 무의식의 세계가 있고, 이러한 모르는 마음(무의식)은 의식생활에 영향을 주며, 치료라는 것은 무의식을 의식화해야 한다는 개념이 포함되어 있다. 심리치료에서 탐구의 대상이 되는 프로이트의 일차적인 사고과정이나 무의식, 그리고 융(Carl Jung)의 중심적인 개념으로 집단무의식의 내용물인 상징이 언어차원이 아니라 이미지, 신체, 청각적 차원이라는 점에서 통합적인 예술적인 방법이 합목적적이라 할 수 있다.

또한 예술은 미지의 세계인 무의식을 탐험해야 하는 것에서 오는 부담감으로 위협적인 경험을 할 수가 있는데, 예술치료는 직접적 표현인 언어가 아니라 이미지 차원에서 상징적으로 작업하게 한다는 것에서 덜 위협적이라는 것이다.

대부분의 현대 심리학자들은 인간의 인성 및 심리적인 문제를 발달적인 맥락으로 보고 있다. 다시 말해서, 아기가 태어나 갑자기 성숙한 인성을 갖춘 어른이 되는 것이 아니고 세부적인 하위단계를 거친다는 것이다. 이러한 심리학자들의 이론의 공통점은 한 개인의 인성과 정신 · 심리적인 문제가 생의 초기단계인 첫 3∼5년에 형성된다는 것이다. 이러한 사실은 유아의 인격 및 심리적인 문제형성이 언어이전 차원의 매체라고 할 수 있는 신체 감각 및 운동, 소리 및 리듬, 놀이, 색상 및 이미지에서 형성되었다는 의미가 된다. 이러한 맥락에서 볼 때 발달초기에 비언어적인 내용으로 채워진 심리적인 문제들을 언어만을 통한 심리치료로 접근하는 데에 어려움이 있다는 것을 가정할 수 있게 된다.

따라서 예술치료에서 사용하는 본질적으로 비언어적인 경험 차원의 상호소통을 가능하게 하는 신체 감각 및 운동, 소리 및 리듬, 놀이, 색상 및 이미지 등의 매체는 안전하면서도 효율적으로 생의 초기단계에서 유래하는 심리적인 이슈들을 접근하고 치료할 수 있다고 보는 것이다. 이러한 언어전(pre-verbal)단계 차원의 예술 활동들은 현대 심층심리학자들이 중요하게 보는 한 개인의 인성발달 초기에 해당되는 개인적인 발달적인 이슈뿐만 아니라, 원형적인 발달단계[2]에 해당되는 이슈들을 효율적으로 다룰 수 있다는 것에

〈표 1-1〉 생의 초기 경험의 주요성을 보여 주는 도표

	연령	피아제 (인지발달)	프로이트 (인성)	에릭슨 (사회성)	말러 (대상관계)	노이만 (의식성)
언 어 분 화 단 계	60세	형식적 조작단계	성기	노년기: 통합감/절망		자기구현단계 (shift to self stage)
	35세			중년기: 생산성/침체성		
	25세			성인초기: 친밀감/고립감		태양적 · 이지적 자아 (solar rational ego)
	20세			청소년기: 정체감/역할 혼미		태양적 · 전투적 자아 (solar far-like ego)
	12세 11세	구체적 조작단계	잠복기	학령기: 주도성/죄의식		부성단계 (patricachate) 마술 · 전투적 단계 (magic-chthoric ego)
	7세					
	5.5세		남근기	학령전기: 주도성/죄의식		남근 · 토양적 자아단계 (phalhic-chthoric ego)
	3세					
언 어 미 분 화 단 계	2.5세	전조작 단계	항문기	아동초기: 자율성/ 수치 · 회의	대상 영속성 단계	이차적 모성단계 (second matriacha phase)
	24개월					
	18개월	감각 운동단계	구순기	환상기: 신뢰/불신	분리하위 단계	일차적 모성단계 (frist matriachal phase)
	9개월					
	3개월				분리단계	
					공생단계	
	출생 4주				정상적 자폐	우로보로스단계 (uroboric phase)

서 그 의의가 있다고 하겠다. 〈표 1-1〉은 저자가 생의 초기의 경험
의 중요성을 보여 주기 위하여 인간정신의 발달을 단계적으로 보
는 학자들의 이론을 한눈에 볼 수 있도록 만든 것이다(김진숙,
1996).

〈표 1-1〉의 3세에 해당하는 곳에 진한 음영으로 표시한 것은 그
이전을 언어 미분화단계라고 보고, 그 이후를 언어 분화단계라는
것을 나타내기 위한 것이다.

모든 학자들은 발달초기일수록 심각한 정신적인 문제가 생긴다
고 보고 있으며, 이러한 초기단계에서의 이슈는 언어 미분화단계
인 만큼 비언어적인 예술치료적인 접근, 즉 삶의 초기의 박탈된 경
험이 재연되고 작업되는 것이 용이하다는 것이다.

3. 다양한 예술매체 사용이 가지는 치유성

예술치료는 프로이트 이후 서구에서 시작된 현대 심리치료가 발
전해 오면서 전문화된 정신보건 분야로서 미술, 음악, 놀이, 동작,
무용, 연극치료 등의 세부전공으로 나뉘어 발전하였다. 이러한 현
상은 세부적인 전문화를 위해서는 바람직하기도 하지만, 한 가지
예술매체를 통한 접근방법으로만 인간정신 현상을 있는 그대로 수
용하고 한 개인의 고유한 정신세계를 있는 그대로 탐구하고 적절

---

2) 인간정신 중 선험적으로 가지고 태어나는 정신의 부분인 집단적인 무의식이 있다고 보
   는 분석심리학적인 개념에서 집단적인 무의식에도 발달단계가 있다고 보는 노이만이
   만든 용어다.

하게 도와주는 데는 한계가 있다고 가정할 수 있다. 또한 개인의
장애의 내용이나 성향, 그리고 치료상황(치료초기인가 후기인가 등)
에 따라서 편안하게 느끼는 매체들이 있을 것이다. 정신병동의 많
은 환자들 중에 그림은 그리지 않으면서도 춤을 추거나, 옛날이야
기를 만드는 환상놀이에는 뜻밖의 재능을 발휘하는 환자들을 흔히
볼 수 있다. 아동들의 경우도 마찬가지다. 자발적으로 표현된 다양
한 형태의 예술작업들은 본질적으로 창조적이고 근원적인 인간심
성의 표현이므로 인간정신을 탐구할 때 특정한 예술장르의 접근법
에 국한해야 한다는 관점은 편협해 보인다.

　임상에서 경험을 많이 한 예술치료사일수록 이러한 경험을 하게
된다. 저자의 경우도 미술치료사로 일하면서 미술만으로는 불가능
하여 필요에 따라서 여러 매체로 넓혀 가게 되었고, 각 예술 장르
전문가들도 절충적인 접근을 하는 것이다.

　[그림 1-2]는 발달 맥락의 예술치료이론가인 존슨(David Johnson,

발달순서에 따른 표현방식	상응하는 표현매체
성인/발달후기	
언어차원의 표현(lexical)	능동적인 언어사용
도상차원의 표현(Iconic)	연극, 놀이활동
형태차원의 표현(imagistic)	미술, 놀이활동
감각차원의 표현(kinesthetic)	신체동작, 무용활동
신생아/발달초기	

[그림 1-2] 발달순서에 따른 표현방식과 표현매체(김진숙, 1999b)

1982, 1986)의 개념을 요약한 것이다. 이 그림에 따르면 각 발달단계에서 다루어야 하는 주제에 적절한 표현매체가 상이해야 함을 보여 주고 있다. 이것의 의미는 예술치료사들이 만나는 대상이 놓여 있는 상황에 따라서 절충적으로 접근해야 함을 시사하고 있다. 뿐만 아니라 선사시대부터 자연발생적으로 시행되어 오고 있던 주술목적의 창조적인 작업들은 부적이나 주물, 그리고 춤과 노래 등의 절충적인 표현양식이었다. 이러한 현상은 시공을 초월한다는 점에서 보편적인 인간정신의 창조적인 표현양식이라 본다면 현대인들에게도 적용된다고 해도 좋을 것이다.

〈표 1-2〉는 저자가 이해하고 있는 현대 예술치료의 범주를 이론과 접근방법 중심으로 보여 주기 위하여 만든 것이다. 그 이론적인 범위가 방대하고 접근방법이 세분화되어 있어 각 접근방법은 나름대로의 효율성이 증명되고 있다.

〈표 1-2〉 현대 예술치료의 범주(김진숙, 1999b)

| 이론 / 표현매체 | 심층심리 또는 역동적 심리치료 | | | 인지발달 심리학 | 실존 및 인본주의 심리학 | 행동교정 및 특수교육 | 뇌신경 기능 |
	정신분석학	대상관계 자기심리학	분석심리학				
미술치료	·	·	·	·	·	·	·
동작·무용치료	·	·	·	·	·	·	·
음악·소리치료	·	·	·	·	·	·	·
연극·놀이치료	·	·	·	·	·	·	·

예술치료 입문자들의 경우, 보통 한 가지 매체와 한두 가지의 이론적인 접근으로 시작했다가 필요에 따라 서서히 넓혀 가는 것이 일반적인 현상이다. 〈표 1-2〉에서 볼 때 방대한 내용인 듯 하지만, 각 심리학파의 기본적인 이론을 이해하고, 그 내용을 각 장르의 예술치료 매체인 이미지, 동작, 소리, 연기 등에 연결할 수 있는 실기를 익혀서, 예술매체의 혼합적인 사용이 가져다주는 상승적인 치유효과를 이해하는 과정을 통해 자연스럽게 예술치료의 폭을 넓혀 가는 것을 볼 수 있다.[3]

사실상 내용적으로는 모든 장르의 예술치료가 통합적인 형태를 취하고 있다. 예를 들어, 미술치료에서 음악과 간단한 악기 등을 쓰는가 하면 웜업으로 동작을 하고, 음악치료에서 음악을 듣거나 악기로 연주를 하고 나서 소감을 그리게 하고, 무용치료 또한 무용동작을 하고 나서 그림을 그리게 하는 것이다. 연극치료에서 사용하는 웜업작업은 동작, 무용, 소리 등을 사용하는 것이 일반적인 현상이다. 따라서 통합적인 예술치료라는 말을 쓰는 것조차도 별 의미가 없다고 볼 수도 있다. 예외적인 경우로, 특정한 지시로 그림을 그리거나 동작, 소리를 하게 하여 특정한 방식으로 평가, 해석하는 방식과는 구별된다고 하겠다.

---

3) 각 예술장르별 예술치료가 전문화하면서 하나의 매체에만 국한하는 것에서 오는 한계점이 서서히 드러났고, 통합적인 예술매체를 사용하는 표현예술심리치료의 필요성이 부각되기 시작했다. 구체적인 형태로 협회, 교육과정이 등장하게 되었다는 것은 앞서 설명하였다. 통합적인 모델은 이상적인 모델이기는 하지만 시행과 체계화하는 것에 여러 가지 어려움이 있다. 최근에 와서 다양한 장르의 예술치료가 전문화를 위하여 공조해야 할 필요성이 대두되고 있다. 각 예술장르의 심리치료에 깊은 경험을 가진 전문가들이 공조를 해야만 하는 시대적인 상황에 놓여 있다.

저자가 표방하고 있는 절충적인 예술치료사를 양성하는 교육과정에는 긍정적인 측면과 부정적인 측면이 있다. 다양한 매체의 경험으로 자원이 풍부해진다는 것이 긍정적인 측면이며, 초보자들이 여러 장르의 예술치료를 접함으로써 혼란스럽다는 것이 부정적인 측면이다. 성공적이고 절충적인 예술치료의 교육을 위해서는 피교육자 각자가 일차적으로 선택한 단일 예술치료에 대한 확고한 경험과 이해가 있고 나서 다른 장르를 통합하는 식이 되어야 한다.

미술치료학과와 무용치료학과가 함께 했던 뉴욕의 프랫대학원의 경우, 미술치료와 무용치료 학생들이 함께 강좌(이론 및 세미나)와 임상감독 과목을 학습하고, 실기 부분만 각 장르의 예술매체에 대하여 자격을 갖춘 교수들에게 지도를 받았다.

보스턴의 레슬리대학교 표현예술치료 대학원의 경우, 피교육자가 먼저 자신이 선호하는 일차적인 예술매체를 중심적으로 탐구한 다음, 필요에 따라 이차, 삼차적인 매체로 확장해 나가는 방식으로 교육을 한다. 학도들은 자신이 비중을 가장 많이 두는 예술매체에 따라서 스스로 미술·음악·무용치료 전공 예술치료사라고 부른다. 한국 표현예술심리치료협회에서 실시하고 있는 교육과정도 위의 두 모델과 비슷한 맥락으로 실시되고 있다.

저자는 지난 16년 동안 예술치료를 하면서 명지대학교 특수대학원에 예술치료학과를 개설하여 미술치료 전공과 표현예술치료 전공으로 나누어서 교육을 해 오고 있다. 여러 가지 긍정적인 현상을 접하고 있는데 흔히 볼 수 있는 예로서, 한 가지 예술매체만 사용하던 예술치료사들이 다른 매체를 접하게 되면서 스스로 풍부해진다는 경험을 하고 치료사로서 역량이 풍부해진다는 것을 들 수

있다.[4]

4. 왜 심층예술치료인가

1980년대 초 저자가 수학했던 프랫대학원 미술치료학과는 심층
예술치료의 선구자인 라빈스(Robbins) 박사가 학과장이었고 그 학
풍의 영향으로 자연스럽게 심층적인 관점으로 실시하는 예술치료
를 접하게 되었다. 첫 학기부터 심층심리학 이론을 집중적으로 공
부해야 했는데, 이 어려운 공부를 왜 해야 하느냐는 학생들의 항의
에 전문적인 예술치료사가 되기 위해서는 그 길밖에 없다고 담담
하게 대답하셨던 것이 지금은 수긍이 간다.[5]

이 책에서 의미하는 심층예술치료는 주로 심층심리학 또는 역동
적인 심리치료를 이론적인 틀로 하는 예술치료를 의미하며, 크게
정신분석학과 분석심리학으로 나눌 수 있다. 이 두 가지 이론의 공
통점은 인간의 마음에 알지 못하는 무의식이 있고 무의식이 사람
들에게 특정한 행동을 하게 하는데, 이를 예술작업을 통해서 의식
으로 통합하게 하는 것이라고 요약할 수 있다.

---

4) 한 가지 이상의 예술매체를 절충적으로 사용하는 표현예술치료에서 각 장르의 예술매
체가 가지는 치유적인 연관관계에 대해서는 제2장에서 '3. 발달 맥락의 이론적인 틀'
을 참고하기 바란다.
5) 대상에 따라서 인지, 행동 치료를 위시한 다른 여러 접근방법이 더 적합할 수 있기 때
문에 심층예술만이 적합하다는 의미는 아니다. 치료는 치료사의 인격과 역량에 달린
것이기 때문이다. 오히려 심층예술치료사들이 치료 대상의 현실적인 요구에 부합하는
치료 서비스를 제공하기 위해서는 다른 여러 접근방법을 익혀서 절충적으로 적용해야
한다고 보는 것이 저자의 입장이다.

그러나 이 두 학파가 무의식과 인간정신을 보는 관점은 다르다. 정신분석학에서는 무의식이 주로 개인의 삶 속에 경험의 내용으로 채워져 있다고 본다면, 분석심리학에서는 개인적인 삶의 경험 외에도 선험적으로 가지고 태어나는 정신의 부분이 있다고 보는 것을 중심으로 한다. 따라서 각 심층심리학파가 가지는 관점에 따라서 예술작업과정과 결과물을 이해하는 내용이 다르다고 할 수 있고, 저자는 이 모두가 존중되어야 한다고 본다.

정신분석학적인 맥락에서 실시되는 예술치료에서는 예술작업을 통한 표현의 대부분이 무의식에서 유래하며, 이러한 표현이 일상적인 시간이나 공간 개념이 아닌 다양한 차원의 시각, 공간, 청각적인 이미지로 동시에 나타날 수 있다고 보고 있다.

여기에서 예술(환상, 꿈, 놀이 포함)을 통한 표현은 우리의 내적인 경험 중에 가공되지 않은 거친 재료로, 프로이트가 말하는 일차적 사고과정의 부산물, 또는 융이 말하는 원형적인 정신의 내용물로서 환상, 꿈, 예술, 놀이라는 형태는 몸짓, 자세, 동작의 스타일, 음색, 목소리의 억양 등과 더불어 정신내면의 충동들이나 신체적인 근육긴장과 관계되는 내용이 외부로 표출된 것이라 할 수 있다.

이러한 표현이 가지는 치료적인 의의는 개인으로 하여금 자기-영속성과 정체감의 확립을 위하여 필요로 하는 일차적인 사고과정(무의식의 내용)의 경험을 하게 하고, 이 내용을 이해하고 명료화하고 조직화하여 삶의 구체적인 형태, 즉 현실적인 수준의 모든 기능을 가진 이차적 사고과정(의식의 내용)과 의사소통할 수 있도록 한다는 것에 있다. 예술은 개별적인 수준과 요구에 따라 적절한 반영을 해 줄 수 있기 때문에 개인에 따라 다르게 나타나는 조직화와 통합과, 다원적인 차원의 인간정신세계의 내용을 수용, 조직화, 통합을 가능하게 한다는 점이 예술치료의 장점이자 특성이라 하겠다 (Robbins, 1980).

반면에 분석심리학적인 관점으로 예술치료를 시행하는 입장은 꿈이나 예술작업 등을 포함한 모든 무의식의 자료에는 목적 의미가 있고, 분석심리학에서 초개인적인 속성까지도 포함하고 있다고 보는 만큼 요약하는 것이 어렵다. 분석심리학에서 꿈의 기능은 존중받지 못하고 있는 정신의 부분을 보상한다는 측면을 넘어서 전체가 되는 개성화 또는 정신적으로 구원받게 하는 길잡이가 된다고 보고 있는데, 자발적인 창조작업의 결과물이 꿈이 가지는 기능과 비슷하다고 봐도 좋을 것이다.

5. 예술치료에서 의미하는 창조성

예술이 인간정신에 미치는 영향에 대해서는 많은 학자들이 연구하였다. 인간정신을 보는 관점은 다르지만 학자들 모두 창조성이 정신건강을 가져다준다고 하였다. 창조성의 필요성에 대하여 논하고 있는 여러 정신분석학자들 중 대표적인 인물은 크리스, 아리에티, 아들러, 메이, 위니캇을 들 수 있다. 이들은 각각 예술작업이 가지는 치료성을, 치료에 필요한 안전한 퇴행(크리스), 불확실한 것의 확실화(아리에티), 불충분함의 보상(아들러), 고정관념이나 보편화된 사고의 사슬에서 해방시켜 줌(메이), 창조성·놀이성은 심리치료 그 자체(위니캇)라고 하였다.

또한 사회심리학자 매슬로(Maslow)는 전인적인 인간은 심미적 투시력이나 육체적 경험으로 자신을 구현하는 사람이라고 하면서, 이러한 자신 내면의 구현은 모방하지 않는 자기 창조의 노력으로만 가능하다고 하였다. 시인 에머슨(Emerson)도 자신을 신뢰하는 일이 성공의 첫걸음이라고 하면서 이러한 자신에 대한 신뢰감은 내면의 깊은 곳에 있는데 창작을 통해서만 이를 수 있으므로 모방하는 것은 자살행위와 같다고 피력함으로써 창작성의 중요함을 강조하였다(김진숙, 1993b).

예술치료에서 예술이란, 정신분석학자 아리에티(Arieti, 1976)가 말하는 '천재적인 창조성'과 구별되는, 모두가 가지고 있다고 보는 '보편적인 창조성'을 실현하는 도구로서의 의미를 가진다. 예술치료에서는 모든 사람들에게 예술적인 부분이 있고 그것을 개발하고자 하는 내면의 요구가 있으며 그것을 개발하는 것이 건강이라고 보고 있다.

또한 예술치료에서 보는 예술작업의 결과물은 물리적으로 만들어진 것이 아니라 한 개인의 정신세계 속에서 창출된 인간의 정신 내면에 기반을 둔 상징물로서 살아 있는 창작과정의 소산이라는 것에 중점을 두기 때문에, 작품의 미학적인 측면보다는 창작과정의 심리학과 예술작품에 나타난 상징성을 더 중요하게 다룬다는 것이 특징이다.

예술치료에서 작품의 미학적인 예술성에 중점을 두지는 않는다 하더라도 예술이 자기탐구의 도구로서 진실된 자기표현의 부산물일 경우 감동을 주는 훌륭한 예술품이 될 수도 있다. 원시인들의 동굴벽화, 현대교육의 때가 묻지 않은 아동들의 그림, 또는 민속화가들의 민화 등에서 감동을 받는다는 점에서 굳이 미학적인 면을 배제할 필요는 없다고 본다.

예술치료사가 되려면 예술을 전공해야 하는가의 질문을 한다. 모든 심리치료사가 그렇듯이, 치료는 기술로 하는 것이 아니라 마음으로 하는 것이기 때문에 예술치료사는 예술작업을 통하여 자신을 표현할 수 있는 능력과 경험이 필요하다. 그러기 위해서 필요한 사고의 유연성과 자발적인 창조성 등이 기술적인 면보다 더 중요하다고 하겠다. 이러한 요소는 반드시 특정예술을 전공해서 터득되는 부분이 아니기 때문에 반드시 예술을 전공하지 않더라도 예술치료사가 될 수 있다고 보는 것이다.

예술은 본질적으로 창조적인 인간으로 하여금 남과 구별되는 개인의 고유한 정신을 탐구하는 도구로서 인간심성의 본질을 다루고, 한 개인으로 하여금 보편적인 창조성을 개발하여 새로운 실재를 낳고, 인간정신의 의식성을 확대하는 동시에 본래의 자기를 실현하는 방편의 의미를 가진다고 하겠다. 예술의 이러한 치유성은 일상적인 삶 너머의 초월적인 차원에 이르게 한다는 점에서 각박한 현대인들의 정신건강에 필수적인 요소라고 보는 것이다.

6. 예술작업이 가지는 치유성

심층예술치료에서 의미하는 치료의 개념에는 증상 제거 및 경감 외에도 전인격적인 개인이 되도록 돕는 것, 지체된 발달의 촉진을 돕는 것, 남을 이해할 수 있는 보다 원만한 성격이 되도록 돕는 것,

영적인 존재로서의 인간이 가지는 영혼적인 문제에 도움을 주는 것도 포함된다(김진숙, 1993b). 예술작업이 가지는 치유성은 치유라는 개념에 따라서 달라질 수 있기 때문에 간단히 소개하기가 어렵지만 여기에서는 예술작업이 가지는 일반적인 치유성과 임상적인 치유성으로 분류하여 소개하려 한다.

예술의 일반적인 치료성으로서 우선 특정한 색상, 작품, 음악이 인간심리를 안정시킨다는, 예술이 가지는 정서 조정의 측면을 들 수 있을 것이다. 푸른 등을 보고 마음이 안정됐다거나, 바하를 들으면 마음이 편안해지고 알파파와 엔돌핀이 항진되는 등에서 오는 치유성이 그 예가 될 것이다. 또한 어린 시절에 자유롭게 창작활동을 한 아이가 창의적인 성인이 된다는 학자들의 보고와 같이, 예술작업이 창의성과 자신감을 증진시키는, 즉 정서·심리장애를 예방하는 차원의 치료성도 간과할 수 없다. 그러나 예술치료가 일시적인 증상경감이 아니라 지속적으로 유지되도록 근본적으로 변화하게 하는 진정한 의미의 치료[6]를 하기 위해서는 예술이 가지는 치유성을 보다 세부적으로 이해해야 할 필요성이 있다.

예술작업의 임상적인 치유성은 예술치료사가 되는 교육과정의 대부분을 차지한다고 봐도 좋을 정도로 방대한 내용인데, 요지를 정리하면 다음과 같다.

• 예술작업 자체가 가지는 치료적 의미로서
- 놀이성(playing)

---

6) 정신분석학자이자 무용치료사인 아브스트라이(Zoe Avstreih)가 1992년 개최된 한국 임상예술학회 10주년 기념 국제학술대회 중 질의 응답시간에 언급하였다.

- 표현의 상징화와 구체성
- 가치중립성과 안전성
- 경험 및 재경험을 통한 의식확대/행동변화
- 관계성

• **창작성과 창조적 표현과정**
- 심리 내재적 본질로서의 창조적 욕구
- 주체 · 객체 상호관계: 위니캇의 중간현상, 영역, 대상의 역할로서의 예술

• **치료도구로서의 각 장르 예술매체가 가지는 치료성: 예술매체가 가지는 각 요소들이 특징한 정신의 부분을 표현한다.**
- 미술: 색상, 형태, 선, 공간성, 명도, 채도, 질감
- 음악: 리듬, 멜로디, 화성, 음색, 형태
- 동작: 에포트-셰이프 등
- 연극: 역할, 주제, 소도구 사용 방식

• **정서표현의 매체로서의 예술작업**
- 자신과 남을 알아 가게 함
- 감각전달과 운동의 매체
- 논리적 사고의 증진
- 단계성 사고의 증진
- 현실감각 증대
- 구체화된 문제의 경험과 이를 통한 인식확대

[그림 1-3]은 정신역동적인 모델의 예술치료에서 예술 및 놀이 작업이 실제 임상에서 어떻게 치료적인 변화를 하게 하는가를 보여 주고 있다.

빗금 친 영역이 예술치료가 마련하는 예술 놀이 공간이고 파도 형태의 곡선은 정신적인 에너지가 흘러가고 있음을 의미한다. 예술 놀이 공간에서 상처받은 마음의 내용이 외부로 표출하게 하여 치유적인 변화가 이루어지고 있음을 보여 주고 있다. 굵은 화살표는 주변환경이 지리적이고 적절한 경우 자연적으로 치유가 되는 경우를 보여 준다. 문제증상이 심각하여 예술치료에 의뢰된 경우 도표와 같은 과정을 거치게 된다. 이러한 모델은 대부분의 치료 대상에 해당된다고 볼 수 있다.

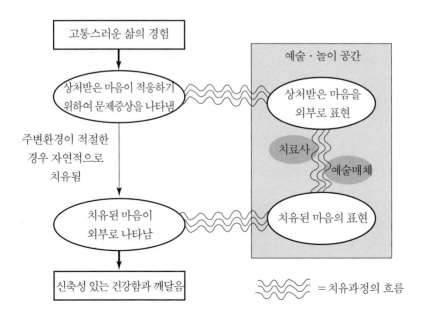

[그림 1-3] 정신역동적인 예술치료 과정(Johnson, 1999)

7. 예술치료사의 역할

심리치료에서 치료는 치료자의 인격이 좌우한다는 말이 있을 정
도로 치료사의 자세와 자질은 중요한 부분이다. 그런데 여기에서
말하는 인격을 갖춘다는 것은 좋은 사람이란 뜻이 아니라 특정한
부분을 갖춘 것을 의미한다. 치료자의 자세는 각 심리학파가 표방
하는 치료개념에 따라서 상이하며 상황치료 및 치료 대상(들)의 성
향, 치료목표, 주어진 치료기간, 치료의 초기인가 말기인가에 따라
달라지기 때문에 간단하게 언급하기는 어렵다.

따라서 여기서는 심층예술치료사들에게 편안하고 적절한 이론
적인 틀을 제시하는 대상관계심리학자 위니캇(Winnicott, 1971)이
생각하는 치료사의 역할에 대해서만 소개하기로 한다.

위니캇에 따르면, 심리치료는 환자의 놀이와 치료자의 놀이가
겹쳐지는 영역에서 이루어지며, 심리치료사의 역할은 놀이가 부재
한 상태를 놀이를 할 수 있는 상태로 이끌어 가는 것이라고 했다.
바꾸어 말하면, 예술치료사는 임상현장에서 환자와 함께 놀이를
할 수 있어야 하고 그래야만 내담자가 편안하게 창작을 하여 내면
을 표출할 수 있게 된다는 것이다. 이러한 맥락에서 예술치료사에
게 요구되는 것은 창작성과 놀이성으로서 창작과 놀이를 하는 그
자체가 치유적이라고 보는 것이 위니캇의 입장이다.

그 외에도 예술치료사에게 요구되는 것은 내담자를 공감할 수
있는 능력이다. 특히 개별사례를 장기적으로 진행하는 치료 상황
에서 치료사는 허용적인 태도로 창작과정에서 작품이 이루어져 가

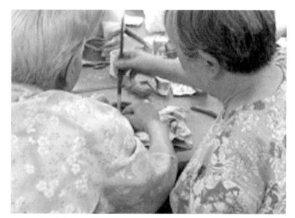

▲ 노인 대상의 집단미술치료 장면

는 것을 음미하고 그 내용을 수용하면서 내담자의 마음을 느낄 수 있어야 한다. 엄마가 아기를 자신의 수준에 맞추는 것이 부적절하 듯이 치료사가 환자를 자신에게 맞추는 것은 부적절하다. 따라서 치료사는 환자가 무엇을 필요로 하는지를 알아야 하기 때문에 공감할 수 있는 능력이 있어야 한다.

예술치료에서 예술작업은 그 자체가 심리치료과정에서 요구되는 공감대적인 그릇과 촉진적인 치료 환경을 가능하게 한다는 점에서, 인격이 하나로 응집하는 데 필요로 하는 코헛(Kohut)의 개념인 자기대상(self-object)이 되기도 한다. 좋은 예술치료사는 이러한 창조적인 상상영역의 공간을 창출할 수 있어야 하며, 바람직하게는 인간정신의 전체가 실현될 수 있는 신성한 공간을 창출하고, 치유의 변환이 가능하도록 연금술적인 용기에 불을 지피고 풀무질을 하는 연금술사의 역할도 감당할 수 있어야 한다.

8. 다양한 대상을 도울 수 있는 예술치료

예술치료는 한 개인의 고유성이 있는 그대로 수용되고 그들의 수준에서 작업을 할 수 있게 한다는 것에서 도움이 필요한 모든 대상에게 적용된다. 예술치료사가 다양한 대상들에게 도움을 주기 위해서는 도우려는 특정한 치료 대상과 치료 상황이 요구하는 것을 알아야 하며 문제 증상에 대한 객관적인 이해도 있어야 한다. 다음의 내용은 저자의 경험을 종합하여 문제 증상이 생기는 요인과 거기에 따르는 예술치료적인 대처방식을 다루고 있다. 저자의 능력의 한계로 빠트린 것이나 치우친 부분이 있을 수 있음에 미리 양해를 구한다.

1) 선천성 장애 그리고 후천적 상해에 따른 기질적인 장애

각종 선천성 장애와 후천적으로 생긴 기질적인 장애에 해당되는 대상은 뇌성마비와 정신지체, 치매 및 뇌졸중 등 노인성 질환, 교통사고 등에 따른 척수손상 등 다양하다. 이러한 대상들을 위하여 예술치료가 할 수 있는 것은, 다양한 창작재료와 창작활동을 통하여 기질적, 기능적인 부분을 강화하거나 아직 남아 있는 건강한 부분의 기능을 활성화시키는 특수교육 및 작업치료적인 기능으로 도입될 수 있다. 그대로 두면 녹슬 수 있는 정신의 부분에 기름칠을 하고 무리가 없이 사용하도록 하는 기능을 한다고 볼 수 있다.

이러한 기질적인 문제에 기능적인 면을 향상시키는 역할 외에도, 예술치료는 장애에 따른 무력감, 자기 존중감 부족 등에 따르는 심리적인 문제에 효율적으로 대처할 수 있다. 많은 사례에서 신체적인 장애보다는 존중받지 못하는 것에 따르는 심리적인 문제가 그들을 더 힘들게 했다는 것과 예술치료를 통하여 새로운 삶을 살아가도록 도울 수 있다는 것이 드러났다.

2) 후천적인 요인에 따른 정서, 심리, 인지 발달의 정체

임상에서 접하는 많은 발달장애 아동 및 청소년의 사례들이 여기에 해당된다고 하겠다. 이러한 대상을 위한 예술치료에서 예술작업은 먼저 그들이 어느 단계 혹은 측면의 발달이 정체되어 있으며 그들이 해야 할 과업이 무엇인지를 파악할 수 있게 하고, 나아가서 그 수준에 맞는 적절한 예술매체를 통하여 나이에 적합한 발달단계로 향할 수 있도록 도울 수 있다. 특수교육이 필요한 학령기 아동과 청소년들에게는 치료와 더불어 수준에 맞는 적절한 교육을 제공하는 것이 바람직한데, 이들이 놓여 있는 상황과 문제가 개별적으로 다르게 때문에 개인의 고유성이 존중되는 예술적인 접근이 적합하다. 최근 사회문제로 대두되고 있는 청소년들의 게임중독에 대처하기 위한 예술치료 사업이 적절했던 것이 한 예가 된다.[7]

---

7) 명지대 예술심리치료연구센터 2003년(문화관광부) 후원 청소년 게임중독예방 및 치유를 위한 프로그램 시범사업 '친구야 놀자'.

3) 자아와 무의식의 부적절한 관계에서 나타나는 문제들

이 문제는 정신분석학적인 관점과 분석심리학적인 관점으로 나누어서 다루어야 할 것 같다. 정신분석학적인 관점에서는 자아가 무의식을 억압한 경우를 들 수 있고, 억압된 내용은 개인적인 삶 속에서 억압된 내용과 죽음의 본능을 포함한 원초적인 환상의 억압으로 나누어서 생각할 수 있다. 예술치료는 이 두 가지 차원의 억압된 내용들을 창작 매체를 통하여 안전하고 효율적으로 표출하도록 도울 수 있다.

분석심리학적인 관점에서는 자아와 무의식과의 단절이 자기소외로 이어지게 되고 소외의 강도와 내용에 따라 다양한 문제가 나타난다. 이러한 문제를 대처하기 위해 자아와 무의식을 포함한 인간정신 속의 여러 차원의 대극을 드러내고 전체가 되게 하는 것이 분석심리학적인 치료의 개념이다. 예술치료는 (집단)무의식 속의 여러 가지 차원의 대극을 드러내고 전체가 되는 것에 효율적인 방법인 적극적인 명상의 도구로서 적합하다.

4) 급격한 문화적인 변화에 따른 문제들

정신건강에서는 한 개인 주변의 사회문화적인 차원을 무시할 수 없다. 인간의 정신은 주위 문화의 영향을 많이 받기 때문이다. 한 예로 다른 문화권으로 이민하는 경우를 들 수 있다. 저자는 뉴욕에 거주하면서 한인 교포사회 및 각 소수민족 공동체에서 이민에 따른 정신적인 문제를 접해 왔다. 어떤 학자는 이민을 하면 개인은

▲ 외국인 쉼터

발달적으로 다시 태어나는 경험을 하게 된다고 했다. 이 의미는 적절한 지원을 필요로 한다는 것인데 언어와 문화권의 한계를 넘어서는 예술치료가 적합하다고 보는 것이다. 저자는 1980년 중반 뉴욕 시에 있던 아시아 인스티튜트에서 아시아계 이민 자녀들을 위한 예술치료를 실시했고, 그 결과 자신감이 없던 아이들이 미술작업을 통하여 힘을 얻는 모습들을 접했던 경험이 있다. 요즘 한국에도 다문화가정에서 문화적인 변화에 따른 정신적인 문제들이 1세대는 물론 2세대에까지 영향을 미치고 있어 사회문제로 대두되고 있는데 예술치료가 좋은 반응을 얻고 있다. 대상을 좀 더 넓혀 보면, 현재 사회적 이슈로 떠오른 외국인 노동자와 탈북자 가족들이 겪는 어려움을 생각할 수 있다. 저자는 실제로 이러한 대상들을 위한 예술치료를 시행하였고 긍정적인 결과를 얻을 수 있었다.[8] 또 하나의 급격한 문화적인 변화를 경험하는 곳이 병영이라 하겠다.

---

8) 2005 문화관광부 후원 문화적 소외계층 예술치유 시범사업: 탈 성매매여성, 독거노인, 국제이주결혼여성, 지체장애인, 코시안을 위한 예술치료(문화관광부, 여성부 지원).

최근 급격하게 증가하고 있는 병영 내 자살 등의 문제들은 이러한 문화적인 충격을 잘 대처하지 못한 것에서 파생되는 것이 아닌가 생각한다.

5) 외상후 스트레스 장애

외상후 스트레스 장애(post-traumatic stress disorder: PTSD)란 극심한 스트레스를 겪고 난 후 나타나는 정신적 · 신체적 증상들을 말한다. 재난이나 참사, 전쟁, 수술 전후, 성매매, 각종 폭력의 피해자들이 겪는 증상이 여기에 해당한다. 간단한 그림이나 놀이도구를 통하여 재난이나 참사에서의 충격적인 경험이 대처된 경우와 그냥 방치된 경우의 차이는 지대하다. 방치된 경우 계속적인 악몽에 시달리거나, 심리적으로 헤어나지 못하여 심리적인 감옥에 갇히거나, 약물에 의존하거나, 범죄자가 되는 것으로 이어지기 때문에 예방적인 측면에서도 대처가 되어야 한다.

재난을 대처하는 예술치료의 예로 9 · 11 테러 사태가 터졌을 때 재난중재 팀의 일원으로 미국 전역에 있는 많은 예술치료사들이 자원하여 투입된 일을 꼽을 수 있다. 국내의 경우는 2003년 부대원을 잃고 귀국한 동티모르 7진 파병장병 250명을 위한 집단예술심리치료가 18개의 소그룹으로 나뉘어서 실시된 사례를 들 수 있다.[9] 이를 계기로 이라크 파병을 앞둔 자이툰 부대 1진들의 인화단결을 목적으로 집단예술치료를 실시하기도 했다. 그 이후 장병들에게

---

9) 집단예술 심리치료 결과보고서: 동티모르 파병장병 7진, 명지대학교 특수대학원 예술 치료학과 및 한국표현예술심리치료협회 공동 주관, 2003년 5월 29~30일.

▲ 동티모르 파병 부대

미술치료가 확대되어 실시되고 있는 것으로 알고 있다.

그 외 PTSD 관련 사업으로서 태안 앞바다의 기름유출 사고 피해지역 아동들을 위한 프로젝트[10]와 유방암 환자들을 위한 치료사업,[11] 그리고 쓰촨성 지진피해지역의 주민 및 아동들을 위한 치료사업[12]을 들 수 있다.

최근 국내에서 투병과정에 있는 소아암환자들을 위하여 예술치료를 도입하는 곳이 늘어가고 있는 것은 고무적인 현상이다. 그러나 수술 전후의 아동들이나 소아과병동에 입원 중인 아동들을 위한 예술치료는 활성화되지 못하고 있는 실정이다. 아동들에게 집을 떠나 병원에 있다는 사실 자체가 트라우마일 수가 있고, 수술을 받아야 하는 경우는 실제적인 트라우마이기 때문에 적절한 지원이 있어

---

10) CJ Donner's Camp와 명지대 예술심리치료센터 부설 PTSD센터가 공동주관하여 제1차, 2차, 3차로 나뉘어 시행되었다.

11) 아모레퍼시픽과 명지대 예술심리치료센터 부설 PTSD센터 공동주관.

12) CJ 나눔복지재단과 명지대 예술심리치료센터 부설 PTSD센터 공동주관으로 쓰촨성 지진피해지역 아동들을 위한 치유사업이 2009년 1월 10~18일에 시행되었다.

▲ 자이툰 부대 1진

▲ 쓰촨성 지진피해지역 아동

야 한다. 예술치료는 투병과정의 동반자로서 적절하며, 안전하고 적절한 매체를 통하여 투병과정의 환자로 하여금 안전감을 확보할 수 있도록 돕는다.

어린 시절에 폭력이나 학대를 일시적 혹은 지속적으로 경험했거나 성인기에 경험했거나 그대로 넘기는 경우 부정적인 영향을 미치기 때문에 대처할 필요가 있다. 이러한 상황에서 미술은 '말없이 이야기하는' 탁월한 방법이 될 수 있다. 미술은 어떤 연령층의 사람이라도 '조용한 절규와 숨겨진 고함'을 지를 수 있도록 하는 한 방법이기 때문이다.

뇌의 기능에 관한 연구

최근 예술치료 분야가 넓혀야 할 지평으로서 뇌의 기능 측면을 강조하는 학자들이 많다.

최근의 신경심리학적인 연구에는 공간적인 앎, 은유적인 사고, 그리고 음악적인 형태와 동일시 등의 스킬에는 예술적인 표현이 요구되며, 이러한 기능은 주로 뇌의 우반구의 기능이고, 언어적, 논리적, 순서적인 학습 등은 좌반구적인 기능이라는 것(Gardner, 1980)은 보편적인 지식이 되었다.

좌우 대뇌반구가 가지는 상이한 기능에 대한 연구에서 예술, 창조성, 영성성이 우반구에 있다는 논의는 자주 있어 왔다. 우뇌적 활동인 노래 부르기를 통하여 교통사고 후유증으로 좌뇌가 손상된 환자의 언어장애를 치유한 사례가 있다(Robbins, 1980). 특히 알츠하이머병 환자에게 노래 부르기와 악기사용이 효율적이라는 보고가 그 예가 된다.[13]

최근 연구에 따르면, 감성을 관장하는 우뇌는 생의 첫 3년에 완성된다고 한다. 한국의 조기교육방식이 좌뇌적인 것에 치우쳤다면, 앞으로는 좌우 뇌를 다 사용하는 전뇌적인 교육이 필요하다는 일부 학자들의 주장은 타당하며 예술치료가 적절한 대안이 될 수 있다고 본다. 최근 창조성과 연관된다고 보는 뇌의 변연계에 대한 연구가

---

13) 2006년 가을 수잔 웨슬리(Susan Wesley) 박사의 〈치매노인들을 위한 음악치료〉 명지대학교 예술치료학과 특강.

활발해지면서 예술치료사들에게 새로운 지평이 열리고 있지만 그 내용이 광범위하여 여기서는 다루지 않겠다.

DSM-IV의 '다축적인 체계' 와 예술치료

최근 들어 예술치료에 대한 관심이 높아져서 일반인들을 위한 여러 교육기관들도 생기고, 관련학도들이 적절한 사전교육이나 임상감독을 받지 못한 가운데 예술치료사의 역할을 하는 경우들이 문제가 되고 있는 것 같다. 그들의 문제는 짧은 교육과정 동안 배운 기법들을 대상과 치료세팅이 지향하는 치료목표와 상관없이 어디서나 사용하는 경우가 있다는 것이다. 이러한 사태는 일부 정신보건 전문가들의 예술치료에 대해 신뢰감을 떨어뜨리게 하는 요인으로서 우려되는 현상이다.

정서적인 환기나 심리사회적인 지지를 위하여 시행되는 예술치료는 대부분의 경우 도움이 되지만 모든 상황에서 도움이 된다고 할 수는 없다. 치료 대상과 상황에 따라서 접근방법이 달라져야 하기 때문이다. 정신의학 전문가가 아닌 저자가 DSM-IV의 진단법과 예술치료를 다루기에는 부족한 점이 많고 전문영역 간의 예민한 내용이 될 수도 있지만, 전통적인 정신치료를 존중하는 가운데 DSM-IV의 '다축적인 체계' 에서 보는 각 장애 중 주요한 몇 가지 장애에 관련해서 예술치료사가 참고해야 할 내용만 간략하게 소개한다.

정신분열병 환자들의 경우 증상이 다양하게 나타나는데, 증상은 크게 양성(급성)적인 증상과 음성(만성)적인 증상으로 나눌 수 있으며, 예술치료는 그들 모두에게 도움을 줄 수 있다.

양성 증상의 경우, 주로 항정신병 약물로 의료기관에서 치료를

〈표 1-3〉 정신의학에서 정신질환자를 평가하는 DSM-IV의 다축적인 체계

Axis I : 임상장애와 임상적 주목의 초점이 되는 기타 상태
　　　　 기질성 정신장애
　　　　 정신분열병
　　　　 기분장애
　　　　 망상장애
　　　　 기타 정신병 장애
　　　　 불안장애
　　　　 신체형 장애
　　　　 해리장애
Axis II : 인격장애와 정신지체, 습관적으로 사용하는 특정한 방어기제
　　　　 편집적 인격장애
　　　　 분열성 인격장애
　　　　 Schizotypal 인격장애
　　　　 히스테리성 인격장애
　　　　 자기애적 인격장애
　　　　 반사회적 인격장애
　　　　 경계성 인격장애
　　　　 회피성 인격장애
　　　　 의존성 인격장애
　　　　 강박성 인격장애
Axis III : 정신장애와 함께 있는 (또는 원인 또는 결과로서) 신체질환
　　　　 이나 일반적 의학적 상태
Axis V : 적응장애 및 충동조절장애

하는 동안 예술치료사는 환자들이 부담 없이 할 수 있는 예술작업을 하게 하여 집중할 수 있게 하고, 혼란스러운 정신의 내면을 표현하게 하며, 집단 내에서 구성원이라는 소속감을 느끼고 현실감을 가지게 할 수 있다. 정신병동이나 낮 병동에서 실시되는 예술치료가 주로 집단으로 이루어지는 이유가 여기에 있다. 음성 증상을 가

진 만성 환자들의 경우, 감정둔마와 고립된 정서와 소외감을 가질 수 있는데, 예술작업은 그들로 하여금 그러한 감정을 표현하게 하고 집단구성원들과 나눔으로써 감정의 둔마와 사회적인 소외감을 완화시키고 나아가서 퇴원 후를 위한 마음의 준비를 하게 한다.

예술치료사들이 특히 유념해야 하는 것은 이러한 잠복기에 있는 환자들에게는 과도한 자극이나 침투적인 방법으로 표현을 유도하지 말아야 한다는 것이다. 그들에게 사용하는 매체와 지시도 간단한 것이라야 한다. 모든 상황에서도 마찬가지겠지만 만성정신병 환자들은 존중받아야 할 개인이라는 점에서 편견을 가지지 말고 인간적으로 대해야 할 것이 무엇보다도 중요하다. 그들의 병든 부분만 보지 말고 건강한 부분을 살펴 나가야 하고 미친 사람의 미친 소리라고 일축하기보다는 그들이 표현하는 그대로 수용해야 한다.

현대인에게서 많이 볼 수 있는 기분장애는 조증, 우울증, 감정부전장애 등 여러 가지로 나타나는데, 예술치료사는 적절한 예술매체와 방법으로 기분을 높게 혹은 낮게 하여 적절한 기분상태가 되게 할 수 있다. 예를 들어, 조증은 자유로운 자기 표현보다는 테두리를 주고 집중할 수 있도록 구조화된 작업을 하고, 감정부전장애는 위협적이지 않은 방법으로 접근하여 서서히 감정표현을 하게하는 방식으로 하고, 우울증은 우선 공감을 통하여 그 상태를 존중하면서 우울의 정도에 따라서 대처해 나가야 할 것이다.

불안장애 중 특히 외상후 스트레스 장애나 재난 중재에 예술치료가 효율적임은 앞에서 설명하였다. 해리장애, 해리성 기억상실, 해리성 정체장애, 다중인격장애(multiple personality disorder: MPD)의 경우도 심한 초기적 외상에서 야기되며, 대개 성폭력, 육체적 폭력, 그리고 심리적 학대의 종류들이 이러한 외상에 해당한다.

정신장애와 함께 있는 (또는 원인이나 결과로서) 신체질환이나 일반적 의학적 상태, 소화기계 장애, 내분비(갑상선, 당뇨병), 심혈관 장애, 피부계, 골근계, 만성통증에 대하여 예술작업이 면역체계의 수치를 높여 준다는 것을 입증한 여러 연구도 나와 있다. 암이나 혈관계 질환을 가진 환자가 예술치료를 통하여 심리적으로 안정되면서 회복된 경우들은 자주 볼 수 있다. 적응장애 및 충동조절장애 또한 초기 환경의 실패, 특히 박탈에 따른 비행으로 보고 예술치료로 도움을 준 논문들이 많이 나와 있으나 여기서는 언급하지 않기로 한다.

9. 예술치료사가 되기 위하여

예술치료 교육과정에는 심리치료와 관련된 제반 이론 및 임상실습, 예술의 심리학, 치료자의 독창성 개발을 위한 창작활동, 내면생활을 점검하는 교육분석 등이 포함된다. 예술심리치료사가 되기 위해서 필요한 요소는 다음과 같다. ① 내담자의 예술작업의 과정과 결과물에서 나타난 내용과 내담자가 경험하고 있는 심리적인 증상과의 관계를 현대 심리치료적인 관점에서 파악 또는 진단, 나아가서 치료적인 방향설정을 할 수 있는 임상적인 지식이 있어야 한다. ② 설정된 치료 방향에 적절한 창작 매체 및 접근방법을 선택하여 무리가 없는 치료과정을 이끌어 갈 수 있는 능력이 있어야 한다. 이러한 능력은 지적인 차원으로 터득할 수 없고, 피험자로 접했던 예술치료 경험이 축적됨으로써 가능하다. ③ 모든 인간이 각자 다른 재질과 감수성을 가지고 있다고 보는 관점에서 내담자의 고유성을 감지하고 적절하게 대처할 수 있는 유연한 사고와 독창성이 있어야 한다. ④ 자신의 성장을 위한 교육분석 및 정신 수양이 필요하다. 이는 치료자 스스로 마음의 거울을 닦는 노력으로서, 치료자의 마음이 깨끗해야만 내담자들의 마음을 정확하게 비추어 줄 수 있다는 것으로 설명할 수 있겠다. 임상이나 상담현장에서 이러한 노력을 하지 않은 치료자는 자신의 문제를 내담자에게 투사함으로써 치료보다 혼란을 초래하게 된다. 이러한 작업은 예술치료자뿐만 아니라 모든 정신건강 분야의 전문인 및 교육자들에게도 요구되는 과제로, 전문예술치료자가 되려면 다른 심리치료자들이 공부하는 것과 더불어 창작적인 것까지 포함시켜야 하므로 보다 오랜 수련이 요구되는 것이다.

1) 미국의 경우

예술심리치료 중에서 가장 역사가 오래되었다고 할 수 있는 무용치료와 음악치료가 1950년대 초에, 전문학회 창립을 선두로 해서 미술치료가 1960년도에, 그리고 연극치료가 1970년도 후반기에 생겼다. 미술, 무용, 음악, 연극치료 교육과정은 대학원과정으로 대학원 졸업 후 2년간의 인턴과정을 거쳐 공인 치료사가 된다. 음악치료는 두 개의 학회를 가지고 있다가 최근에 통합되었고, 대학원과 학부과정의 교육체계가 병행하고 있다.

1980년대부터 각 장르의 예술치료를 통합해야 할 필요성이 대두되면서 예술치료 대학원과정 및 전문교육기관이 생겨났고 모든 예술치료협회를 통합하는 예술치료협의회(National Coalition of Arts Therapy Association)가 발족되었다. 1985년부터는 5년에 한 번씩 공통학회를 개최하고 있다.

예술치료사로서 보다 자신의 위상을 높일 수 있는 과정으로는 인접 분야의 박사학위를 받거나 정신분석자가 되는 Post-Graduate Program을 들 수 있다. 그중에 특기할 프로그램은 뉴욕 시에 있는 표현예술정신분석연구소(Institute of Expressive Analysis)에서 진행하는 프로그램이다. 이 기관은 예술치료를 표방하는 정신분석교육 기관으로서, 정신건강전문 대학원 이상 학위 소지 자격을 갖춘 현직 임상가를 위한 post-graduate 과정을 진행하는데, 6~7년의 수련을 마치면 미국정신분석학회 정회원 및 자격증을 취득할 수 있다.

비교적 최근에 설립된 예술치료 연구기관으로는 뉴욕시 소재 The Institutes of Arts Psychotherapy를 들 수 있다. 이 연구기관 은 정규 예술치료 대학원을 가지 않고 미국공인 연극, 무용, 음악 치료사가 될 수 있는 체계를 갖추고 있다.

통합적인 모델의 예술치료를 대변하는 기관으로서 미국의 예술 치료협의회(NCATA) 외에도 표현예술치료학회(Expressive Arts Therapy Association)는 미국학회와 세계학회의 구조를 갖추고 회 원국 간의 교환프로그램 운영 등의 활동을 하고 있다. 국제표현정 신병리 및 예술치료(SIPE International Psychopathology in Expression and Arts Therapy)라는 국제단체는 프랑스 사람들이 주 축이 되어 만들어졌다. 주로 정신과 의사 및 학자들의 모임이었다가 최근에 오면서 예술치료 부분을 확대시키고 있다. 특정한 지역에 편중된 것이 아니라 그야말로 국제적인 면모를 갖추고 모든 다양성을 있는 그대로 보여 주며 나눈다는 이 단체의 특성은 매우 흥미롭다. 저자도 지난 10여 년 동안 임원의 한 사람으로 활동해 오고 있다.

현재 예술치료는 미국 및 서구에서 새로운 심리치료 전문직종으로서 급속하게 성장하고 있다. 1970년대에는 대학원 과정의 교육기관이 전국에 서너 개 정도밖에 되지 않았는데, 지금은 종합대학에서 거의 미술치료를 가르치고 있고, 웬만한 정신의료 분야나 특수 교육기관에서 예술치료자들이 일하고 있다.

미국에서 공인 예술치료사는 임상심리학자, 사회사업가 등 다른 정신건강 분야 전문인들과 동일한 대우를 받으면서 정신건강 전문기관에서 일을 한다. 계속하여 기관에 남아서 경력을 쌓아 행정직을 맡는 사람도 있고, 어느 정도 경험이 쌓이면 개인 치료실을 열어 활동하기도 한다. 공인 예술치료사로 활동하면서 인접 분야의 박사학위 또는 공인 사회사업가, 정신분석자, 분석심리학자의 수련을 받기도 하여 교수, 연구소 소장 및 의료기관의 대표를 지내기도 하는 등 심리치료 분야에서 최고의 수준에 도달한 사람들이 늘어나고 있다.

2) 한국의 경우

1960년대부터 선견지명이 있는 정신건강 전문가들과 예술인들이 예술치료를 소개하여 산발적으로 시행하여 오다가 1982년 11

월 15일에 임상예술학회가 창설되었다. 한국임상예술학회는 "그림, 조형, 공예, 음악, 무용, 사이코 드라마, 인형극, 시, 독서 및 기타 여러 가지 창조적 행위와 표현활동을 통한 예술요법의 각 분야를 위시하여 예술표현 정신병리학 및 병적 학의 분야 등 많은 종류와 여러 차원에 걸친 각종 활동을 포함"(학회보 제1권, 1983)한다고 설립 취지를 밝히고 있다. 임상예술학회의 취지는 내용적으로는 표현예술치료협회가 취하는 입장과 비슷하다.

　1990년도 중반에 접어들면서 여러 예술치료 관련 연구기관들이 설립되었고 나름대의 활동을 하고 있다. 현재 국내 예술치료를 크게 둘로 나누어 볼 때, 각 장르별 예술치료를 표방하는 경우와 통합적인 예술치료를 표방하는 두 가지 모델로 나누어 볼 수 있다. 예술치료사 학도들은 스스로 판단하여 각자에게 맞는 모델을 선택하면 될 것이다. 한국 표현예술심리치료협회는 국내에서 통합적인 예술치료를 표방하는 전문인들을 위한 단체로서, 1999년 10월에 창립하여 예술치료를 새로운 전문분야로 정착시키기 위해서 필요한 제반사업을 해 오고 있다. 본 협회에 소속된 회원들 모두가 지역사회 정신보건소, 정신병원 등에서 자원봉사자 또는 전문인으로 활동하고 있으며, 자원봉사인 경우 재료비, 교통비, 식사비 정도를 지급받고, 전문인인 경우는 거기에 준하는 대우를 받고 있다. 정신건강 의료기관 외에도 예술치료사들이 일할 곳은 얼마든지 있다. 각종 폭력의 희생자들의 쉼터, 종교단체에서 운영하는 심리상담소, 아동문제 연구소, 특수유치원, 감호소, 지역사회 주민들을 위한 지원모임 외에도 창의적인 아이디어로 도움이 필요한 곳에 적절한 서비스를 주고 있다. 최근 한방병원과 대체의학 분야에서도 치료 팀의 일원으로 일하는 경우가 생겨나고 있다. 많은 수의 회원들이 이미 예술치료를 임상에 효율적으로 적용하면서 전문 예술치료사의 기량을 다지고 있으며, 교단에서 관련 분야의 교육자로 활동하기도 하고, 연구소 등을 개설하여 독립적으로 활동하는 숫자도 늘어나고 있다.

국내에서는 정신건강 분야에 종사하면서 관심을 가진 분들이 예술치료를 이차적인 치료방법으로 사용하거나 예술치료사들이 보조적인 인력으로 여겨지던 시절이 있었다. 그러나 최근 10여 년 동안 국내에 대학원 교육과정이 여러 곳 생겼고, 이제는 관련 분야 최고 인력양성을 위한 '석사후 심층예술치료전문 과정'도 생길 정도로 교육과정이 징교화되어 가고 있기 때문에 전문 분야가 되는 것에 속도가 가해질 전망이다.

2006년부터 국내 미술치료 대학원 주임교수들이 미술치료의 전문화를 위하여 모임을 가지면서 한국 미술치료단체 협의회를 설립하게 되었다. 정규적인 모임을 통하여 국내외의 교육과정의 실태를 취합하고 미술치료사 전문 교육과정의 평준화를 위한 작업을 하였으며 이를 토대로 한 소책자를 발간하기도 하였다. 〈표 1-4〉는 한국의 미술치료 전문가 양성 규준을 마련하기 위한 해외 교육과정을 종합한 것이다.

〈표 1-4〉 미술치료사 자격제도(해외)[14]

국가	자격증 종류 및 검정 기준	소관부처	자격취득과정
독일	공인 미술치료사 자격증	독일미술치료협회 (Deutscher Fachverband für Kunst-und Gestaltungs therapie: DFKGT) 자격인증위원회	• DFKGT에서 인가된 교육과정을 준수하는 대학원의 디프롬, 석사 이상 • 최소 1,500시간의 미술치료 실습과 슈퍼비전
미국	공인 미술치료사 자격증 (ATR-Registered Art Therapist)	미국미술치료협회(AATA) 미술치료 자격인증위원회	• 각 주마다 미술치료사 자격 요구 기준이 다름 • AATA에서 인가된 교육과정을 준수하는 대학원의 석사이상. 최소 1,500시간의 미술치료 실습과 슈퍼비전
스위스	협회 공인 미술치료사 자격증	스위스미술치료전문협회 (Association Professionelle Suisse des Art-Therape-utes: APSAT) 자격인증위원회	• 대학원 미술치료 전공 디프롬 • 건강 관련 학과, 심리학, 교육학, 예술전공 석사 후 3년 미술치료 실무과정
영국	국가 공인 자격증 (1997년)	• 영국미술치료협회(The British Association of Art Therapists: BAAT)에서 치료사 양성 • 보건전문위원회(Health Professions Council: HPC) 규정에 의거하며, 보건전문위원회에 인정	미술치료 혹은 미술심리치료 대학원석사 디플로마 자격을 갖추고 BAAT 양성훈련과 HPC에 등록된 미술치료사만 인정됨

14) 미술치료 관련 단체대표 및 대학원 주임교수들의 모임인 한국 미술치료단체 협의회에서 2009년 4월에 편찬하여 배포한 책자에서 인용했음.

오스트리아	협회 공인 자격증	오스트리아미술치료사 직업협회(Öterreicher Fachverband für Kunst- und Gestaltungsthe rapeutinnen(ÖFKG)	독일과 비슷한 시스템
캐나다	협회 공인 자격증	캐나다미술치료협회 (Canadian Art Therapy Association)	• 최소 1,000시간 이상의 임상경험 • 슈퍼바이저는 RCAT (Registered Canadian Art therapist), OATR (Registered Ontario Art Therapist), BCATR (Registered British Columbia Art Therapist), ATR(Registered American Art Therapist)이어야 함 • 임상 20시간마다 1시간의 슈퍼비전, 총 50시간 이상
프랑스	자격증 제도 없음	프랑스예술치료사연맹 (민간단체)	사설 기관에서 3년 과정으로 교육을 받은 후 그 학교의 학위를 받거나 파리 5대학의 3년 과정을 졸업

· · ·
제2장
심층예술치료의 이론적인 체계

1. 서 론

예술심리치료는 예술과 심리치료가 합쳐진 분야이기 때문에 기존의 심리치료사들이 알아야 하는 제반 내용과 더불어 창조성의 심리학에 대해서도 알아야 하므로 수련과정이 만만치 않다.

예술치료에서 이론적인 체계의 필요성에 대해서는 치료라는 개념과 치료사의 역할에 따라 차이가 있을 것이다. 예술치료가 전문화되어 가는 과정에서 미학적인 측면과 예술작업 자체가 가지는 치료성에 관심을 가지는 부류와, 지나치게 심리치료 이론에만 치우치는 부류로 나뉘는 양극화 현상을 볼 수 있는데 현재 국내에서도 비슷한 현상이 나타나고 있다. 저자가 보기에는 이러한 두 가지 측면은 이것이냐 저것이냐의 선택의 문제가 아니고 모두 존중되어야 할 측면이라 생각한다.

미학이론과 창작과정 자체가 가지는 치유성이 중심이 되어야 한다는 일부 미술치료사들의 주장은 타당하다. 그러나 예술치료를 위한 미학적인 이론이 성립되기 위해서는 예술작업에서의 아름다움, 하모니, 리듬, 공명, 빛나는 무엇, 긴장감과 밸런스 등과 인간의 복합적인 심리상태와 연관을 가질 수 있는 객관성이 인정된 이론이 있어야 하는데 아직 이를 뒷받침할 이론이 확립되어 있지 않다. 라빈스(Robbins, 1980)는 이러한 이유에서 예술치료는 심리치료의 이론적인 체계에 의존할 수밖에 없는 실정이라고 하였다.

저자도 라빈스의 의견에 동감하며 예술치료사는 최소 하나 이상의 발달이론과 정신역동이론을 깊고 완전하게 이해해야 하며 정신병리에 관련된 주요 이론에 익숙해야 한다고 본다. 왜냐하면 이러한 이론들이 인간행동과 사고의 원인에 대한 유용한 가설들을 제시할 뿐만 아니라, 다른 임상인 동료들과의 의사소통을 가능하게 하고, 주관적인 현상인 창작과정을 심리학이라는 객관적인 맥락으로 이해하도록 하며, 창작과정을 치료과정으로 전환하여 치료목적을 달성하는 길잡이로서의 의미를 갖는다는 점에서 중요하기 때문이다.[1]

예술치료 과정을 집을 짓는 과정에 비유한다면 이론적인 체계를 갖추는 것은 건물의 골조공사에 해당한다고 볼 수 있다. 예술치료 교육자이자 임상감독자로서 체계적인 이론적 틀 없이 막연하게 임상을 하던 학도들이 마치 부실시공의 후유증을 접하고 막막해 하

---

1) 정신분석학자이자 미술치료의 선구자인 루빈(Rubin, 1984)은 예술치료를 위하여 치료사가 갖추어야 할 부분을 필수적인 부분과 부가적인 부분으로 나누어 볼 때 심리치료적인 이론을 체계적으로 이해하는 것이 필수적인 부분에 속한다고 하였다.

는 상태와 흡사하다는 느낌을 받아 왔다. 이와 반대로 이론을 이해
하기보다는 전부 학습의 대상으로 생각한 나머지 인간을 보지 못
하는 학도들도 있는데 이런 경우도 곤란하다. 골조공사 자체가 집
이 되는 것이 아니며 그 위에 각종 내장재와 지붕, 상하수도, 인테
리어, 냉난방 시설 등이 갖추어져야 사람이 살 수 있는 집이 되는
것과 같은 이치다.

  지난 십수년 동안 국내의 예술치료는 질적으로나 양적으로 괄목
할 만한 발전을 하였으나 심리치료의 이론적인 체계와 창조성과
인간정신에 대한 이해를 모두 갖춘 전문 예술치료사가 되기 위해
서는 아직도 넘어야 할 산이 많은 것 같다.

  현대 예술치료의 범주를 나타내는 〈표 2-1〉을 보면 그 범위가
이론적으로나 접근방법별로 세분화되어 있다는 것을 알 수 있는
데, 이에 대해서는 이미 1장에서 소개했다. 다양한 듯 보이는 각 이
론의 접근들 간에 현저한 차이가 있기도 하지만 반면 공통점들도
있다. 각 이론의 접근들도 상호 배타적인 것은 거의 없고 대개 보
완적이다. 각 이론들이 마치 여러 장님들이 각자의 위치에서 코끼
리를 탐색하는 것처럼 모두 다르지만 코끼리라는 점에서는 공통점
이 있다고 했던 루빈(1984)의 표현이 적절한 듯하다.

  〈표 2-1〉에서 소개한 것 외에도 지금-여기에 나타나는 개인의
욕구를 충족시킴으로써 잠재되어 있는 긍정적인 욕구와 동기가 표
현될 수 있게 하는 펄스(Perls)의 게슈탈트 치료와, 정신분석적 대
상관계심리학의 선구자 설리번(Sullivan)의 이론도 예술치료에 유
용하다.

〈표 2-1〉 각 심리학파 이론과 실제

학 파	중심개념	중심개념의 특징	중심개념의 기능	치료의 의미
정신 분석학	무의식	• 본질적으로 생물학적: 생존을 위한 이기적/동물적/원초적/근친상간 욕구. 경쟁상대를 죽이려는 본성을 포함함 • 인간의 속성: 부정적	• 주로 성적인 에너지로 표현되는 리비도의 근원 • 억제된 충동을 저장하는 곳 • 어떤 반응에 증상을 만들어내는 기능	• 무의식을 의식의 내용으로 끌어 올리는 것. • 충동적인 본능의 요소를 사회적으로 받아들일 수 있는 내용으로 수정함 -자아강화에 중점
분석 심리학	무의식	• 본질적으로 심리학적: 집단적/초개인적/신성력적/원형적/누미노제적인 것 • 인간의 속성: 긍정적	정신에게 원칙을 제시, 개인적인 기억과 경험을 저장하는 곳: 집단적인 구조적 이미지인 '원형'을 저장하는 장소	무의식 요소가 의식화되는 것으로 그 방향이 자기(Self), 즉 전인격적 성격(total personality)으로 등합하는 개성화 과정 -초개인적인 요소에 중점
에릭슨 심리학	무의식	• 무의식의 본질은 배워진 것, 경험된 것, 자율적인 것 • 인간의 속성: 긍정적	무의식은 모든 경험, 기억, 배움을 저장하는 곳, 개인에게 가장 높은 잠재력을 가져다줄 수 있는 근원; 심리적 문제, 증상 해결의 근원	• 무의식의 내용, 자원, 잠재력을 간접적인 방법으로 활성화시킴으로써 문제와 증상을 해결하고 개인의 잠재적인 기능을 강화하는 것 -전인격적인 성격(total personality) 구현에 중점

이 장에서는 예술치료에서 접목하고 있는 모든 이론들을 존중하는 가운데 심층 및 역동적 맥락과 발달적 맥락의 이론을 소개하려고 한다. 여기에서 '역동적'이라 함은 인간정신에 의식과 무의식이 있어서 상호적으로 기능한다는 의미로 심층심리치료의 '심층'이라는 말과 동의어로 사용되고, '맥락'이라 함은 하나의 이론이 아닌 여러 개의 이론들이 종합되어 나온 개념이라는 것을 밝힌다.

이러한 접근이 유용하다고 보는 이유는 임상현장에서 예술치료사들이 치료과정을 종적인 개념(역동적 맥락)과 횡적인 개념(발달적 맥락)으로 이해할 수 있게 한다는 실용성 때문이다. 이 두 가지는 심층예술치료를 가능하게 하는 씨줄과 날줄이라고 해도 좋을 것이다. 방대한 내용의 이론을 개괄적으로 소개하고 각 이론이 가지는 예술치료적인 의의를 간략하게 소개한다.

2. 역동적인 맥락의 이론적 틀

저자는 첫 스승이 대상관계심리학적 정신분석학자이자 미술치료사인 라빈스 박사였고, 그의 문하에서 분석심리학자이자 미술치료사인 월리스(Wallace) 박사와 만나게 되어 일찍부터 역동적 혹은 심층심리학적인 예술치료를 접할 수 있었다.

여기에서 사용한 '역동성'이라는 개념은 인간정신을 보는 각 학파의 관점에 따라서 여러 가지 의미로 사용되지만, 인간의 마음에 알지 못하는 무의식이 있고 이 무의식이 사람들에게 특정한 행동을 하게 만든다는 것과 무의식을 의식으로 통합하게 하는 것을 치료의 목적으로 한다고 요약할 수 있다.

이 장에서는 역동적인 맥락에 해당하는 심층심리학에 관련되는 방대한 내용 중 각 학파별 이론의 핵심, 치료개념, 그리고 예술치료와 접목되는 부분만 요약한다.

1) 정신분석학과 예술치료

통찰과 이해는 정신분석학적 심리치료에서 가장 중요하게 보는 치료적인 방편으로서, 왜곡, 강화, 불균형, 고착 때문에 성숙한 기능과정을 방해하는 유아적 사고, 감정, 행동의 지배로부터 통찰과 이해를 통해 자유로워지도록 하는 것에 정신치료의 목표를 두고 있다. 이러한 치료목적을 달성하기 위해서 정신분석학적인 치료에서는 자유연상이나 꿈의 해석 방법으로 무의식적인 심상을 표출하고 통찰하는 것, 그리고 전이와 저항을 분석하여 치료적으로 사용하는 것, 아동기 감정경험의 영속성 및 고착과 퇴행이나 정신적 상처나 모든 종류의 정신장애를 유도하는 정신내면의 감정적인 역동 및 이들의 상호작용에 대해 연구한다. 이러한 발달초기 부분의 정신적인 내용물을 탐구하는 데 미술이 안전하고 효율적이라는 것은 일찍부터 수용되어 왔다. 이와 관련해서는 『정신분석학적 미술치료』(김진숙, 2004)에서 세부적인 내용을 접할 수 있다.

무의식과 의사소통의 도구로서의 예술

예술작업은 본질적으로 비언어적인 차원의 작업이기 때문에 치료자와 환자 사이에서 두 마음의 의사소통을 가장 깊은 수준으로

진입할 수 있게 한다. 예술의 이
러한 특수한 기능은 정신분석학
적 치료모델에서 중요하게 보는
치료를 위하여 필수적이라고 보
는 '일시적이고 치료적인 퇴행'
을 가능하게 한다.

　치료목적으로 사용되는 예술
은 지속적으로 메시지를 보내는
사람과 받는 사람과의 이러한 의
사소통(Kris, 1952)의 한 방식이
자 결과물이라고 볼 수 있다.

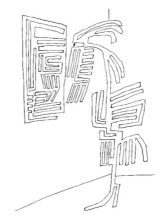

▲ 스타인버그(Steinberg)의 작품
〈Inspector〉: 길버트 로스(Gillbert
Ross)의 *Power of form*에서 발췌

　미국의 유명한 풍자만화가 스타인버그(Steinberg)의 〈Inspector〉
라는 작품은 톱니바퀴 형태의 작품을 감상하는 사람의 모습이 작
품과 같은 형태로 변해 가는 모습을 풍자적으로 그린 것으로, 감상
자가 어떤 예술품에 매료됨으로써 예술품과 참관자 사이에 심리적
인 동일시가 이루어졌음을 보여 주는 좋은 예라고 생각된다.

불명료한 것의 명료화를 가능하게 하는 예술

　정신분석학자 아리에티(Arieti, 1976)는 모호하고 불완전하게 상
상된 정서나 감각을 내배엽적(endocepts)인 것이라고 불렀다. 내
배엽적인 것은 확고한 이미지로 인지되기 전 상태로서 자신의 것
이라 할 수 없으면서도 우리가 느끼고 행동하면서 살아가게 하기
위한 일종의 기질로, 비록 이러한 기질이 억압되어 있다고 하더라
도 개인의 생활상에 지속적으로 간접적인 영향을 미치고 있다고

보았다.

예술치료는 아리에티가 말하는 내배엽적인 정신의 내용이 지니고 있는 불명료한 내용을 명료화로 향하게 하는 교량이 될 수 있는 이미지를 예술매체를 통하여 찾게 한다. 아리에티는 환자의 내배엽적인 내용물이 확고한 이미지와 연결되기 전에 다양한 양상으로 나타날 수 있다고 보았다. 보다 높은 수준의 지각적 통합을 요구하는 부분적 혹은 전체적으로 쪼개진 이미지로 나타날 수 있고, 정교화된 통합뿐 아니라 정서적으로 요구하는 대상(cathexis, 사람)을 필요로 하는 차원일 수도 있다고 하였다. 예술치료에서 예술작업이 가지는 정신분석적인 차원의 의미는 불확실한 내배엽적인 사고, 즉 일차적인 사고과정의 내용을 보다 확고한 이미지로 인지되는 이차적인 사고과정으로 연결하고, 내적 및 외적인 현실의 합일, 그리고 과거와 현재를 잇는 교량의 역할을 한다는 것이다.[2]

정서적으로 안전한 틀을 제공하는 예술

치료과정은 환자와 치료자 간의 언어적 및 비언어적 의사소통을 통해 미묘하게 지속되면서 상호 적응해 가는 것으로 이어진다. 환자의 투사적인 동일시로부터 유연하게 대처하는 치료자의 태도는 치료적인 변화를 결정하는 데 매우 중요한 것이다. 이러한 맥락에서 예술치료적인 매개체는 환자의 의사전달을 보다 정돈된 형식으로 소화되는 것을 촉진하는 강한 정서적인 틀 혹은 수용하는 그릇

---

2) 이러한 만남의 부분을 아리에티(1976)는 인간정신의 일차적 과정과 이차적 과정이 만난 곳이라는 뜻에서 삼차적인 과정(tertiary process)이라고 하면서 치료가 일어나는 마술적(magic)인 과정이라고 불렀다.

을 마련할 수가 있다. 이러한 상황에서 적절한 예술매체의 선택은 환자와 치료자 동맹의 치료적 통합을 유지해 줄 수 있다. 심리치료 현장에서 종종 중재되지 않은 정서의 직접적인 표현으로 치료적인 동맹에 부정적인 영향을 미치는 것을 볼 수 있다는 점에서 다양한 예술매체의 사용은 간접적 또는 상징적 차원으로 정서에 접근할 수 있으므로 적절하다고 하겠다.

예술활동, 특히 시각적 혹은 청각적 놀이는 환자에게 자신의 내적인 투사를 보고 듣고 이해하는 것에 필요한 적당한 거리와 보호막을 줄 수 있고, 일시적으로 강한 원시적인 정서로부터 압도당하고 위협당하는 것을 피할 수 있다. 표현의 다양한 양식은 환자의 반응에 더 많은 융통성을 주고 환자의 자아 강도의 정도에 따라 구체적으로 적응하게 함으로써 정신세계를 적절하게 구조화할 수 있게 한다. 이 개념은 역동적인 맥락의 이론으로 실시되고 있는 예술치료에서 사용되는 기본적인 개념이라 하겠다.

창작예술을 통한 자아강화

자아강화가 요구되는 환자를 치료하는 상황에서 치료사는 지나친 언어화를 피하고 조용히 있어야 할 것이 요구된다. 이런 정적 속에서 치료자는 환자에게 강하게 집중하며 귀를 기울이고 환자는 치료사의 존재를 보다 강하게 느끼는 경험을 한다고 볼 때, 예술작업에 몰입함으로써 치료적인 경험을 하게 하는 예술치료에서의 경험과 동일하다고 볼 수 있다.

경계선 환자 혹은 정신병 환자는 일차적 의사전달 과정으로 숨거나 도피하고, 신경증 환자들은 강한 정서와 환상을 두려워한다.

이때 치료사가 놀이에 개입하는 것이 외적/내적 세계에 대처하는 환자의 능력을 증가시킬 수 있다. 치료자와 환자는 함께 일차적 의사전달 과정에서 이차적인 것을 왕래하면서 조화와 균형을 유지해야만 한다.

자아강화 문제에서 예술치료사는 예술매체를 통하여 그들이 더 창조적이 되도록 돕는 것으로 자아기능을 향상시킬 수 있다. 예술치료사는 이미지와 상징 형성을 위한 한 방편으로 감각 경험을 제공하기도 하는데, 특히 통제력이 약한 환자나 대상공고화에 이르지 못한 사람에게 필요하다. 이러한 내용과 연관되는 자료로는 미술치료를 통한 상징화 능력의 발달이 자아강화에 미치는 효과를 자아심리학의 이론을 중심으로 연구한 김혜영(2003)의 논문을 들 수 있다. 그 외에도 예술을 통해 심리적인 저항을 감소시키고 전이와 역전이 분석에 효율적으로 대처할 수 있다는 측면이 있다(Rubin, 1987, 제1장 참조).

2) 대상관계심리학과 예술치료

대상관계심리학은 전통적인 정신분석학에서 보는 욕동중심의 인간정신을 관계중심으로 발전시킨 신프로이트학파로서 클라인(Melanie Klein)이 그 선구자다. 대상관계심리학의 핵심을 이루는 것은 현재 현실에 영향을 주는 발달초기에 내면화된 내면의 대상관계다. 대상관계심리학에서 '대상'이란 개인의 리비도가 투자된 사람뿐만 아니라 주위의 대상, 사물을 의미한다.

대상관계심리학의 특징은 생후 첫 3년간의 정신발달에 초점을 맞추고 이 기간 동안 유아의 내면적인 경험을 마치 현미경으로 들여다보듯이 확대시켜서 면밀하게 검토하는 것이다. 그들의 이론에 따르면, 한 개인의 일생을 좌우하는 성격형성이 이 시기에 이루어지고, 이 과정 동안 투사, 동일시, 내면화, 투사적 동일시 등의 정신역동기제 등을 통하여 유아가 자신(self)과 주위 대상(object)들과의 관계 속에서 인성 및 문제형성을 한다.

대상관계심리학적인 관점에서의 치료는 생후 첫 3년 동안 역기능적으로 내면화된 대상관계를 어떻게 해서든지 재작업하여야 하고, 결손 및 박탈이 있었던 부분을 피상적인 차원이 아니라 실제로 재연해 보는 작업을 통하여 복원(reparation)시켜야 하는 것이다. 이 시절의 유아의 경험은 본질적으로 비언어적이며, 언어전단계적인 것이므로 비언어적인 속성의 예술치료가 효율적이라고 할 수 있다.

예술치료에서 유용한 이론 중 특히 말러(Mahler)의 대상관계심리학적 발달단계이론은 모-아 쌍과 환자-치료자 쌍의 개념을 제공하여, '충분히 좋은' 어머니/치료사와의 역할과 '촉진적인 치료환경'으로서의 '안아 주기'를 통한 첫 3년 동안의 모-아 관계를 조명함으로써, 치료과정을 구조화할 수 있다는 점이 특히 유용하다. 라빈스의 케이스 세미나에서 논의된, 치료 상황에서 치료사가 어떤 치료 환경과 어떤 안아 주기를 언제, 왜 제공하여야 하는지에 대한 이론적인 배경이 여기에 해당된다.

위니캇(Winnicott)의 이론 또한 예술치료에 매우 유용하다. 위니캇의 중간영역이라는 개념은 심리치료에 내적 및 외적 공간의 발달에 대한 전반적인 관점을 제공한다는 점에서 예술치료에 적절한

이론적인 틀을 제시하고 있기 때문이다. 그의 이론에 따르면, 중간
영역(자아-대상, 내적-외적, 아이-어머니, 내담자-치료자 등의 쌍이 만
나는 영역)은 놀이로 창출되는 영역으로 치료가 일어나는 장소다.

심리치료가 환자의 놀이영역과 치료자의 놀이영역이 겹치는 곳
에서 일어난다는 점에서 예술작업은 나-아닌-나, 즉 중간대상으
로서 치료에 필요한 중간영역을 창출한다고 하겠으며, 창작매체는
치료적인 환경을 조성하고 지속하는 기능을 갖는다고 하겠다.

작가(환자)는 상실한 대상을 상징적으로 나타내는 '대상'을 안전
한 장소에서 재창조하는 데 정신적인 에너지를 사용함으로써, 지
난날의 상처가 치유되고 미래에 대한 공포로부터 해방될 수가 있
다는 점에서, 대상관계심리학적 예술치료에서는 창작예술을 통해

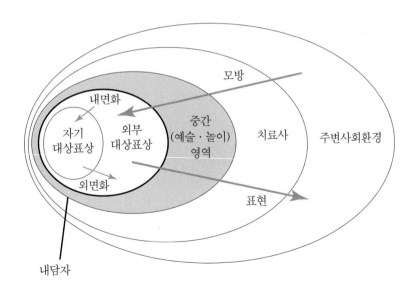

[그림 2-1] 역동적 모델에서 본 예술치료의 위치(Johnson, 1999)

자기와 대상이 확실하게 연결된다고 보고 있다.

상실된 대상을 대처하는 중간영역적인 의미로서의 예술작업

대상관계심리학적인 예술치료에서 예술은 흔히 대상상실(object loss)을 대처(cope)하게 하는 중간기능을 한다고 볼 수 있다. 또한 예술은 치료적인 환경조성 및 치료방침을 설정하게 하여 결손된 초기발달단계의 내면화된 대상관계를 적절하게 재편성하도록 돕는 도구로 사용된다.

예술활동을 통해서 예술치료사는 첫 3년 동안의 경험이라고 가정할 수 있는 환자의 가장 일차적이고 근본적인 핵심과 접촉한다. 예술작업은 결손된 대상관계 때문에 미처 펼쳐지지 못한 환자의 고통, 상실, 소외감 등의 미묘한 표현을 경험하게 한다. 놀이라는 치료적인 관계 내에서 나타나는 자신(self)과 대상(object)의 미묘한 상징적 표상이 새로운 의미의 세계로 옮겨 간다. 대상(환자)의 다양한 찢겨짐과 쪼개진 부분들이 시각화됨으로써 실제로 매만져지고 그 메시지에 귀 기울여진다. 여기에서 가장 중요한 것은 치료자가 결손의 복원(reparation)을 위한 중간영역을 재생산하기 위해서는 스스로의 초기발달과정에서의 경험과 접촉해야만 한다는 것이다.

이러한 상황에서 치료자는 놀이를 하고 상징화하고 다양한 감각 및 공간적인 양식을 채용하는 능력을 최대한 발휘할 것이 요구된다. 이러한 차원에서 형성되는 중간영역에서는 복잡한 정서적 및 지각적 체계가 점차적으로 통합되고, 공명과 대화를 위한 장이 열리게 된다.

　　이러한 이유에서 예술적 작업이 초기발달단계에서 상실한 대상
에 대처하는 중간영역의 의미를 가진다고 보는 것이다. 예술가(환
자)는 상실된 내면의 대상을 자신의 작품에서 재창출하고 자신의
에너지를 고통과 융합된 과거의 이미지와 미래에 대한 불안을 나
타내는 창조품에 쏟음으로써, 심리적인 상처로부터 손상받은 부분
을 회복할 수 있는 안전한 공간을 발견하게 된다. 이러한 공간은
자신(self)과 대상(object)을 연결시키고, 개인차원을 넘어서는 영역
의 정신내적 세계의 상징과 이미지를 연결시킴으로써 치료적인 변
화가 기정사실화되게 한다. 이러한 예술적 혹은 치료적 창조과정
에서 전체 혹은 부분적으로 쪼개진 정신적인 문제들이 추론되거나
용해될 수 있다.

　　자신과 대상표상은 복잡한 공간적, 지각적, 정서적인 조합으로
전형적인 사고로는 쉽게 드러나지 않는 부분이다. 대상관계심리학
에 입각한 예술치료의 중요한 치료적 요인은 예술작업을 통하여
초기대상관계의 비언어적인 차원의 이슈를 외재화되게 하고, 비전
형적인 매체를 통하여 연루된 갈등관계에 있는 심리정서적인 요소
와 의사소통을 할 수 있는 구체적인 틀을 제시한다는 점에서, 결손
된 초기대상관계를 치유하고 병리적인 정신구조를 재편성하게 하
는 효율적인 치료방법이라 하겠다. 대상관계심리학 이론은 예술치
료 임상에 매우 실용성이 있어서 최근 10여 년 동안 활발한 연구가
있었고 앞으로도 이어질 것이라 예상된다.

내적 대상의 회복을 돕는 예술작업

페어베언(Fairbairn)은 자아의 성장은 대상을 내재화하는 과정이

라고 보고, 내적 대상이 인격형성의 기본 재료라는 클라인의 이론
으로부터 자신의 이론을 발달시켰다. 그는 자아는 출생 시부터 존
재하며, 충동은 의식적이든 무의식적이든 간에 자아 구조 내에 존
재하며 자아 구조로부터 나온다고 보았다. 모든 충동은 경험하는
자에게서 생기지만 항상 대상을 가지고 있다고 볼 수 있는데, 페어
베언이 주장하는 리비도는 쾌락을 추구하는 것보다는 대상을 추구
하며, 인간행동의 기본 동기는 쾌락을 얻고 긴장을 해소하기 위하
여 타인을 사용하는 것이 아니라 타인과 관계를 맺고 유지하는 데
있다고 보았다. 그러한 맥락에서 갑작스럽고 자연스럽지 못한 어
머니와의 분리는 초기대상관계를 '나쁜 것' 또는 박탈적인 것으로
만들고 이러한 고통스러운 경험들이 내적 대상들과 분열된 자아의
부분을 형성한다.

페어베언은 심성구조를 리비도적인 흥분시키는 대상, 반리비도
적인 거절하는 대상, 중심적인 자아와 이상적 대상의 세 가지로 분
류하고 있다. 페어베언의 치료 모델은 분열된 자아의 부분이 외재
화를 통하여 중심적인 자아가 동일시되는 것인데, 예술작업은 거
절하는 대상과 흥분시키는 대상을 예술매체에 투사하게 하여 '치
료사/어머니'가 보다 안정적이며 유연한 대상으로 존재하게 됨으
로써, 내적 대상관계가 회복된다고 보고 있다.

3) 자기심리학과 예술치료

대상관계심리학이 발달초기의 대상과의 관계에 중점을 둔다면,
코헛(Kohut)이 만든 자기심리학에서는 발달초기 유아의 자기와의

관계에 관심을 둔다. 코헛의 '자기'란 시간과 공간 안에 존재하는 자극을 주고받는 주체로서, 하나의 응집력 있는 구조물이며 객체로서 단독으로 존재하기보다는 자기대상과의 관계의 틀 안에서 존재한다고 보고 있다.

이 '응집적 자기(cohesive self)'는 한 개인에게 건강한 자기인식을 주고 타인과 건강한 관계를 맺을 수 있는 공감의 능력을 주는 동시에 그가 속한 세계 안에서 창의력을 계발하며 살아갈 수 있는 힘을 제공해 준다고 보고 있다.

자기대상으로서의 치료사의 역할과 예술작업

'응집적 자기'가 구축되지 못한 자기애적인 환자를 치료하는 과정에서 치료자는 자기를 구축시키기 위하여 지원되어야 하는 환자의 자기대상적인 기능을 하게 된다. 이는 치료자의 공감을 통한 반영적인 전이가 환자가 섭취하지 못한 특정한 영양분을 섭취하게 한다는 뜻이다. 치료가 이상적으로 진행되면 환자는 이러한 반응을 감지하고 스스로 분석자에게 원하고 있는 것이 무엇이라는 것을 알게 됨으로써 삶의 역사의 일부를 재건축하게 된다.

여기에서 무엇보다도 중요한 것은 치유적인 공감적 경험을 통하여 자아구조를 건축해 나가야 한다는 것이다. 여기에서의 치료적인 의미는 환자가 가지고 있는 원초적이고 일차적인 자기대상에 대한 의존도가 낮아지게 되고, 보다 추상적이고 목적지향적인 자기대상을 발달시키게 된다는 것이다.

예술치료에서 제공하는 치료사의 반영적인 자세를 포함한 모든 재료 및 예술작업은 '응집적 자기'를 구축하는 데 필요로 하는 자기대상으로서의 기능을 하게 된다.

과대적 자기의 욕구를 반영해 주는 예술작업

예술치료사는 초기발달단계에서 '응집적 자기'를 발달시키지 못한 환자에게 공감적 및 양육적 기능을 하면서 그들로 하여금 수치심을 느끼지 않는 가운데 그들의 성격과 자기의 부분에 이미 포함되어 있는 과대적이고 자기과시적인 한 측면을 표현할 수 있게 한다. 예술가들이 보통 사람들보다 나눌 수 있는 역량이 훨씬 크다는 점에서, 치료자에게 전지전능한 부모역할을 기대하며 비현실적인 관심 집중과 과대 욕구를 가진 환자에게 예술치료는 특히 적절하다고 볼 수 있다.

이러한 방식의 치료가 가능하려면 예술치료사 역시 강건한 자기를 구축하기 위하여 스스로의 자기애적인 에너지에 채널을 맞추고 많은 정신적인 에너지를 투자하며 스스로에게 적절한 창조적인 작업을 해야 어려운 역할을 감당할 수 있을 것이다.

4) 분석심리학과 예술치료

분석심리학적인 관점에서 보는 무의식에는 개인의 생활체험에서 우러나와 그 개인의 독특한 인생과 결부되어 있는 개인적인 무의식이 있는 동시에, 좀 더 깊은 층에는 집단적인 무의식이라고 부르는 문화, 인종, 시대의식, 지리적 조건의 차이에도 불구하고 인간이면 누구에게나 있는 근원적이고 보편적인 요소가 있다.

집단적인 무의식은 태초부터 인류가 경험한 모든 것이 침전되어 있는 가장 진실하고 생명의 중심적 활동이 일어나는 영역으로서, 자율적으로 기능하는 콤플렉스와 자기원형의 창조성으로 대극합일을 통한 전체가 되기 위한 목적의미를 가지고 있다. 이러한 맥락에서 창조성에 대한 분석심리학적인 입장은 인간정신의 전체 상징이자 정신구조의 핵심이 되는 자기(自己, Self)에게로 초점을 맞추고 있으며, 자기는 의식과 무의식을 포함한 성격의 전체(totality)이며 우리로 하여금 의식의 중심일 뿐인 자아를 넘어서게 하는 창조성의 원동력이다.

융은 자기와 자아와의 관계에 대하여, 자아는 내가 움직인다(mover)는 차원이고 자기는 (큰 힘에 따라서) 내가 움직여지는(moved) 차원의 경험으로, 사기가 객체(object)적인 것이라면 자아는 주체(subject)적인 것이며 이러한 자기는 무의식과 같이 선험적인 존재로서 자아는 거기에서 파생된 한 조각일 뿐(C.W., 11, p. 259)이라고 했다.

이러한 관점에서 자발적으로 만들어진 예술작품은 창조성-자기에 따라서 새로 형성된 것이라 하겠다. 마치 "식물은 대지의 산물에 불과한 것이 아니라 그 자체 안에 그 기반을 둔 살아 있는 창작과정이며 그 본체는 대지의 구성과는 무관한"(Jung, 1972a, p. 82; 이부영, 1987에서 재인용) 무엇과 같은 내용이다. 무의식의 원형적인 내용물을 의식의 내용으로 통합하여 전체가 되게 하는 과정에서 창작작업이 가지는 의의는 작가의 의도(자아)와 관계없이 작가를 통하여 무의식(자기)의 의도를 드러내게 하여 정신세계를 자연스럽게 일깨울 뿐만 아니라 그 내용을 의식적인 삶 속으로 가져오도록 하는 것에 있다. 실제로 우리가 의식하고 있는 모든 것은 하

나의 이미지로서, 정신의 실재는 이미지로 그 모습을 드러낼 수 있
고 그럼으로써 의식의 내용이 된다는 분석심리학의 개념은 모든
심층예술치료에서 그대로 적용된다고 봐도 무리가 아니다.

무의식의 이미지를 표현하는 것의 치유성

월리스(Wallace, 1987) 박사는 워크숍이나 강의에 들어가기에 앞
서 언제나 도마서에 나오는 귀절, "당신이 내면세계를 알면 그 앎
이 당신을 구제해 줄 것이고, 당신이 알려고 노력하지 않는다면 내
면의 내용이 당신을 파괴할 것이다." 를 낭독하는 것으로 내면세계
를 알아 가는 작업의 중요성을 강조했다.

내면세계를 알기 위하여 이미지를 창조하는 것의 치유적인 의의
는 내부세계와 연결하기 위한 첫걸음으로서 낯설은 무의식 내용들
을 현실세계에 구체적인 이미지로 표현하게 한다는 데 있다. 이러
한 의식과 무의식의 협동작업인 창조과정은 소외되어 있던 정신의
부분이 보상받게 할 뿐만 아니라 인간정신의 심상을 자연스럽게
의식의 영역으로 통합할 수 있게 한다. 이러한 차원에서 자발적으
로 만들어진 작품을 통하여 나타난 이미지는 한 개인의 무의식 속
의 객체적인 '타자' 의 일부라고 볼 수 있고 이미지나 타자의 출현
시점부터 무의식과의 대화가 시작된다고 볼 수 있다.

퍼스(Furth, 2002)는 이미지의 표출이 가지는 치유적인 의의를
보다 구체적으로 분류하였다. ① 개인적 무의식의 내용물인 콤플
렉스 측면을 표현하게 하고, ② 정체된 정신 에너지의 재분배를 가
능하게 하고, ③ 대극이 합일되게 하고, ④ 일방적으로 치우친 것
을 보상하게 한다. 이러한 과정에서 보상적인 에너지가 무의식의

이미지로 나타나 무시되었던 영역을 표현하여 의식의 주의를 끌어서 의식의 태도를 변화시키려는 시도를 하게 된다. 따라서 창작과정에서 만들어지는 이미지 자체가 마음의 균형을 이루고 전체성을 지향하게 한다는 점에서 치유적이라 하겠다. 이러한 부분들을 심층예술치료사들이 임상에서 접목하여 심도 있게 다루어야 할 내용이라고 본다.

예술작업을 통한 대극합일

분석심리학적 관점에서 치료의 개념은 정신이 전체가 되어 보다 온전해진다는 것과 영혼을 구원에 이르게 한다는 것이 포함되어 있고, 문제적인 증상/신경증을 보는 관점도 전체가 되어야 할 그림이 퍼즐조각과 같이 쪼개져 있어 하나의 완성된 그림으로 통합되어야 한다는 메시지라고 보고 있다. 따라서 전체가 되는 치료적인 목적을 달성하기 위해서 우리는 먼저 전체 그림의 어느 부분들이 어떻게 치우쳐 있는가를 알아내고 하나의 그림, 즉 전체적인 정신이 되기 위하여 다양한 대극들이 대면되어야 한다. [그림 2-2]는 양립할 수 없는 대극의 쌍들이 상징적인 이미지를 통하여 합일이 될 수 있다는, 미국의 심층적 예술치료사 루이스(P. Lewis, 1993)와 스위스의 분석심리학자 아프트(Apt, 2005)의 개념을 저자가 종합한 것이다.

그 외에도 수많은 대극이 존재한다고 볼 수 있고 따라서 이 모든 대극을 합일하여 전체가 된다는 것은 용이한 일이 아니다. 저항에 따르는 불안감 때문이다. 예술작업이나 놀이는 이러한 불안감과 저항을 감소시키고 상상적인 공간에서 안전하게 자연스럽게 대극이 표현되고 합일에 이를 수 있게 한다. 이 점이 예술치료의 특성

이자 장점이며, 상상적인 영역에서 치료사와 함께 이루어지는 창
조과정은 연금술적인 변환과정과 맥을 같이한다고 봐도 좋을 것이
다. 이 부분에 대해서는 간단히 요약할 수 없기 때문에 따로 다루어
야 할 것 같다.

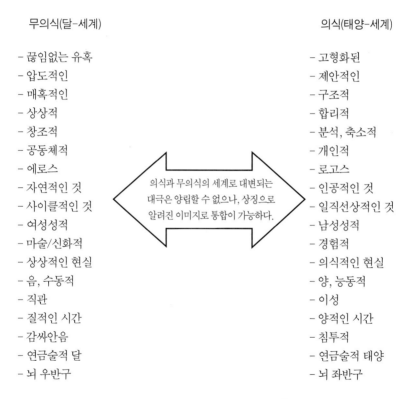

무의식(달-세계)

– 끊임없는 유혹
– 압도적인
– 매혹적인
– 상상적
– 창조적
– 공동체적
– 에로스
– 자연적인 것
– 사이클적인 것
– 여성성적
– 마술/신화적
– 상상적인 현실
– 음, 수동적
– 직관
– 질적인 시간
– 감싸안음
– 연금술적 달
– 뇌 우반구

의식과 무의식의 세계로 대변되는
대극은 양립할 수 없으나, 상징으로
알려진 이미지로 통합이 가능하다.

의식(태양-세계)

– 고형화된
– 제안적인
– 구조적
– 합리적
– 분석, 축소적
– 개인적
– 로고스
– 인공적인 것
– 일직선상적인 것
– 남성성적
– 경험적
– 의식적인 현실
– 양, 능동적
– 이성
– 양적인 시간
– 침투적
– 연금술적 태양
– 뇌 좌반구

[그림 2-2] 예술작업을 통한 대극합일[3]

3) 창조성은 의식세계중심인 자아의 경계를 넘어서게 하고 우리로 하여금 새로운 땅에 도
달하게 한다. 따라서 창조적인 작업을 통해서만이 전체가 되라는 무의식의 의도를 실
현할 수 있다(폰 프란츠). 한국융연구원 2009년 봄 스위스 취리히 심층심리연구소 소장
에터(Etter) 박사 방한 특강중에서.

적극적 상상의 도구로서의 예술

적극적 상상은 융이 창안한 '내면의 이미지의 흐름을 관찰하기 위한 내성(introspective)의 한 방법'으로서 예술은 적극적인 상상의 적절한 도구가 된다. 적극적 상상을 위한 작업은 의도가 개입되지 않게 작업하는 다양한 미술치료적인 접근법, 꿈, 신화, 민담 등의 연기, 신(神)과 여신들의 본(本)풀이, 무용치료의 '진정한 동작 authentic movement', 음악치료의 GIM(guided imagery through music), '모래상자 놀이치료' 등의 세분화되고 구조화된 방법들이 있다. 이러한 기법들의 실제 적용에 대해서는 분석심리학적 예술치료 관련 자료에서 소개되고 있다.[4] 국내에서 분석심리학적인 배경이 부족하거나 심리치료에 대한 기본교육이 없는 사람들이 이러한 접근법을 기법 위주로 시행하여 온 것은 시정되어야 한다고 본다.

적극적 상상의 도구로 실시되는 예술치료에서는 태초부터 지금까지 반복적으로 시행되어 온 원형으로서의 제의과정을 경험하게 하여 개인으로 하여금 존재에 대한 보다 깊은 의미를 깨닫게 하고,

---

4) 분석심리학을 탐구하는 학도이기도 한 저자는 이와 관련된 연구를 해 왔다. 관심 있는 학도들은 다음을 참고하길 바란다.

김진숙(2002). "분석심리학적 예술치료: 적극적 상상을 중심으로". 목회상담협회 제7차 학술강연 논문발표집: 목회상담과 융심리학, 70-100.
Edinger, E. F. (1990). 살아 있는 심혼. 김진숙 역, 서울: 집문당, 1996.
Pincher, S. (1991). 만다라를 통한 미술치료. 김진숙 역, 서울: 학지사, 1998.
김진숙(2001). "진정한 동작과의 만남". 한국표현예술심리치료협회 학술대회 자료집 II: 표현예술심리치료와 동작무용치료, 75-79.
김진숙(2005). 분석심리학적 모래상자치료. 서울: 명지예술심리치료연구센터.
김진숙(2006). "객체적인 정신(objective psyche)의 초월적인 기능: 소 상징확충 중심으로". 표현예술치료, 1, 20-50.

〈표 2-2〉 각 심리학파에서 다루는 인간정신현상

	현실 · 인지 · 인본주의 심리치료	정신분석	분석심리학	종교적인 영성수련 및 명상
의식 · 현실세계	·	·	·	
개인적인 무의식		·	·	
집단적인 무의식			·	·
원형 및 영적 세계			·	·

인류전체에 대한 이해의 폭이 넓어지게 하며, 삶의 의미를 잃은 현대인들에게 개별적인 신화 창출의 기회를 마련하고 삶의 의미를 찾게 해 주는 것에 도움을 줄 수 있다. 이러한 차원의 치료를 제공하기 위해서는 치료사 스스로가 이와 관련된 지식과 경험이 있어야 한다는 것은 자명하다.

〈표 2-2〉는 각 심리학파 이론과 종교현상이 중심적으로 다루고 있는 인간의 정신세계 영역을 보여 준다. 이 표에서는 분석심리학이 정신의 모든 영역을 다룬다는 점을 보여 주고 있으나, 원론적 차원에 불과한 것임을 이해하기를 바란다. 의식세계 차원에만 중점을 두는 여러 심리치료사들도 치료자적인 자질과 영성적인 그릇을 갖추고 있으면, 심층심리학적인 접근을 하지 않더라도 효율적인 치료를 할 수 있고 이러한 가능성은 인생의 경험이 많은 지혜로운 노인들이나 성직자들이 훌륭한 상담자 역할을 수행하는 것에서 찾아볼 수 있기 때문이다.

결 론

심층심리학과 예술치료와 관련되는 방대한 내용을 요약하느라 내용이 너무 어려워진 것 같다. 이러한 어려움과 무리에도 불구하고 시도한 것은 예술치료가 기법 중심으로 시행되는 것이 아니고 인간의 정신현상을 이해하기 위한 심층심리학적 이론에 근거를 두어야 한다는 것을 부각시키기 위한 것이다. 세부적인 내용은 각자가 섭렵하면 된다고 생각하며, 큰 틀을 제시하는 것에 의의가 있다고 본다.

예술치료사가 심층심리치료 이론을 단순히 지적으로 배우는 것에 치중하면 예술 부분이 줄어들고 심층치료사와 같은 분위기가 되기도 한다. 실제로 저자가 수학한 뉴욕의 경우, 많은 예술치료사들이 임상활동을 하면서 정신분석가가 되기 위한 수련을 받고 정신분석가로 활동하면서 예술치료사로 일하는 경우를 본다. 어느 쪽에 더 비중을 두느냐 하는 것은 각자의 선택으로, 한국의 학도들에게 친숙한 미술치료사 루빈 박사의 경우가 그러하고, 무용치료사 아브스트라이(Avstreih), 초도로(Chodorow) 등 미국의 지도급에 있는 예술치료사들이 밟아 온 길이다.

그러나 때로는 정신분석가로 오랫동안 활동을 하다가 지나치게 이론에 치우치는 것에 환멸을 느끼고 예술치료사로 돌아오는 사람들도 있다. 모든 것은 각자의 선택이지만 이론적인 체계를 소화하여 자기의 것으로 하는 것은 예술치료사에게 분명 강력한 도구가 될 것이다.

3. 발달 맥락의 이론적 틀

삼라만상이 끊임없이 변화하듯이 개인도 모태에서 태어나서 죽음에 이르기까지 항상 발달/변화한다고 볼 수 있다. 이러한 변화의 내용은 개인이 속해 있는 환경과 문화에 따라 표면적으로는 달라 보이지만 기본적인 삶의 단계 및 통과의례 등은 범문화적인 현상이다. 한 개인의 육체적인 발달은 육안으로 확인할 수 있으나 정신적인 발달은 내면에 속하는 만큼 그 내용을 쉽게 알 수 없다. 이렇듯 베일에 가려져 있는 복합적인 인간심리 현상을 이해하기 위한 노력은 일찍부터 있어 왔고 이러한 노력의 결과로 다양한 심리 발달이론이 만들어지게 되었다.

이 장에서 소개하는 '발달 맥락의 예술치료이론'[5]은 특정한 이론에 국한하지 않고 인간정신을 발달적인 맥락으로 보는 여러 심리학자들의 이론들을 종합하여 만들어진 개념으로서, 어떤 정체된 시점보다는 전체적인 흐름으로 이해하려고 노력한다는 특징을 가진다는 것을 미리 밝힌다.

치료는 일회적인 만남이 될 수도 있지만 대부분의 경우 일정기간 동안 지속된다고 볼 수 있다. 발달 맥락의 이론은 이러한 치료과정의 흐름을 발달적으로 이끌어 가는 것이 자연스럽고 무난하다고 보

---

5) '발달 맥락의 예술치료이론'이라는 용어는 연극치료사인 존슨(David Johnson, 1982, 1986)이 제시한 것이지만, 대상관계심리학적인 접근을 한 라빈스와 루이스도 같은 개념으로 다루고 있고 인지발달이론 중심의 미술치료사 루빈(Rubin, 1987)도 비슷한 개념으로 제시하기도 하였다.

고 있으며 이러한 개념은 장기적인 치료나 단기적인 치료나 일회적인 치료세션의 경우에도 해당된다. '발달 맥락의 예술치료이론'의 특징은 특정한 예술매체가 가지는 특성이나 치료의 스타일, 또는 이론적인 선호도 등을 세부적으로 묘사하는 것으로부터 약간 거리를 두고 치료사로 하여금 현재 놓여 있는 치료 상황을 발달적인 맥락에서 파악하고 그 시점에서 어디로 어떻게 갈 것인가에 대한 근본적인 질문에 지침을 제시한다는 실용성을 가지고 있다.

치료과정을 치료자와 환자가 함께하는 항해라고 볼 때 발달 맥락의 이론은 항해지도와 같다고 해도 좋을 듯하다.

예술치료가 비언어적인 매체를 통하여 이루어지는 만큼, 특히 생의 초기단계에 머물러 있는 치료대상에게 적법한 치료방법이다. 따라서 각 예술매체와 접근방법이 가지는 발달적인 맥락의 치료 특성을 이해하는 것은 아동을 대상으로 하는 치료사뿐만 아니라 모든 예술심리치료 전문인들에게도 유용하다고 본다.

〈표 2-3〉을 통하여 먼저 현대 심리치료 분야에서 중요하게 다루어지고 있는 발달이론을 요약하여 소개하고 이를 종합하여 만든 '발달 맥락의 예술치료이론'을 소개한다.

이 장에서 다루는 발달 맥락의 이론들은 ① 인지발달적인 피아제(Piget)의 관점, ② 심리·성적인 발달에 관한 정신분석적 견해: 프로이트(Freud), ③ 생애를 걸친 심리사회적 발달: 에릭슨(Erickson) 등의 다양한 관점으로부터의 정보에 근거하며, 정상적인 발달에서 특정한 선상에 지체되어 있는 환자를 적절하게 평가, 이해하고 치료적인 개입을 통하여 정상적인 발달을 향하게 하는 것에 중점을 둔다.

〈표 2-3〉 발달이론

연 령	피아제	프로이트	에릭슨	노이만	말러
출생 ~1세	감각 운동기 (0~2세)	구강기 (첫1년)	신뢰감 대 불신감	일차적 모성단계 (0~6개월)	• 정상적 자폐기 (~4주) • 정상적 공생기 (5주~5개월) *사회적 미소 (4개월 전후)
2세		항문기 (1~3세)	자율성 대 수치심 및 회의감	이차적 모계 단계 (18개월 ~2.5세)	분리개별화 단계 • 부화기 (5~9개월) • 연습기 (9~18개월) • 재접근기 (18~24개월) *낯선이 반응 (8개월 전후)
3세					대상영속성 확립단계 (3세 전후)
4세	전조작기 (2~6세)	남근기 (3~6세)	주도성 대 죄책감	남근-토양 적 단계의 자아(2.5~ 5.2세)	
5세					
6세	구체적 조작기 (6~12세)	잠복기 (6~12 세)	근면성 대 열등감	마술-전투 적 단계의 자아 (5.2~ 12세)	
7세					
8세					
9세					
12세					

13세	형실적 조작기 (12~15세)	생식기 (사춘기/ 청소년 기)	정체감 대 정체감 혼돈	태양-전투 적 단계의 자아 (12~20세)	
14세					
~20 이전					
20대 ~ 30대 초반		성인기	친밀감 대 고립감	태양-이리 적 단계의 자아 (20~25세)	
30대 중반 ~60대		중년기	생산성 대 침체감	자아-자기 축으로 자기가 자아를 대치하는 단계 (35~)	
60대 이후 ~		노년기	자아통합감 대 절망감		

예술치료 분야에서는 일찍부터 발달 맥락의 이론을 토대로 회화, 놀이·동작, 소리 언어발달과정을 연구했고 이를 임상에 적용해 왔다. 그중 대표적인 학자로는 정상적인 아동의 회화발달을 연구한 로웬펠드(Lowenfeld), 버트(Burt), 켈로그(Kellog) 그리고 동작발달을 연구한 지젤(Gesell)을 들 수 있다. [그림 2-3]은 아동이 난

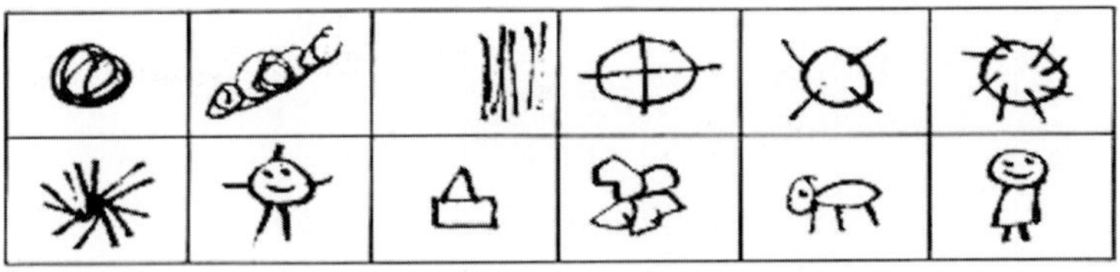

[그림 2-3] 켈로그(Kellog, 1969)의 책 중에서

화에서 사람을 그릴 수 있게 되는 발달단계를 보여 주는 것으로, 인간의 모든 다른 기능들도 이러한 흐름으로 발달한다고 봐도 좋을 것이다.

발달 맥락의 예술치료이론

존슨(David Johnson, 1982, 1986)은 예일대학을 중심으로 활동한 연극배우이며, 동시에 임상심리학자이자 연극치료사로서 의욕적으로 활동하고 있는 예술치료사다. 1980년대 후반 저자는 뉴욕대학원에서 존슨 박사의 강의를 들을 수 있었고 예술치료사로 일하면서 경험하고 있던 막막함을 객관적으로 볼 수 있게 된 계기가 되었다.

존슨이 강조했던 것은 예술치료에서 사용하는 예술작업의 침투적인 특성이 치료에 긍정적인 측면이 될 수도 있지만, 경험이 부족한 치료사에게는 자칫 혼란을 초래할 수가 있다는 것과 그러한 이유 때문에 예술치료사는 다른 심리치료사보다도 치료과정을 운영하는 방식에서 보다 구체적이고 안전한 이론적인 틀을 갖출 필요가 있다고 강조하였다. 임상경험이 많은 예술치료사들은 이에 동감할 것이다.

존슨은 ① 피아제의 인지발달적인 관점, ② 프로이트의 심리 · 성적인 발달에 관한 정신분석적 견해, ③ 생애를 걸친 심리사회적 발달심리학자인 워너(Werner), 에릭슨(Erickson), 쿠부라로스(Kublar-Ross), 레빈슨(Levinson) 등의 학자들의 이론을 종합하여 유아의 발달은 신체 · 동작적 차원에서 이미지나 제스처, 그리고 언어 형태의 표현으로 이루어진다고 보면서 각 단계를 다음과 같이 설명하였다.

- 감각운동적(kinesthetic) 단계: 유아가 스스로의 내면·외면세
  계에 대하여 신체적 느낌과 소리, 동작으로 반응하는 단계
- 행동화(enactive)단계: 유아가 주위 대상을 알아보고, 지적하
  고, 집어 드는 신체적인 행동이나 동작을 통하여 직접적으로
  외부와 접촉하려는 단계
- 이미지(imagistic)단계: 이전 단계의 동작이나 소리가 어떤 특
  정한 형태를 취함으로써 이미지가 드러나는 시기, 아기가 "엄
  마"라고 할 수 있는 단계
- 도상(iconic)단계: 이미지 만들기 차원에서 보다 강한 표현으
  로 대상을 정의하거나 특정한 대상을 비슷하게 그릴 수 있는
  단계
- 상징(symbolic)단계: 대상의 보다 복합적 차원을 표상할 수 있
  으나 아직 정확하지 못한 언어적 단계의 전 단계
- 언어(lexical)단계: 공식적인 언어 차원으로 자신의 경험을 표
  상할 수 있는 단계

존슨(Johnson, 1987b, 1990)은 이러한 내용을 토대로, 한 개인의
발달이나 발생학적 맥락이 ① 신체 차원(감각 및 동작), ② 상징적
형태 및 색상 차원, ③ 놀이 및 언어 차원 순서로 발달한다는 점을
그의 기초 이론으로 만들었고, 존슨과 산델(Sandel)은 발달단계가
동작, 소리, 제스처, 미술, 연극, 시, 언어 등으로 이어지는데, 무용
/동작, 음악, 미술, 연극, 시 치료 등의 다양한 예술매체가 이러한

정상적인 표현매체의 발달차원으로 대변될 수 있다는 것을 입증하는 다양한 연구를 하였다.[6] 또한 무용치료 세션에 대한 연구(Johnson, Sandel, & Bruno, 1984)에서 개인치료의 치료 전 과정에서도 이러한 흐름으로 진행하는 것이 효율적이라는 것을 발견하였고, 모든 장르의 예술치료에도 적용된다는 것을 입증하였다. 미술치료를 할 때 동작, 긴장 풀기, 자유화 등으로 이루어지고 마지막으로 그 과정에서 나타난 다양한 이미지들에 대한 토론으로 마감한다는 것도 같은 흐름이라고 볼 수 있다. 이러한 과정은 모든 개체가 동일한 형태로 발달한다는 것과 외부세계와 어떻게 관계를 맺고 살아가야 하는가를 이론화한 워너와 카플란(Kaplan, 1963)의 연구에서 인간의 기원적 발달원칙(microgenetic principle)이라고 명명한 내용과, 카간(Kagan)과 루제브린크(Lusebrink)의 개념과 유사하다.

존슨은 발달 맥락의 예술치료과정을 운영하기 위해서 염두에 두어야 할 5대 요소로 ① 치료과정의 구조화 강도, ② 적절한 매체 선정, ③ 언어화의 강도, ④ 정서적인 강도(intensity of affect), ⑤ 인간관계의 부담감(interpersonal demand)을 들면서 치료현장에서 이러한 요소들을 결정할 수 있는 지침을 제시하고 있는데 그 내용을 〈표 2-4〉로 요약할 수 있다.

---

6) 그들의 연구는 다양한 예술매체를 도입한 예술치료가 효율적임을 입증하는 것으로(Johnson & Sandel, 1977; Johnson, Sandel, & Eicher, 1983; Johnson, Sandel, & Bruno, 1984), 정신분열환자의 증상이 심할수록 연극이나 시보다는 동작이나 소리에 더 적극적으로 임했다는 연구(Johnson & Sandel, 1974)와, 정서적인 느낌이나 퇴행을 회피하는 청소년들은 순수한 동작치료는 피하려는 경향이 있었고 보다 구조적인 게임을 선호하는 경향이 있었다는 연구였다(Johnson & Eicher, 1990).

〈표 2-4〉 존슨의 개념과 이론을 종합한 표(김진숙, 1999b)

발달순서	상유하는 표현매체	과정의 구조와 강도	매체 선정	언어의 강도	정서적인 강도	인간관계의 부담감
〈개인/발달후기〉		〈생의 후기〉				
언어차원의 표현 (lexical)	능동적인 언어 사용	비구조적	구조적	강	강	강
도상차원의 표현 (lconic)	연극, 놀이 활동	↑	↑	↑	↑	↑
형태차원의 표현 (imagistic)	미술, 놀이 활동					
감각차원의 표현 (kinesthetic)	신체동작, 무용활동	구조적	비구조적	약	약	약
몸 자체 (내면자극에 따른 반응)						
〈신생아/발달초기〉		〈생의 초기〉				

1) 치료과정의 구조화 강도

발달적인 맥락으로 볼 때 유아는 내면/외면, 자신/타자, 상상적/현실적 등의 경계가 형성되지 않았고, 쾌락/욕구불만, 접근/회피 등의 정서가 확고하게 분화되지 않았기 때문에 단순한 구조로 삶을 시작한다. 유아는 성장함에 따라 내면세계가 보다 발달/분리되고, 안정감을 느끼게 된다. 이러한 생의 초기단계에서 아이는 자신의 요구와 경험의 통합을 위하여 외부환경에 의존해야 한다. 안정되고 명쾌하며 양육적인 환경은 유아로 하여금 세상을 살 만한 곳으로 느끼게 하고 따라서 안전감을 제공한다. 존슨은 치료를 진행할 때 초기는 마치 유아의 요구와 같이 단순하고, 안정되고, 명쾌하게 구조화(기획)하는 것이 중요하며 치료 후반에 가서는 덜 구조화하여 느슨하게 진행하라고 하였다.

2) 예술매체 선정

예술치료에서 예술매체의 활용은 내담자의 긍정적 변화를 위한 촉매제 역할을 하기 때문에 어떤 매체가 어떤 치료성이 있는가를 숙지하는 것은 치료사로서 갖추어야 할 중요한 부분이 된다. 예술매체 선정에서 존슨의 이론을 적용하면 발달초기, 신체감각차원의 매체인 신체동작 무용활동 → 형태차원의 표현인 미술, 놀이 활동 → 도상차원의 표현인 연극 · 놀이 활동 → 언어차원의 표현매체인 능동적인 언어 활동으로 볼 수 있다.

초기발달에 해당하는 신체가 개입되는 예술매체는 심리적으로 원초적인 차원에 해당하는 만큼 퇴행적인 소지가 많고 침투적이자 강력한 치유력을 가지고 있다고 볼 수 있다. 반면에 발달 후기에 해당되는 언어 차원에 가까운 매체는 덜 위협적이기는 하지만 치료에 필요한 심리적인 퇴행의 소지가 결여되어 있다고 하겠다. 이러한 맥락에서 몸을 이용하는 무용 및 음악치료 중 목소리를 이용한 치료법은 제삼의 물체에 내면의 경험을 투사할 수 있는 미술치료의 경우보다 더 발달초기의 단계로서 원초적인 경험과 연결되므로 개인으로 하여금 보다 농도가 짙은 경험을 하게 한다고 할 수 있다.

따라서 각 예술매체는 상이한 치료적인 특성이 있는데 미술매체는 창작품이라는 구체적인 중간매체가 있다는 것에서 가장 안전한 방법이라 하겠다. 물론 미술치료 중에도 재료와 기법에 따라서는 침투적일 소지가 있다.

동작/무용이 치료의 매개체가 되는 경우, 신체가 직접 개입하는 것에서 오는 강력한 심리적인 체험을 하게 한다는 좋은 점과 더불어 지나치게 침투적이 될 수도 있다는 점, 그리고 동작/무용이 일회적 또는 추상적 형태의 창작인 만큼 구체적인 중간매체가 없다는 점이 치료과정을 운영하는 데 어려움이 될 수 있다. 이런 점은 음악을 매체로 하는 경우도 비슷하다고 할 수 있다. 연극치료의 경우, 총체적인 예술형태인 만큼 다양한 기법을 포함하기 때문에 모든 예술치료의 특징을 다 포함할 수 있다.

3) 정교화의 강도

치료과정을 얼마나 정교하게 진행해 가느냐에 관련된 발달적인 흐름이다. 발달적인 맥락에서 볼 때 유아는 자신과 타자들, 세상에 대하여 서서히 분화 · 정교화되고 조리정연해진다. 우리는 다양한 느낌을 주는 여러 가지 대인관계를 접하게 되고 세계 속에서 대인관계는 보다 정교해지고 복합적이 된다.

따라서 치료 초기부터 지나친 설명이나 지시 등의 과도한 언어화는 부담스러울 수 있기 때문에 초기일수록 단순하고 편안하게 시작해서 서서히 그 강도를 높여 가는 것이 좋다. 어려운 용어를 쓰면서 설명하는 식의 분위기로 시작하면 위압적으로 느껴질 수 있기 때문에 비지시적인 분위기로 시작하고 서서히 지시적으로 진행하는 것이 좋다.

연극치료(다른 예술장르의 치료도 포함)집단에서 접하는 관계성에는 복합적인 것도 있고 덜 복합적인 것도 있다. 예를 들어, 둥글게 돌아서서 위밍업을 할 때와 어떤 상황을 직접 연기하는 것과는 다르다는 것이다. 위밍업은 덜 정교하고 다양한 역할이 가능하고, 특정한 상황의 연기는 보다 정교하고 복합적임이 요구된다고 봐야 한다. 치료집단을 진행할 때는 덜 정교한 간단한 방법에서 정교한 복합적인 방향으로 이끌어 가야 한다. 초반부에 너무 정교하거나 복합적이면 참여자들의 참여에 어려움을 줄 수 있다.

4) 정동의 강도와 대인관계적인 부담감

치료과정을 이끌어 갈 때 어떻게 하면 정서적으로 지나친 불안감을 느끼지 않고 부담감 없이 받아들일 수 있도록 하느냐에 관련된 발달적인 흐름이다.

발달적으로 유아의 정서는 낮은 강도의 정서에 안전감을 느끼는 구조로 삶을 시작하기 때문에 강한 정서를 받으면 불안해지게 된다. 생의 초기단계에서 아이는 자신의 요구와 경험의 통합을 위하여 외부환경에 의존해야 한다. 따라서 정동의 강도가 덜한 환경이 유아에게 안전감을 제공한다.

유아가 성장함에 따라 정서가 분화되고 불안을 견딜 수 있게 된다는 점에서 예술치료에서 장소, 구성원, 사용되는 매체, 치료자의 역할을 발달적인 맥락으로 조정함으로써 치료과정에서 정동 차원의 강도를 조절할 수 있다.

이제까지 소개한 내용은 개인치료에도 참고할 수 있지만 주로 집단치료에 해당한다고 보면 좋을 것 같다. 집단의 발달과 유아의 발달이 함께하고 있는 부분은 집단치료이론을 탐구해 보면 이해할 수 있을 것이다.

발달 맥락 예술치료이론의 임상 적용

발달 맥락 예술치료이론이 어떻게 구체적으로 적용되는가를 소개하기 위하여 존슨의 연극치료원칙을 먼저 소개한다.

첫째 단계는 행동화(sensorimotor or inactive)단계로서 신체적 움직임이나 감각상태에 상응하는 가장 원초적인 단계이며, 이 차원 경험을 대변할 수 있는 기법으로 구성원 모두가 함께 하는 동작이나 소리로서 집단 연극치료를 시작할 때 적절하다고 했다. 둘째 단계가 상징(symbolic or iconic stage)단계로서 상징적인 소리, 동작, 색깔, 영상 등으로 소통하는 단계이며, 연극치료집단의 공동 관심사가 되는 주제를 찾고, 그 속에서 인격적인 배역이 자연스럽게 나오도록 하는 단계와 연관을 시키고 있다. 그리고 셋째 단계인 언어(reflective or lexical)단계는 언어의 구사나 추상적이고 상징적인 성인과 같은 사고를 할 수 있는 단계로서 언어와 신체와 상징적인 행위 등의 복합성을 띤 연기나 역할극을 할 수 있는 단계다.

존슨은 이러한 모델을 집단 연극치료의 구조화뿐만 아니라 다른 장르의 예술치료에도 치료집단의 구조화의 지침이 된다고 하였다.

발달적인 모델을 독립적인 개별 세션에서도 적용할 수 있는 가능성을 보여 주기 위하여 존슨이 정신병동에서 실시했던 개별 연극치료 했던 상황을 소개한다.

다니엘이라는 20세의 Catatonic 정신분열증 환자는 정신병동에서 존슨에게 약 1년간 집단 및 개인심리치료를 받고 있던 환자로, 존슨이 발달적인 맥락으로 진행하고 있던 연극치료를 제외한 다른 상황에서는 말을 하지 않는 벙어리였다. 한 연극치료 세션에서 그는 다시 벙어리가 되어 치료자 앞에 어색하게 서서 가끔 입을 열었다 닫았다 하고 있었다. 치료자는 그에게 현재의 그의 내면의 느낌이 어떤지 보여 달라고 했고 그는 다리를 바꾸어 가면서 앞뒤로 흔들었다. 그리고 나서 내면의 상태를 이미지로 보여 달라고 했더니 그는 '지그재그' 형태를 그렸다. 치료자가 "여러 생각들 사이를 왔다 갔다 한다는 의미에서 지그재그냐"고 묻자 그는 "양쪽으로 끝없이"라는 대답을 하고 나서 두 주먹을 불끈 쥐고 경직된 태세를 취하고 "어얼(err)"이라는 소리를 첨가한다. 치료자는 환자에게 그러한 상태를 서술할 수 있는 단어를 말해 보라고 했고, 그는 "강한 통제"라고 했다. 다음에 취한 자세가 뭐냐고 했을 때, 그는 팔을 축 늘어트리는 이완된 자세를 하면서 "휴……" 하면서 긴 숨을 내쉬었다. 환자가 그렇게 이완된 것은 일찍이 본 일이 없었다. 여기에 관련된 표현은 "바보 같은"이었다. 그 후 환자에게 강한 통제와 바보 같음 사이를 왔다 갔다 하면서 이 두 가지를 왕래하면서 무엇이 연상되느냐고 물었을 때, 강한 통제는 아버지를, 바보 같은 것은 어머니를 연상한다고 말했다. 치료자는 직접 환자의 역할을 연기하고 환자에게는 아버지의 역할을 하게 했으며 나중에는 어머니의 역할을 하게 하는 것으로 진행했다. 그 과정에서 환자는 자신이 아버지에 대하여 얼마나 강한 긴장을 느끼고 있는가를 이야기했고, 어머니가 얼마나 자신에게 남자답지 못한 느낌을 가지게 했는가에 대하여 이야기하게 되었으며, 그러한 배경이 자신을 정신병원에 오게 한 것 같다는 이야기까지 하게 되었다.

비록 삽화 같은 간략한 치료상황의 묘사이지만 신체 동작 차원에서 시작하여 연극적인 차원, 그리고 이어진 언어적인 토론형식으로 이어진 발달 맥락의 흐름을 타고 진행된 연극치료의 실상을 그대로 보여 주고 있다. 다니엘 같은 환자에게 물리적으로 말을 하도록 하는 것은 불가능할 뿐만 아니라 무리하게 말을 하도록 하면 더욱 경직되고 더욱 깊숙이 자기만의 세상으로 도피할 가능성이 있다. 예술치료사는 이러한 순서를 여러 치료 상황에 적용할 수 있다. 이 흐름을 따르는 것은 언어전단계에서 언어단계로 이끌어 간다는 점에서 언어를 통하여 자신의 이야기를 하지 못하거나 안 하는 환자들에게 적절하다.

우리 주위에서 흔히 보는 정서장애 및 학습장애 아동들 중 대부분이 생의 초기에 필요로 하는 적절한 정서적인 지원을 받지 못했거나 학교 성적에 치중하는 교육으로 각 발달단계의 과업을 수행하지 못한 경우라 하겠다.

여기서는 특히 존슨이 관심을 가지고 있었던 외상후 스트레스장애(post-traumatic stress disorder: PTSD) 환자들과 실시했던 예술치료를 소개한다.

존슨(1987b, 1990)은 미 연방정부의 지원을 받아 뉴헤이븐의 보훈병원에 외상후유증에 대처하는 치료병동을 만들고 1980년에 활발하게 활동하였다. 그는 주로 베트남전쟁 참전자들을 대상으로

병원시설에서 약 한 달 동안 숙식을 같이 하는 강도 높은 치료 프로그램을 운영하면서 바로 이 이론을 적용하였다.

　그의 경험에 따르면, PTSD 대상에게는 기존의 발달적인 흐름을 반대방향의 접근을 필요로 했는데 그 이유는 그들의 공포 속에 응고된 감정 때문이라고 했다. 따라서 처음 입원한 구성원들에게 덜 위협적인 미술적인 접근이 그들의 공포 속에 응고된 감정표현을 서서히 안전하게 표현하는 데 가장 적절했다고 했다. 대부분의 참전 군인들의 문제 증상은 전쟁 중에 신체를 통하여 받아들여진 체험일 수 있기 때문에 몸을 직접 사용하는 무용이나 연극 등이 너무 직접적인 방법이라는 것이다. 따라서 상징적인 그림으로 서서히 유도하고 그다음에 글로 쓰게 하고 상징적인 언어 차원에 이어 마지막 단계로 신체의 감각과 상징적인 언어 및 대화를 사용하는 연극적인 접근으로 발전시키면서 무리 없는 치료가 가능했다고 발표했다. 이러한 예술매체를 발달적인 맥락으로 보는 3단계의 원칙은 연극치료 외에도 치료과정을 중요하게 보는 모든 다른 예술치료에 적용될 수 있는 이론이라 사료된다.

　앞서 소개한 발달적인 맥락의 예술치료이론에서 다섯 가지 치료적인 요소는 각 개인이 현재 지원받아야 할 발달수준이 어디인가를 알게 해 주고, 치료가 되기 위해서 그 수준에서 어디로 가야 하며, 어떤 예술매체를 어떤 순서로 사용해야 하고, 치료자의 태도는 어떠해야 한다는 것을 알게 해 주는 지침을 제공한다는 점에서 중요하다고 본다.

결 론

최근 수년간 신경생리학적 본질에 대한 이해가 엄청나게 증진되어 심각한 정신질환의 처치에 혁명을 일으켜 왔지만, 전문가들은 여전히 인간정신의 복잡한 영역에서 나타나는 현상에 대한 대처뿐만 아니라 그 현상을 이해하는 것조차 불가능한 상황이다.

이 장에서 제시한 역동적인 맥락과 발달적인 맥락의 이론은 인간행동과 사고의 원인에 대한 유용한 가설들을 제시하고 있다고 본다. 이 가설들은 다른 임상인 동료들과의 의사소통을 위해서뿐만 아니라, 미술 및 소리 동작 등을 통해 환자들을 이해하고 도와주는 노력들을 심화하기 위해서 중요하게 다루어져야 한다고 본다. 이러한 이론들이 실제로 어떻게 예술치료의 실무에 적용이 되는가를 보여 주기 위하여 다음 장에서는 정신병 환자 사례를 소개하려 한다.

[부록]

분석심리학 및 대상관계 심리학적 관점으로 루이스(Penny Lewis, 1984)가 만든
심층예술치료 면접양식

일반정보

1. 이름
2. 나이
3. 날짜
4. 사회경제적, 민족적, 종교적 배경
5. 정보를 채집한 상황
6. 가족의 내력
   어머니
   아버지
   형제 수와 서열
   가족 중 특히 친한 구성원들
7. 현재의 사정
   예) 기혼, 아이들, 직업, 입원, 중요한 관계
8. 의뢰된 이유와 드러난 문제 증상들
9. 병력
10. 주요 콤플렉스들
    a. 자아기능과 두드러진 방어
    b. 어머니
    c. 아버지
    d. 아니마와 아니무스
    e. 페르소나

f. 그림자

g. 기타

11. 주요 방어기제

12. 전이/역전이 이슈

13. 주요 원형적인 주제

정신진단적 영역

자폐증

1. 자폐단계에 고착

2. 초기대상관계의 부재

3. 전이 가능성의 부재

4. 특정한 물건에 원형적 에너지 투자

정신병

1. 공생단계에 고착

2. 자아가 거의 없거나 없음

3. 유로보로스 단계에서의 원형적인 융합

성격장애

• 나르시시즘

1. 공생단계에 고착

2. 어느 정도 자아기능이 있음

3. 원형적으로 팽창한 경험

4. 거울 전이 기대

5. 과대자기의 강화로 오직 좋은 자기와 대상만 수용함

• 경계선 장애
  1. 분리와 개별화 중 재접근단계에 고착
  2. 어느 정도 자아기능이 있음
  3. 좋은/나쁜 자기와 대상의 분열
  4. 이상화된 전이로 원형적인 내용이 치료사에게 투사

• 신경증
  1. 대상 항상성의 획득
  2. 통합된 전체 자기와 대상 표상의 내면화
  3. 자아 기능이 있음
  4. 영웅의 여로를 감당할 역량
  5. 적절한 자아-자기 축을 위한 능력

...

제3장
예술치료의 실제:
말러와 노이만 이론의 예술치료적인 적용

1. 서 론

　심층심리학적 접근의 예술치료에서 예술은 안전하게 심상을 표현하게 하는 효율적인 도구가 되지만 무의식적인 내용물의 범람을 초래할 수도 있기 때문에 다른 형태의 치료보다 오히려 더 확고한 이론적인 근거와 개념적인 틀을 필요로 한다. 특히 유약한 자아의 소유자나 정신병환자의 경우는 더욱 그러하다. 최근 예술치료에 대한 관심이 높아지고 관련 교육기관도 늘어 가고 있는 추세이지만 교육이나 임상감독 부문에서 충분한 훈련을 받지 못한 학도들이 예술치료사의 역할을 하는 것이 문제가 되고 있는 것 같다. 이러한 현상은 예술치료에 대한 일반인들의 신뢰감을 떨어지게 하는 요인으로 작용한다는 점이 우려된다.

　이 장에서는 정상적인 모-아(母兒)관계발달을 첫 3년에 초점을 맞추고 있는 말러와, 선험적 인간정신의 원형적인 맥락의 모-아 발달을 분석심리학적인 관점에서 연구한 노이만을 소개하고, 극심하게 퇴행했던 정신병동의 한 환자의 치료 전 과정에서 그들의 이론이 어떻게 적용될 수 있는지를 소개하려 한다. 두 학자들의 이론이 가지는 예술치료적인 의의는 치료사로 하여금 치료사-환자의 관계에서 이루어지는 치료과정을 모-아 발달적인 차원에서 단계적으로 접근할 수 있게 하는 개념적인 틀을 제공한다는 것과, 그들이 중심적으로 보는 환자-치료자 쌍(dyad)에 대한 개념이다. 마치 아이가 양육자와의 관계에서 성장이 가능하듯이, 치료 상황에서도 환자가 필요로 하는 수준의 서비스를 제공하는 치료자의 역할을 통해서 치료가 가능하다고 보는 것이다. 이것의 의미는 치료자로 하여금 치료현상을 모-아 발달적인 차원에서 단계적으로 접근하게 할 뿐 아니라 치료 전 과정에서 치료자가 어떤 역할을 왜 하는지를 알 수 있게 하는 개념적인 틀을 제공하기 때문에 유용하다.

말러(Margaret Mahler)는 국내에 관련 주요 서적이 번역되어서 많이 보급된 반면, 노이만(Erich Neumann)에 대해서는 거의 알려져 있지 않다. 말러는 개인적인 모-아 발달을 대상관계심리학, 즉 개인주의 심리학 중심으로 다루기 때문에 비교적 이해하기가 쉽다. 이에 반해 노이만은 개인적인 모-아 발달과 함께 원형적인 모-아 발달을 인간정신에 선험적인 부분이 있다고 보는 분석심리학 중심으로 다루기 때문에 난해하다. 그럼에도 불구하고 노이만의 이론을 예술치료사들이 다루어야 하는 것은 예술치료과정에 나타나는 불가해한 원형적인 현상들을 이해하기 위해서다.

이 장에서는 먼저 관련문헌과 말러와 노이만의 이론을 개괄적으로 소개하고, 뉴욕 시의 한 정신병원 폐쇄병동에서 저자가 치료했던 루시라는 환자 사례의 치료 전 과정과 퇴원 후 상황에 관련해 두 학자들의 이론과 접목을 시도하고, 루시와 같은 환자들이 처한 딜레마를 논하는 것으로 마감한다.

2. 이론적 배경

심층심리학적 예술치료의 분야에서는 미술치료사이자 정신분석학자인 라빈스(Robbins)가 선구자적인 역할을 했고, 무용-연극치료사이자 정신분석자인 루이스(Lewis, 1984, 1993)가 말러와 노이만의 이론을 함께 예술치료에 포함시킨 연구를 시도함으로써 심층예술치료의 깊이를 더하였다.[1]

국내에서는 저자(1993b)가 처음으로 말러와 노이만을 사례중심으로 소개한 후 심층심리학적 예술치료를 소개하였다(1999b, 2001, 2002, 2004, 2005, 2006). 그 이후 많은 관련 연구들이 있었으나 주로 치유과정을 대상관계심리학적인 모-아관계의 발달단계를 주로 아동대상 치료에 적용하는 것에 머물고 있는 실정이다. 국내에 노이만에 관련된 문헌의 소개가 부족한 때문이기도 하겠지만 원형적인 차원의 내용으로서 간결하게 다루어질 수 있는 내용이 아니기 때문인 듯하다. 따라서 두 학자들의 이론과 사례를 동시에 소개하

---

1) 노이만의 이론은 분석심리학적 모래상자 치료사들과 최근 예술치료 관련 문헌에서 이론적인 근거로 제시되고 있으나 일일이 언급하지 않겠다.

는 이 장에서 놓치거나 지나치게 강조한 부분이 있을 수 있다는 점
에 대하여 미리 양해를 구한다.

1) 말 러

말러(Margaret Mahler)는 오스트리아 비엔나 출신의 소아정신분
석가로서 나치정권 시절 미국 뉴욕으로 망명하여 발달 맥락의 대
상관계심리학 이론을 만든 학자다. 대상관계심리학은 프로이트의
후예인 멜라니 클라인이 설립한 신프로이트학파 이론으로서, 유아
가 첫 3년 동안 자신(self)과 대상(object)과의 관계 속에서 투사, 동
일시, 내면화, 투사적 동일시(projective identification) 등의 정신역
동기제를 통하여 인성을 발달시킨다고 보는 이론이다. 말러의 이
론은 긍정적이든 부정적이든 아동의 초기경험은 심리적으로 아동
에게 각인된다는 점을 강조하고 있다. 그녀에게 영향을 끼친 학자
들은 아동-부모 애착은 건강한 아동발달에 중요하다고 믿었다. 그
중 대표적인 학자로는 대상관계심리학에서 성격발달에 영향을 준
페어베언(Fairbain)과, 애착을 "스트레스 상황에 있는 개인이 어떤
특정 인물을 추구하거나 근접성을 유지하려는 정서적인 유대"라
고 본 볼비(Bowlby)를 들 수 있다(Greenberg & Mitchel, 1983).

미국으로 이주했던 1940년대 초부터 말러는 모-아관계가 유아
의 정서 및 심리에 미치는 영향에 대하여 관심을 가지게 되었고 이
러한 관점에서 쓴 그녀의 첫 논문(1943; Mahler, 1975에서 재인용)은
고전적인 연구로 인정받았다. 그 후 말러(1948; Mahler, 1975에서
재인용)는 정상적인 소아와 정신병리적인 소아의 차이가 심리적인

부화(hatching)를 한 것과 하지 못한 데서 오는 차이라고 보고, 심리적인 혼란 상태에 있는 정신병리적인 소아는 발달과정이 생후 3개월 동안의 공생단계에서 성장이 중단되었거나 그러한 상태로 퇴행한 것에서 비롯된다는 것을 발견하게 된다.

말러(1959; Mahler, 1975에서 재인용)는 이러한 역동적인 관계를 보다 면밀하게 이해해야 할 필요를 느끼고, 소아가 어머니의 이미지를 통하여 어떻게 독립적인 개체가 되며 그러한 과정이 어떻게 이루어지는가를 논제로 한 실험적인 연구에서 정상적인 자폐단계, 정상적인 공생단계, 분리개별화단계, 대상공고화단계라는 네 단계의 성장과정의 가설을 설정했다. 1963년에 실시되었던 제2차 연구에서 말러는 자아가 프로이트학파의 심리성적 발달단계보다 광범위한 단계를 거쳐서 발달한다고 보았다. 말러 이론의 요지는 다음과 같다.

말러의 유아 자아발달 첫 단계는 '정상적인 유아자폐증' 단계로서 출생에서 3~4주에 해당한다. 이때 유아는 심리적 과정보다 생리적인 긴장에 보다 잘 반응한다. 클라인은 이 시기의 유아는 신체의 전체가 아닌 부분들, 즉 가슴, 얼굴, 손, 입 등으로 더 잘 지각한다고 했다. 성인이 생리적인 차원에 연연한 반면 자아감이 부족하다면, 아직 유아단계의 원초적인 것에 연루되어 있다고 볼 수 있다.

말러의 두 번째 단계는 '공생' 단계로 생후 3~8개월에 해당하는 시기다. 이 단계의 유아는 어머니에게 전적으로 의존한다. 어머니는 일차적으로 도움을 주는 동반자로서 결코 다른 것으로 대치될 수 없는 존재다. 말러는 심각한 성격장애의 하나인 정신분열증이나 '경계선 성격장애(borderline disorder)'는 이 시기에 연루된 것

이라고 하였다. 경계선 성격장애는 불안정하고 화를 잘 내고 자기
파괴적이며 충동적인 분노와 극심한 변덕으로 특징지어지며, 전형
적인 경계선 성격장애자는 환멸의 기간이 길지만 가끔 행복에 도
취되는 느낌(euphoria)을 맛보기도 한다.

말러의 세 번째 단계는 4~5개월에서 시작하는 '분리개별화' 과
정으로서 두 번째 단계를 뛰어넘기도 한다. 그녀는 이 단계를 심리
적인 탄생을 하는 부화(hatching)단계, 연습(practicing)단계, 심리
적인 일시 후퇴를 하는 재접근 시도(rapprochement)단계라는 세
가지 하위 단계로 세분했다. 이 시기는 유아가 어머니로부터 스스
로 독립하기를 원하는 심리와 의존 상태에 안주하려는 심리가 교
차되는 시기를 거치면서 공생의 형태에서 차츰 멀어지게 되는 시
기다. 이 분리개별화단계에 있는 유아는 양육자로 대변되는 의미
있는 타자들과 분리를 시도하지만 아직도 그들과 함께 있을 때 확
고함과 편안함을 느낀다. 유아는 자립과 의존 모두를 즐기기도 하
고 고통스러워 하기도 하는 양면성을 나타낸다. 부모로부터 떨어
져서 아장아장 걷던 유아가 자랑스럽게 걷다가 되돌아가서 안기는
데 이런 행동이 이 시기의 특성을 나타내 준다. 주위의 의미 있는
타자들은 유아에게 자아감각의 발달을 칭찬해 주는 거울로서 지각
되는데, 건강한 자아존중감을 길러 주는 거울을 경험하지 못한 유
아는 자신을 이상화하는 대상과의 심리적인 기저를 갖지 못하여
훗날 자기애적 성격장애와 자아존중감의 문제로 고통을 받게 된
다. 자기애적 성격은 자신을 과장하고 자신의 중요성에 대해 과장
하는 경향이 있으며, 다른 사람을 탐색하려는 특성을 갖는다. 그들
은 자신이 이루어 놓은 일을 비현실적으로 과장하고 극도의 자아

도취에 빠지는 경향이 있다.

말러의 네 번째 단계는 대상공고화단계로서 보통 36개월에 해당
된다. 성공적으로 이 단계까지 달성한 유아에게 대상(어머니)은 분
리된 존재로 보인다. 이 시기의 유아들은 개별성을 잃는다는 두려
움에 압도당하지 않으면서 대상과 관계할 수 있다. 이 단계가 순조
롭게 진행되었을 경우 개인은 안정된 사회인으로서 자신과 남을
분별하고 조화를 이룰 수 있는 능력을 보유하게 된다.

말러의 공헌은 무엇보다도 그때까지 미지의 세계였던 언어이전
단계에 해당하는 유아의 내면세계를, 유아와 어머니가 노는 모습
을 직접 관찰하여 이를 토대로 이론화했다는 점(Kaplan, 1978, p.
18)이다. 관찰을 토대로 한 그녀의 이론에 대해 언어 차원과 해석

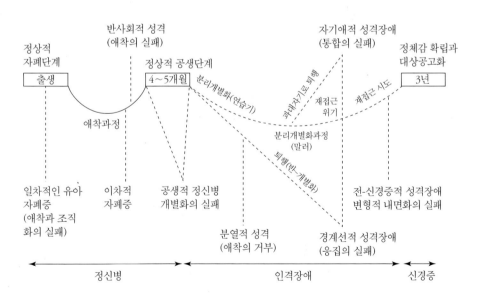

[그림 3-1] 대상관계심리학에서 본 발달단계와 정신병리와의 관계-말러의 이론을 토대로
하여 호너가 정리한 도표

중심의 일부 학자들이 객관성의 문제를 제기하기도 했으나, 미지의 세계였던 유아의 내면세계를 이해할 수 있는 이론을 마련했다는 점에서 고전적인 이론으로 존중받고 있다. 특히 모-아발달이론이 현대 심리치료에서 중요시되는 치료적인 쌍, 즉 어머니(치료자)-아이(피치료자)의 개념을 부각시켰고, 모-아발달이론을 치료과정의 은유로 사용할 수 있다는 실용성 등으로 인해 심층심리학적 예술치료자들(Robbins, 1980; Lewis, 1984, 1993)이 그녀의 이론을 적용하고 있다. [그림 3-1]은 말러의 후예를 자처하는 호너(Horner, 1979)의 책에서 발췌한 것으로, 말러가 보는 발달단계와 정신병리와의 관계를 잘 보여 주고 있다.

2) 노이만

노이만(Erich Neumann)은 독일에서 철학과 의학을 전공한 정신분석학자로 취리히의 융연구소에서 짧은 기간 융과 함께 연구하였다. 소설가이자 시인이기도 했던 그는 융의 제자라기보다는 동료였다고 보는 사람들이 많다. 노이만은 1934년 자신의 고국인 이스라엘로 돌아가 여러 유명한 저서를 집필하며 활동하다가 1960년 50세 초반에 교통사고로 별세하였다. 그의 저서 중 『의식의 기원』(1949), 『태모』(1955), 『어린이』(1973)는 신화와 인류문화사를 원형적인 모성-아이의 발달과 자아발달에 연관시킨 그의 연구를 중심적으로 다루고 있다.

노이만의 이론은 자아가 무의식으로부터 떠오른다는 융의 연구[2]를 토대로 하여 인간정신이 근원적인 무의식상태로부터 분리되는

과정을 인류문화사와 연결하여 세부적으로 다루고 있다. 그는 남
아이건 여아이건 자신의 개성을 찾기 위하여 스스로의 삶을 여행
하는 '영웅'으로 보고 있으며 그 발달단계는 〈표 3-1〉을 참고하기
바란다. 그의 이론에 대하여 일부 학자들은 임상적인 자료와 연금
술적 개념과의 통합이 부족하다는 비판을 하기도 했지만, 원형적
인 자아발달을 방대한 내용을 통하여 소개하고 있다는 점에서 중
요한 업적이라 하겠다.

노이만(1973)은 정상적인 유아의 첫 인간관계는 대부분이 어머
니를 통하여 이루어지다가 아버지, 다른 가족구성원, 그리고 현실
세계 속의 다른 사람들과의 관계로 이어진다고 했다. 따라서 유아
가 받아들이는 자기(Self)의 첫 이미지는 어머니와 뒤엉켜 있으며
이러한 상태에서 느끼는 전체적인 경험은 공생적인 것이라고 한
점은 말러의 이론과 흡사하다. 이러한 상태에 있는 유아의 경험은
필요한 영양분과 보호를 받고 있다는 것으로, 노이만은 이러한 심
리적인 상태를 신비적 분유(participation mystique)라고 부르고 있
다. 이런 상태에 있는 유아에게 어머니는 유아의 자기의 전체일 뿐
만 아니라 그의 세계 전체를 대변하며, 이러한 경험을 조화롭게 거
친 유아는 원만하고 건강한 자아 형성을 할 수 있게 되고, 자아가
성장함에 따라 자신이 어머니를 인식한 것과 같은 방식으로 자신
과 세상을 인식한다.

---

2) 자아발달에 대한 융의 입장은, 출생으로부터 정신적 사춘기가 끝날 때까지 이루어지
며 인종과 기후 등의 환경에 따라서 다르지만 대개 25세 정도에 끝난다는 것이다. 이러
한 발달은 자아와 무의식적 심리과정 사이에 확고한 연결고리를 가지고 있으며, 바다
로부터 섬이 떠오르듯이 의식도 무의식의 근원으로부터 솟아오르며, 자아도 근원적인
무의식 상태로부터 분리되어 나온다는 것이다(C.W., 17, p. 52).

노이만은 유아가 이러한 개인적인 경험을 토대로 전체적, 우주적인 경험을 받아들이게 되는 것으로 발전한다고 하면서, 정상적인 유아가 어머니로부터 분리되어 자기를 만들어 가는 과정은 길고 어려운 과정이지만 심리적으로 질서를 잡아 주고 안정감을 주는 아버지가 있으면 훨씬 쉽게 해결된다고 한다.

남자 유아는 이러한 '남성성' 적인 요소를 어머니가 보유하고 있는 아니무스를 통하여 최초로 받아들이게 되고, 자아가 강건해지고 자기보호를 위한 방어를 할 수 있는 능력이 생기면, 개인적인 아버지뿐만 아니라 원형적인 부성정신을 대변하는 구조, 질서 그리고 문화 역사적인 요소가 아이의 자아 형성에 관여하게 된다. 따라서 어머니의 자기로부터 분리되지 못하고 있는 아이의 자기는 명령, 지시조의 도덕적인 권위에 집착하는 성격을 띠게 된다. 이러한 갈등이 자아와 자기가 분리되는 과정에서 나타나고, 이러한 요소들은 자아의 정상적 혹은 병리적 발달과정에서 매우 중요한 역할을 한다(Neumann, 1973, p. 92). 이러한 분리과정에서 양육하는 좋은 어머니(good mother)의 긍정적이던 모성원형이, 혼돈스럽고 무시무시한 삼키는 어머니(terrible mother)라는 부정적인 모성원형으로 아이의 정신세계에 나타나게 된다. 이러한 현상은 아이의 정신세계 속에서 태모원형이 차지하는 모성세계에서 질서 및 조화를 이루는 부성세계로 향하기 위한 노력의 결과라 하겠다. 노이만(1973)은 모성원형의 활성화는 아이 차원에서 느끼고 있는 모-아관계와 관련이 있고, 아이의 분리와 개성화과정은 자신의 의식성장을 향한 여로로서 이 과정 동안 아이에게 세 가지 차원의 갈등이 나타난다고 했다.

- 아이가 개인적인 어머니로부터 분리하는 것에서 생기는 갈등
- 아이의 자아가 강한 무의식의 힘과 대면하고 그로부터 분리하려는 것에서 생기는 갈등
- 아이가 원초적인 정신의 차원에서 현대를 사는 이지적인 성인의 차원이 되기까지 거쳐야만 하는 과제에서 오는 갈등

노이만은 이러한 갈등관계는 아이가 전면적인 보호를 받아야 할 상태인 모성적 정신과의 관계(matriarchal relationship)로부터, 자율적이고 독립적인 방향으로 향하게 하는 부성적 정신과의 관계(patriarchal relationship)로 가는 과정에서 나타나는 것으로 보고 있다. 그는 우리에게 익숙한 이성, 판단, 질서 등으로 지각할 수 있는 자아-의식성(ego-conscious)은 우리 정신세계 속에 있는 부성적 정신으로서 인류역사의 후기에 해당되며, 이 의식성은 남녀에 관계없이 우리 모두의 내면에 있다고 하였다.

노이만의 모성정신은 부성정신보다 더 원초적인 곳에 뿌리를 두고 있으며, 이는 생의 초기 또는 원초적인 차원으로 우리의 정신세계의 보다 심층에 해당되고, 인류역사의 초기에 해당되며, 이 모성정신도 남녀에 관계없이 우리 모두의 내면에 있다고 보고 있다. 노이만은 이 모성적인 경향을 띠고 있는 의식성은 자유의지를 가지고 있는 자아가 존재하지 않는 영역으로 반의식적인 과정이라고 하였다. 이 상태는 무의식에 가까운 상태로서 무의식의 과정을 반영하고 있는 동시에 저절로 알아지는 것, 비언어적인 차원의 이해, 즉 묵상(contemplation), 수태(conception), 둘레를 돌아감(circumambulation), 깨달음(realization)과 창출(bringing forth) 등

일종의 심리적인 부화기간이나 임신이라고 볼 수 있다고 하였다. 그리고 이러한 모성정신이 가지고 있는 모든 것이 치유에 관련된다고 하면서 다음과 같이 묘사하였다.

> 이는 재생(regeneration)시키는 힘이다……. 마치 어두운 밤 혹은 은은한 달빛이 가지는 신비로움 속의 신비로움, 부성적 우두머리-자아(patriarchal head-ego)[3]의 도움 없이 그 자체와 자연이 가지는 기능……. 이는 마치 회복이 이루어지고 있는 어둠과 같으며, 우리의 영혼 속에 확실하지 않는 모습으로 남아 있는 일련의 사건들도 그러하다고 하겠다. 오직 우리의 가슴만이 알 수 있는 과정들이 우리로 하여금 스스로의 미해결 상황 속에서의 울음으로부터 곁가지를 치는 성장을 허용하게 한다(Neumann, 1955, pp. 91-92).

노이만은 모성정신이 생각이나 판단, 그리고 직접적인 느낌이나 직관에서 오는 구체적인 내용보다는 앎과 삶에 관심을 가지는 태도로서 나타난다고 하였다. 이러한 모성-의식성은 부성-의식성과 더불어 리비도의 초점을 특정한 정신적 사건에 두게 함으로써 특정한 정신적 사건이 의식화될 때까지 강렬하게 작용한다고 한다. 그렇게 되면 우두머리-자아는 이러한 경험을 바탕으로 한 추상적인 행동에 결론을 내리게 되어 의식을 확장시킨다고 한다.

노이만이 제시한 부성정신과 모성정신에 대한 개념은 모래상자 치료를 포함한 모든 비언어적, 비논리적인 심리치료에 적절한 이론이다. 그는 이러한 연구를 하면서 모래상자 놀이치료를 시행하

---

3) 무의식으로부터 탄생한 자아가 영웅적인 여로를 통하여 모성정신/태모의 영향으로부터 벗어나게 된 자아를 의미함.

고 있던 칼프와 만났고, 모래치료에서 나타나는 현상이 자신이 탐구해 오고 있던 원형적인 자아발달단계와 상통한다는 것을 발견하고 공동연구를 하기로 했으나 뜻을 이루지 못하고 타계한 것으로 알려졌다.

그는 모성정신이 가지고 있는 치유에 관련된 모든 것이 모래상자치료에서 치유를 가능하게 하는 요소들이라고 하였다. 비록 그가 예술치료라는 언급은 하지 않았지만 비언어 차원의 예술치료의 경우에도 그대로 적용해도 좋을 것이다. 예술치료현장에서 접하는 놀이와 작품, 그리고 모래상자 그림에서 나오는 공격적 및 충동적이고 기괴한 표현들이 치료가 진행되면서 서서히 변화되어 가는 과정을 볼 수 있다.

주로 직관에 의지하여 놀이치료를 했던 어떤 원로치료사가 "놀이치료로 치료가 되는 것은 확실한데 왜 되는지 설명할 수 없었다."라고 말했던 것이 인상적으로 남아 있다. 아무도 왜 치료가 되는지 분명하게 설명할 수 없겠지만 예술심리치료사로서 말러나 노이만을 위시한 심층심리학적인 관점을 갖는 것은 불가해한 치료현상을 객관적으로 이해하고 설명할 수 있게 하는 데 도움이 될 것으로 생각하는 것이다.

노이만의 의식발달과정은 세부적으로 분류되고 있으나 크게 보았을 때 원초적 단계에서 모성적 단계와 부성적 단계로 나눌 수 있다. 하위단계에 관한 세부적인 내용은 앞서 언급한 그의 저서를 참고하기 바란다. 심층예술치료사 루이스(1984)는 노이만의 이론의 특징이 주로 남자아이가 부모와 분리하는 과정을 중심으로 다룬 점이라고 보고, 의식발달과정이 아동기부터 남녀가 다르게 나타난다는 것을 발견하여 〈표 3-1〉에 해당하는 이론을 만들었다.

〈표 3-1〉 원형적인 의식발달단계에 나타나는 성별의 차이(Lewis, 1984, 1993)

생후 0~3주	우로보로스적인 대양 속에 잠겨 있는 단계 (uroboric-pleromatic stage)	
3주~6개월	일차적 모성단계: 출생 이전 태아기 (first matriarchal stage: the post-natal embryonic phase	
6개월~2.5년	이차적 모성단계: 실제적인 부모와의 분리기 (second matriarchal stage: the separation of world parents)	
2.5년~4.5년	토양적 단계 : 안과 밖의 생식기 단계 (chthonian stages: inner and outer genital phases)	
4.5년~아동기	남성/아니무스 (male/animus) 마술적-전투적 단계 (magic-warlike stage)	여성/아니마 (female/anima) 마술적-창조적 단계 (magic-creative stage)
사춘기 (puberty)	태양적-전투적 단계 (solar-warlike phase)	달의 순환적 단계 (lunar cyclic phase)
사춘기적인 성인기 (adolescence-adulthood)	태양적 이성 (solar rational)	달의 직관 (lunar intuitive)
성인기 전반 (young adulthood)	영웅의 여로: 신성한 결혼 (heroic quest: hieros gamos)	영웅의 여로: 신성한 결혼 (heronic quest: hieros gamos)
성인기 후반 (advanced adulthood)	영웅의 여로: 자아-자기의 축 (heroic quest: ego-self axis)	영웅의 여로: 자아-자기의 축 (heronic quest: ego-self axis)

3) 노이만의 자아발달과정

원초적(primal) 단계에서 모계(matriacate)단계까지

유아의 자기가 비록 출생 시에 존재하기는 하지만 정상적인 진화
과정으로서 유아가 신체적, 정서적으로 어머니 혹은 어머니 대행자
와 유착된 공생관계를 거치며, 따라서 생후 첫 1년 동안 장애받지
않은 모-아 애착관계는 매우 중요하다. 이 단계에 있는 유아의 자기
는 아직도 상징적인 모태 내에 있다고 하여 post uterine uroboric
state라고 부르면서 다음의 3단계로 나누고 있다(Neumann, 1973;
Lewis, 1984, p. 56).

- 자아가 우로보로스적인 대양 속에 잠겨 있는 단계(uroboric-
  pleromatic stage): 생후 3주에 해당하며, 아직 부화되지 않은
  자아는 존재하지 않는 상태다. 이런 상태에서 유아가 보는 어
  머니는 한 마리의 뱀이 스스로의 꼬리를 물고 있는 우로보로스
  (uroboros)로 대변되는 대극의 미분리의 상징으로 나타나는 원
  형적인 태모와 같은 것이다.
- 일차적 모계단계(first matriarchal stage와 the post-natal
  embryonic phase): 생후 3주부터 6개월에 해당되며, 이 시기의
  유아의 자아는 어머니와 합일상태로서 아직 우로보로스적인
  상태에 머물고 신체적으로도 어머니와 동일시하는 신비적 분
  유(participation mystique) 상태에 머문다. 모자합일상태라는
  점에서 말러의 공생단계(symbiotic state)와 흡사하다.
- 이차적 모계단계(second matriarchal stage)와 실제적인 부모와

의 분리(separation of world parents) 단계: 6개월부터 2년 6개월에 해당되며, 말러의 분리개별화단계에 해당한다. 실제 부모와의 분리를 시작하면서, 유아는 부모에 대한 좋은 점과 나쁜 점 등을 분별할 수 있게 되고 인격형성이 시작된다. 말러가 개인적인 어머니와의 부정적 혹은 긍정적 관계에 따라서 인격이 형성된다고 이야기하는 것에 반하여, 노이만은 개인적인 어머니뿐만 아니라 원형적인 양육하는 어머니(archetypal nurturing mother)와 무시무시한 삼키는 어머니(devouring terrible mother)를 논하는 것이 차이점이라고 할 수 있다. 유아의 자아가 분화됨에 따라 이러한 현상은 사라진다.

모계(matricate) 정신에서 부계(patriarchate) 정신까지

• **토양적 단계**(chthonian stages; inner and outer genital phases): 2년 반부터 4년 반에 해당되며, 남근적-토양적(phallic-chthonian) 단계에서 남근적-마술적(magic-phallic) 자아단계로 나뉘며, 말러의 대상공고화단계(object constancy)와 비슷하다는 것을 발견할 수 있다.

남근적-토양적 단계의 유아는 자아 전체가 어머니의 자기(Self)의 작은 연장으로서, 마치 하나의 세포의 핵이 두 개로 분열되기 시작했으나 아직 분리되지 않은 상태와 같다. 유아는 독립적인 자신의 신체를 가졌으나 그의 신체는 오로지 살아가기 위한 본능으로 채워져 있으며, 그 본능은 어머니를 통하여서만 채워질 수 있다.

이러한 단계를 노이만은 '창자단계(belly stage)'라고 부르며 '신비적 분유(participation mystique)'[4]된 상태라고 했다. 특히 식물적

인 하위단계에 있는 아이는 수동적이며 이러한 아이가 느끼는 태
모(great mother)는 잘 돌봐 주는 사람(good provider)으로 받아들
여지게 된다. 동물적인 하위단계에서는 자아가 보다 자율적이 되
며 이때의 유아는 스스로 걸을 수 있게 됨으로써 어머니에게 의존
하는 상태에서 벗어나게 되고, 심리적으로도 공생적인 관계로부터
벗어나게 된다. 노이만은 이러한 유아의 발달과정을 살아남기 위
하여 먹이를 채집하고 본능적인 만족감을 충족시키며 살았던 고대
인들의 상황과 비슷하다고 보았다.

　이 상태가 장애를 받게 되면 유아의 자기가 정상적으로 어머니
로부터 분리되는 것에 지장이 생기게 된다. 특히 1~4세까지 모-
아단위 형성에 지장이 있을 경우, 유아는 심리적인 상처를 받아 의
존적이고 미숙한 자아형성을 하게 되며, 이러한 추세는 유아의 일
생에 거쳐서 나타난다.

　자기의 구조화와 통제하는 힘의 지원을 받지 못한 미숙한 자아
는 자기애적인 증상, 신경증, 정신병 등의 희생자가 된다. 이러한
개인들은 긍정적으로 활성화된 자기를 보유하게 할 수 있는 정상
적인 모-아 분리를 하게 함으로써 진정한 자아를 생성하고, 내면
과 외면세계의 관계가 원만해질 수 있다.

　이 시기에 생성된 미숙한 자아는 주위 환경에서 오는 압박감에
대하여 주체하지 못하고, 지나치게 내향적인 성격이 되기도 하며,

---

4) 유명한 프랑스의 민속학자인 루시란 레비-브륄(Luecien Lévy-Bruhl)이 만든 용어로
　서 의식이 발달이 다른 단계에 있는 이런 원시인들은 영혼 또는 정신을 하나의 통일체
　로 느끼지 않는다. 그들은 자신들의 영혼 뿐만 아니라 '숲의 영혼'도 가지고 있고 이 숲
　의 영혼은 사람 개개인이 어떤 정신적 동일성을 가지고 있는 야생동물이나 나무로 구
　체화된다고 가정하는 신비에 동참하는 현상을 말하고 있다.

환상의 세계 속으로 피신하는 나머지 무의식에 지나치게 압도될 수도 있다. 혹은 지나치게 외향적인 성격, 무엇이든 특별하게 잘해야 한다는 태도를 취함으로써 자신의 내면세계에 대한 모든 것을 잊어버리려고 할 수도 있다.

이러한 문제를 가지고 있는 사람들 중에서 다른 형태의 적응방법으로서 그들의 주기능이 열등한 기능을 보상하기 위하여 지나치게 발달되어 있는 것을 볼 수 있다. 〈레인 맨(The Rain Man)〉이라는 영화의 주인공인 자폐증 환자가 모든 숫자를 귀신같이 맞추는 것이 좋은 예가 되겠다.

미숙한 자아를 가진 개인들의 다른 형태의 적응 방법 중에 주위 환경으로부터 수용받기 위하여 자신의 의사와 관계없이 가짜로 자신의 모습을 취하는 경우가 있다. 그들은 주로 감정형의 개인으로 자기가 원하는 모습이 아닌 형태로 살아가면서 갈등을 느끼고 있는 경우이며, 사고형의 사고력을 그들의 주 기능으로 채택할 때 일어난다.

남근적-토양적 단계는 a) 식물적인 하위단계, b) 동물적인 하위단계로 나눌 수 있다(Neumann, 1973, p. 139).

남근적-마술적 단계는 인류의 인지적인 능력이 어느 정도 발달한 시대에 해당되는 단계다. 이 시기에 해당되는 의식은 마술적인 논리와 설명을 통하여 마음의 평화를 얻고 안정감을 가지고 세상과 교류한다. 이 단계에 있는 아이는 어머니를 자신에게 불편하고 아픈 것으로부터 편안함을 가져다주는 마술적인 존재로 받아들이고 있다. 아이는 자신이 우주의 중심으로 생각하는 마술적인 사고방식을 가지고 있지만, 자신과 주위세계를 분별할 수는 있다. 이 단계에서 유아는 제의적인 행동을 시작하고 유아의 자아는 보다 분리되고 강한 자율성을 지니게 된다.

　　이러한 제의적인 행위는 자아가 조직적인 세계 속에서 스스로가 중심이 되는 안정한 느낌을 가지기 위하여 요구되는 필수적인 과정으로 유아가 스스로 세상을 경험하고 질서 있는 조직 세계를 경험하기 위한 욕구에 따른 것이다. 아이들의 그림이 무질서하게 보이는 난화로부터 만다라라고 부를 수 있는 원형으로 서서히 진행되듯이, 자아의 형성도 정신적인 불안과 더불어 서서히 이루어지며, 스스로의 세계 속에서 개인의 중심이 되는 인격을 대변하는 자아와 의식적인 연관을 할 수 있게 된다. 이러한 마술적인 자기중심적인 태도는, 자율적인 자아가 무의식 세계 속에서 탈피하여 현실 세계를 알게 되고 터득하는 발달에 요구되는 태도로서, 체계적으로 이루어진다 (Neumann, 1973, p. 147).

　　노이만은 이 단계의 유아의 발달과정이 주위 환경을 통제하고 그들의 생계 수단이던 사냥을 위한 힘과 능력을 보유하기 위하여 제의식을 만들었던 고대인들의 상황과 비슷하다고 보고 있다. 인류가 보다 강건해져서 자연의 위력과 대면하였을 때, 그들에게 비추어진 세계는 '삼키는 어머니'의 모습이었다. 그들이 보게 된 세상은 더 이상 즉각적인 욕구 충족을 할 수 있는 곳이 아니라, 대면하고 정복하기 위하여 투쟁을 해야 한다는 것에서 무시무시한 힘이 작용하는 세계로 비춰진다.

　　루이스에 따르면, 이 단계까지는 성별로 다르지 않으나 다음 단계부터는 여성과 남성이 각자가 다른 코스를 취한다고 한다.

남자의 경우는 마술적-전투적(magic-warlike) 단계, 태양적-전투적(solar-warlike) 단계, 태양적-이지적 단계, heroic quest: hieros gamos, ego-self axis로, 여자의 경우는 마술적-창조적(magic-creative) 단계, lunar cyclic 단계, lunar intuitive, heronic quest: hieros gamos, ego-self axis로 이어진다(〈표 3-1〉 참조).

마술적-전투적(magic-warlike) 단계에서 태양적-전투적(solar-warlike) 단계: 남자의 경우

마술적-투쟁적 단계는 생후 4년 반에서 사춘기에 해당된다. 마술적인 투쟁을 통하여 자아를 형성하려는 단계로서 모성에게 의존하는 관계에서 벗어나 '태양적인 자아(solar-ego)'로 표상될 수 있는 부성에 의존, 자아가 부성원형과 동일시하는 태양적-전투적(Solar-warlike) 단계와의 중간 지점이다(Neumann, 1973, p. 139).

이 시기는 집단적인 삶 속에서 자아가 성장하는 시기로, 마치 남성이 부계 사회를 성공적으로 이끌어 갈 수 있게 되듯이 부성원형이 등장한다. 이러한 과정에서 남근적-남성성적(phallic-masculine)인 원칙이 모성을 살상하는 무기의 형태로 나타난다. 이러한 남성성적인 원칙이 여성성들을 외면하게 됨에 따라, 이러한 의식상태에 있는 남성들이나 여성들의 꿈에 '죽임'이라는 원칙으로 나타나며, 여성성적인 것에 적대감을 나타내는 것을 본다.

전쟁터의 적군을 방불케 하는 적대적인 남성성의 출현은, 아직도 모성성의 영향하에 있는 유아의 자아가 자유로워지고 발생학적 및 본체론적(ontogenetically) 차원 모두를 발전시키기 위하여 필수적인 것이다. 이러한 남성성 원칙의 의식 발달은, 영웅적으로 투쟁

하는 자아가 발달을 저해하는 여성성적 자아를 극복하기 위한 것
이다. 아이가 이런 여성성적 자아 단계에서 정체된 경우는 유아의
여성성적 자아는 무시무시한 어머니, 용과 마녀적인 심리적인 요
소로 나타나게 되고, 이러한 요소는 정서적인 불안의 근원이 된다.

유아의 삶에서 본체론적인 성장의 의미는, 그의 개인적 행동이
나 어머니 혹은 원형성을 내포한 전달수단과 관계없이 자아가 성
장을 위해서 외면해야 할 부정적인 모성단계에서 부성단계로 이어
지는 중간 지점에 위치한 것이 된다고 하겠다(Neumann, 1973, pp.
167-169).

바꾸어 말하면, 아이가 어머니로부터 분리되기 위해서는 어머니
에 대하여 비판적이 되어야만 한다는 것이다. 그러기 위해서 유아
는 스스로가 가지고 있던 전지전능한 어머니에 대하여, 어머니에
게도 결점이 있고 모든 것을 충족시키지는 못한다는 것으로 견해
를 바꾸게 된다. 이러한 단계에서 제의식적인 행동을 할 수 있는
아이의 자아는 지나칠 정도로 강조되고 있으며, 아이가 '신비적
분유(participation mystique)' 상태에 대한 애착을 용해시키는 데
도움을 준다.

고대 인류는 자신의 필요를 위하여 죽이는 것, 즉 자기 부족을
보호하기 위하여 삶을 위협하는 짐승들을 제거하는 것을 정당화하
였다.

이 단계에 있는 아이는 자신의 이익을 위한 책임을 지기 시작하
지만, 아이는 이것을 엄청난 갈등으로 경험하게 된다. 이러한 갈등
의 경험은 이전의 관계성과 결별하고, 새로운 관계성을 이루어야
할 필요에서 기인하는 것이다. 이 무렵에 죽음과 재생의 주제가 떠

오른다.

　자아가 자연이라는 무의식에서 분리된 곳은 이미 마술적인 행위
가 주도하지 않는 곳으로서, 스스로의 의식세계를 찾기 시작하는 곳
이라 하겠다. 이러한 장소는 부성적이고 태양적인 세계가 서서히 떠
오르는 장소이지만 이 단계에서도 자아를 강화시키기 위한 제의식
이 필요하다. 마치 마술적인 단계에 있는 자아가 그렇듯이 이 단계
의 제의식도 먼저 소집단에서 시행되며, 아이에게 이러한 경험은 자
신이 집단적인 자기(group-Self)를 집전하고 있는 것으로 받아들여
진다.

　유아가 이유를 하게 되면, 신체론적으로 개체가 되기 위한 방향
으로 집단 내에서 제의식을 통하여 집단적인 자기를 구축하게 되고,
본체론적으로 자아의 발전을 위하여 원초적인 관계에 있던 어머니
와의 관계에서 처음으로 독립적인 自己, 또는 관계성 속의 자기
(relatedness-Self)를 기정사실로 받아들이게 된다.

　남녀노소에게 있는 모든 통관의례(rites of initiation)의 기능도 자
아와 자기의 관계를 변화시키는 것에 있다고 볼 수 있다……. 유아
가 이 상태에 이르면 비로소 모성적인 단계를 극복하고 부성원형과
관계를 형성하게 되며, 이 시점에서 유아는 성별에서 따르는 상이한
성장단계를 거친다(Neumann, 1973, pp. 173-174).

　아이가 집단과 동일시하게 되면서 이러한 이미지가 남성적이라
는 것과 그것이 그의 추종자들을 이끌어 가는 것을 알게 된다. 집
단의 각 구성원이 각자의 지난 것에 대한 결별과 새롭게 다가오는
것에 대한 것에 선서를 하는 통관의례를 통하여 특정 사회나 집단
의 일원이 된다. 부락 사회의 구성원들이 그룹에서의 통관의례는

사냥꾼과 전사가 되는 것이었다.

남성들의 사회는 모계사회 초기부터 존재하고 있었다. 그들은 주로 배설을 위한 충동과 생존과 수확을 위한 제사와 축제를 하는 형태로 존재하고 있었다. 자신들의 수호신으로 모시는 짐승의 고기를 음복하는 것이 일차적인 변형을 위한 통관의례(rite of transition)로, 이러한 변화과정은 모계사회로부터 부계사회로 되어 가는 과정이라 하겠다. 그러므로 이 과정은 새로운 원형들을 생성하는 길을 열어 준다고 볼 수 있다. 수호신을 섬기는 남성사회는 많은 경우 모계사회 속에서도 존재하는 것을 볼 수 있으며, 이들의 기능은 모계사회 속에서 그 반대 기능을 하게 된다.

남성성의 원칙이라고 할 수 있는 살생하고 삼키는 요소가 남성의 마술적인 단계(magic stage of man)에 확실하게 나타나게 된다. 그러나 처음에 나타나는 이러한 '무시무시한 남자(terrible male)'는 태모의 모습으로 나타나는 여성성의 반려자의 형상으로서 아직도 모계 중심의 사회의 한 부분으로 남아 있다는 인상을 준다. 특히 구강적인 강조가 그러한 점을 나타내고 있다고 보겠다.

숭배대상인 동물(totem animal)을 음복함으로써 남성들의 사회가 구성되고, 희생제물을 원하는 '무시무시한 어머니'와 겨루어 볼 수 있는 살육하고 삼키는 무시무시한 남자와 동일시함으로써 남성들의 집단이 성립되는 것을 볼 수 있다. 이러한 음복은 두 가지의 기능을 가지고 있다. 남성성적인 요소를 강화하여 남성사회가 독립된 기반을 마련하고 나아가서 모계 중심의 사회를 극복하는 것이라 하겠다. 그와 동시에 무시무시한 남자와 동일시하는 것이 상징적으로 신을 삼키는 것과, 토템적인 부성과 합하여진다는 것으로 볼 수 있다. 이는 남성으로 하여금 모성원형으로 채워져 있던 부분을 부성원형으로 변형시켜 그 부분을 완전하게 하는 기능을 하고 있다고 하겠다.

'무시무시한 남자'가 모계사회를 공격할 때, 그 남성은 그의 여성성적인 근원으로부터 자유로워진다. 그러나 남성의 집단이 토템적인 동물을 음복하는 것으로 표현될 수 있는 선조나 정신적인 조상들 등 남성 우월성 원칙 혹은 태양성의 우월성과 동일시할 수 있는 것들과 통합하는 것으로만 가능하다. 숭배의 대상인 동물을 음복하는 것은, 빛의 원칙과 살육하는 요소를 공동으로 가지고 있는 태양으로 대변되는 남성성의 우월성과 동일시하기 위한 결과라고 하겠다. 이렇게 함으로써 부계 중심의 단계가 확실하게 달성된다. 아버지의 모습은 어머니와 나란히 지내던 남자로서 나중에 어머니를 배척하는 무시무시한 남자의 모습에서 볼 수 있으며, 동시에 하늘 높은 곳에 거하는 하나님 아버지로서의 부성원형 차원도 찾아볼 수 있다(Neumann, 1973, pp. 175-176).

노이만은 이러한 전 과정을 다음과 같이 요약하고 있다.

자아가 태모에게 전체적으로 의존하고 아직도 태모가 압도적으로 강한 시기에 태모는 남성 성기를 보유한 듯한 남성적인 모습으로 보인다. 이는 신화 차원에서뿐만 아니라 아이의 성장 과정에서도 마찬가지다. 그 예로서 남성 성기를 보유한 듯한 남성적인 어머니의 모습은 아이로 하여금 조기 불안감을 불러 일으키는 이미지라고 하겠다.

태모를 둘러싸고 있던 남성 위성들은 태모를 위하여 남성 성기를 가지고 있다고 할 수 있으며 그들의 태모와의 관계는 종속적이며 의존적이며 약간의 성적인 부분과 독자성이 부여되고 있는 상태라고 하겠다. 성적으로 젊고 섹시한 남성들이 모성적인 요소에 종속되는 것이 이 단계의 발달과정에 나타나는 전형적인 성격이다. 남성적인 원칙이 보다 강한 독자성을 성취하였을 때 자아를 찾을 수 있으며, 이는 정확히 말하여 남근적(phallic)인 것과 남근적-전투적(phallic-warlike)인 것을 동일시하기 위하여 세상과 무의식으로 볼 수 있는 모성에게 반기를 드는 것에서 오는 갈등이라고 하겠다. 그러나 이러한 남성의 원칙을 발달후기의 기준으로 볼 때, 아직도 성적으로 본능적이며 마치 전쟁을 방불케 하는 능동적인 원칙으로서 발달단계 중에서 하위단계에 속한다고 볼 수 있겠다. '영성적인 성기(spirit phallus)'는 태양적(solar) 단계에 가서 생성되는 것으로, 마치 바람의 원천과 같은 남성의 원칙이 너그럽고 존귀하고 전능한 영성적인 힘으로 나타나게 된다. 이러한 시기에 와서야 자아가 하위남근(lower phallic) 단계에서 볼 수 있는 미숙한 남성성과 동일시 현상에서 볼 수 있는 여성에 대한 적개심을 극복하는 것을 보게 된다.

남성의 이니시에이션은 소년기를 마감하는 성인식으로서, 어떤 차원에서 '제2의 탄생'이 그 목표라고 하겠다. 이러한 의례는 의도적으로 여성을 제외시킨 특수한 상황에서 남성사회의 일원이 되는 의식을 한다. 이러한 의례를 통하여 새로 태어나는 개인은 의례가 베풀어지는 장소에서 마치 새로 탄생한 아이와 같이 행동해야 하는 것을 보게 된다. 원시시대에 개인의 성장은 개별적이라기보다는 집단적인 성향을 띠고 있었다고 볼 수 있다. 최초의 남성사회가 마술적인 것으로 시작되었고, 그다음에 개인이 어떤 활동의 부분만을 차지하는 토템을 중심으로 한 발달상을 보이고 있다. 이러한 남성들의 집단의 형성과 그 마술성을 통하여 아직도 취약한 개인의 자아가 강화되고 독립적인 개체가 되는 준비를 한다. 이러한 연결이 부계단계의 특징적인 것으로 자아의 통합(ego-consolidation)과 연관된다고 할 수 있는 지역사회와 의식화의 사이에서 나타나며, 이러한 것이 처음으로 토템신앙과 연관된 남자들의 사회에 나타나는 것을 볼 수 있다.

이 단계를 현대사회의 실정과 비교한다면 처음으로 개인적인 자아가 집단 내에 통합되어 있으며 개인이 지도자에 가지는 연대감이 아버지 원형과 같은 형태를 취하는 것이라 하겠다. 집단의 대표와 남자 치병자가 영웅원형이 환생한 것으로 받아들이고 있으며, 집단의 대표와 치병자 모두가 집단-자기(group-Self)로 보는 토템이라는 측면으로 보고 있으며, 이들은 집단의 창시자나 지도자, 성인식 사제자, 기타 가르침을 주는 자로 간주되고 있다. "남성의 집단은 모든 금기, 헌법, 기관의 원천이 되며 이는 우로보로스로 표현되는 태모의 강력한 힘을 거세하는 것이 그 목표다. 하늘, 아버지, 영성 모두가 남성성을 나타내고 있으며, 그들은 서로를 공유하고 있다고 하겠다. 그들은 부계사회가 모계사회를 정복하여 승리했다는 것을 대변하고 있다." 모계사회에서 나오는 위력을 누르려고 하는 힘이 남성들의 집단에서 생성되고 개인의 자아는 영웅적 자아(hero-ego)의 형태를 갖추게 된다. 왜냐하면 이러한 자아는 어머니의 힘을 대표하는 어머니-용을 살육할 수 있는 힘을 가지고 있기 때문이다(Neumann, 1973, pp. 176-179).

• **태양적-이지적 자아형성 단계**(the solar-rational stage of the ego): 이 단계는 사춘기에서 성인기에 해당되는 "부계적 성인 자아(adult patriarchal ego)를 형성하는 시기로서, 어느 정도 자유로워진 자아와 이지적인 자아를 동시에 생성하게 되며, 현대 서구사회의 발달상의 성격과 동일한 요소라 하겠다." (Neumann, 1973, p. 139)

이 단계에서는 부성원형이 활성화된다. 이러한 경우를 긍정적인 측면으로 설명한다면, 아버지는 모든 것을 아버지와 같이 돌본다는 의미에서, 모든 것의 우두머리로서 감싸는 신의 이미지로서 아이의 정신세계 속에 강력하고 역동적인 원형으로 작용한다(Jacobi, 1979). 이러한 원형은 무의식, 생각의 조화, 감정과 느낌에 관련된 질서 등과 자아의 사이를 조화롭도록 허용하여 자기 실현을 가능하게 한다. 이러한 긍정적인 에너지를 실제화하는 것을 통하여 아이는 진정한 성인의 세계에 진입할 수 있게 된다.

아이가 모계단계에서 다음 단계로 옮겨가면서 아이의 모성원형이 부정적인 모습을 띠게 된다. 아이가 특정한 단계를 마스터하고 다음 단계로 진전해 나가면서 미지의 땅에 도착한 것 같은 혼돈스러운 경험을 한다. 만약에 아이의 개인적인 아버지가 아이의 자아와 건전한 관계에 있을 경우, 이러한 과정에서 오는 혼란을 보다 자연스럽게 받아들일 수 있다.

아이가 가지고 있는 아버지의 이미지가 건전하지 않을 경우, 아이가 부모로부터 분리되는 과정이 보다 어려워진다. 실제적으로 자율적이 되어야 한다는 이슈와 더불어 아이의 무의식적인 이미지까지도 부정적인 형태를 띠게 된다. 아이가 시달리는 이러한 갈등은 양육적이 아닌 가족 상황, 혼란스러운 느낌으로 다가오는 세상, 그리고 무의식으로부터 분리하려는 것을 포함한다.

영웅신화로 정의되어 오고 있는 창조신화는, 자아가 무의식으로부터 분리하려고 하는 갈등의 이야기라는 차원에서 이러한 과정을 거치고 있는 아이가 경험하는 갈등과 동일하게 볼 수 있다.

창조신화는 다른 신화와 마찬가지로 두 가지 차원의 인간의 경험, 즉 외부적인 경험과 내부적인 경험에 비유할 수 있다. 외부적인 경

◀ 뱀여신(기원전 1600년경): 그리스문명의 근원이라고 추정하고 있는 크레타의 미노아 문명권의 크노소스 궁전에서 발견된 34cm 정도의 테라코타 조형물로서 크레타의 Heraklion 고고학 박물관에 소장되어 있다. 노이만은 여신의 머리 위의 길다란 모자는 여신의 상위적인 품성을, 배 아래쪽의 하위적인 품성은 뱀으로 강조되고 있다고 해석했다(ARAS 3Cd. 009).

험은 아이가 부모로부터, 유아적인 결속으로부터 풀려져 나와 성인이 되려고 하는 데서 오는 실제적인 차원의 갈등이다. 이차적이고 주관적인 갈등이라고 할 수 있는 심리적인 성숙과 관계되는 내면의 갈등으로서, 모든 바깥세상의 권위적인 것에 의존하고 있던 부분이 무의식세계의 심층에 자리하고 있는 남성성의 형태로 나타나는 신의 영성적인 요소가 모성적인 것과 새롭고 보다 독자적인 관계로 대치하는 것에서 오는 경험이라고 하겠다. 이러한 경험은 개인의 의식적인 노력만으로는 성취할 수 없다(Harding, 1965, p. 35).

마술적-창조적(magic creative) 단계: 여성의 경우

루이스(1993)가 명명한 이 단계는 남성의 마술적-전투적 단계에 속한다. 남성의 경우는 모성을 살해하지만 여성의 경우는 모성을 살해하지 않는다. 그러나 이 강력한 모성원형을 중재하고, 부성을 강력한 모성의 어두운 그늘 아래 있는 것이라는 영역에서 벗어나야 한다. 이는 마치 '미녀와 야수'에서처럼 인간과 짐승의 관계가 아닌 인간과 인간관계가 형성되어야 한다는 것이다.

뱀 어머니와의 관계성은 인간의 남성성적인 정신보다는 여성성적인 정신적인 요소를 대변하고 있다. 고대문화 미노아 문명의 뱀 여신은 뱀이 가지고 있는 본능적인 차원을 자신의 통제하에 두고 있음을 볼 수 있다.

기독교 전통에서도 비슷한 것을 찾아볼 수 있다. 아이들의 수호신 안티옥의 성 마크랫은 악룡이 삼켜버리고 거기로부터 솟아남으로써 스스로 기동성을 갖추고 있다고 묘사되고 있다. 부정적인 모성의 원형적인 인격상으로서 메두사의 머리를 들 수 있다. 환자들의 꿈이나 작품에서 흔히 나타난다.

• **달의 사이클(lunar cyclic)단계와 달의 직관 관계(lunar intuitive)**: 이 단계는 남성의 태양적-전투적인 단계에 해당하며, 사춘기에 있는 소녀 또는 소년의 아니마를 찾기 위한 하강과 자기를 찾는 것에 치루어야 하는 희생, 그리고 여성성적인 지혜를 탈환하는 것이 포함된다.

이집트의 신 하토르(Hathor)를 위한 제의식에서 추는 춤은 언제
나 사춘기에 있는 소녀들이 추었다고 한다. 하토르는 변형하는 자
(transformer), 어머니 그리고 죽음을 관장하는 여신(mortuary
goddess)으로서, 지하의 어둠으로 하강하여 그녀의 부활을 통하여
황금의 둥근 해를 매일 아침 어둠으로부터 솟아나게 하는 탄생을
한다. 그녀가 가지는 원형적인 또 다른 요소는 사랑의 여신, 또는
성의 신비를 가르치는 여신이라는 의미를 가지고 있다.
　다음은 심층예술치료사 루이스(1993)의 사례다.

　　한 환자가 계속적으로 치료자가 호랑이로 보인다고 말한다. 이러
　한 비전이 나타나기 직전에는 언제나 치료실이 강한 원형적 에너지
　로 바뀐다. 치료자는 똑바로 앉도록 노력했는데 그 이유는 이 강력
　한 에너지가 마치 자신을 침투했다가 떠나는 느낌을 받기 때문이었
　다. 환자의 두 눈이 놀라움에 크게 떠지면서, "당신이 또 호랑이가
　됐다."라고 말한다. 호랑이는 그녀를 지하세계로 인도하기 위하여
　손짓하는 디오니소스적인 동물로서 그 환자에게 힘을 가져다주는
　수호동물이 된 것이다. 이 지하세계로 당겨짐은 그녀로 하여금 어둠
　속의 문들을 향하게 한다. 치료세션에서 있었던 '진정한 동작'[5]에서
　그녀는 몇주일 동안 몸을 구부리고 누워서 몸을 비틀었다. 그녀는
　자신의 소녀적인 순진함을 상실하는 것에 대하여 애도했고 다가올
　미지의 세계를 기다리고 있었다. 결국, 그녀는 영적인 에너지가 가

─────

5) 진정한 동작(authentic movement)은 무용동작치료에서 분석심리학의 적극적 상상의
　도구로서 사용되는 하나의 기법으로서 무용치료의 선구자 중에 한 사람인 화이트하우
　스(Mary Whitehouse)에 의하여 만들어졌다. 자아중심의 개인의 신체를 통하여 전체의
　상징인 자기(Self)로 향하게 하는 것에 관심을 두고 있다.

숨을 채우는 느낌을 받는다. 어떤 작곡가가 그녀를 위하여 작곡한
음악테이프를 가지고 왔다. 서서히 그녀는 일어서고, 하늘의 세계
를 닿으려는 듯 위로 솟아난다. 그녀가 치료를 받으러 올 때의 모습
은 찾아볼 수 없다. 그녀는 마치 인나나여신과 같이 그림자 부분의
자신과 만나기 위하여 지하로 하강하였다. 이 신화에서 인나나여신
은 지하에 있는 죽음의 세계의 여신 에쉬키기걸을 만나러 간다. 그
러한 희생을 통해 그녀는 최고의 여신이자 삼라만상을 살찌우고 결
실을 맺게 하는 여신이 된다.

　많은 민담에서 여성들의 사춘기적 통관의례적인 모티브가 있다.
잠자는 미녀나 신데렐라 외에도 그리스의 데메테르와 페르세포네
등의 많은 신화에서 찾아볼 수 있다. 대지의 여신의 딸인 페르세포
네는 어머니의 평원의 구불구불한 길을 정처없이 헤매다가 대지가
갈라지면서 그녀를 삶키게 된다. 그녀는 지하세계로 내려가 죽음
의 왕(Hade)와 나란히 지하세계의 여신이 된다.
　딸을 잃은 데메테르가 슬퍼하며 딸을 찾는다. 사춘기의 통과의
례에서 이러한 어머니의 애도의 과정이 나타난다. 이제는 지하세
계의 여왕이 된 페르세포네가 더 이상 소녀가 아닌 성인여성이 되
었고, 어머니의 세계인 지상세계 외에도 지하세계의 영역을 장악
한다. 여기에서 페르세포네는 그녀의 어머니의 그림자-그녀 어머
니(인나나) 에쉬키기걸이라 하겠다. 또 다른 사례다.
　한 여성이 오페우스 신화를 안무하는 집단에서 페르세포네가 되
어 춤을 춘다. 다른 사람들은 이 신화가 가지는 변환과정의 반복적
인 변화를 경험하였고, 언제나 자신이 여성이 가지는 지혜로움을

소유하기보다는 미성숙한 소녀 'puella'로서 살아왔다는 이 여성도 무난하게 참여하였다.

이 공연 후속으로 진행된 진정한 동작 및 소리과정에서, 그녀는 깊고 떨리는 소리가 자신의 골반 기저부로부터 나오면서 감추어져 있던 에너지가 풀려나오는 것을 경험한다. 그리고 이러한 진동하는 에너지가 강력한 영적인 인식으로 채우는 경험을 한다. 다음 진정한 동작 집단에서 그녀는 영원히 타오르는 불길을 인식하고 다른 여성들과 함께 어우러진 동작을 한다.

• 영웅의 여로(heroic or heronic quest) 개성화과정(heroic or heronic quest: ego-self axis): 자신을 찾기 위한 여로에 있는 성인 초기의 사람들에게만 해당되는 단계로서 낡은 것이 죽고 새롭게 다시 태어나는 주제로 나타난다. 이 자기성찰을 통하여 자아-자기 축에 이르게 된 성인 후기의 사람들에게 해당되는 단계로서 분석심리학에서 중심적으로 다루고 있는 부분이다.

이제까지 소개한 말러와 노이만의 이론은 예술치료 임상에서 놀이와 작품 그리고 모래상자 그림에서 나오는 공격적이고 기괴한 표현들이 치료가 되면서 변화되어 가는 과정을 이해하는 데 적절한 지침이 된다. 저자는 주로 이러한 이론적인 틀로 임상을 하고 임상감독을 하는 편이다. 두 학자의 이론을 함께 도표화해 보면 다음과 같다.

〈표 3-2〉 말러와 노이만의 이론을 비교한 루이스(1993)의 도표

연 령	말러	노이만
0~	정상적 자폐단계 (autistic phase)	원형적인 대양 속에 잠겨 있는 우로보로스 단계 (uroboric-pleromatic stage)
1주 ~3개월	공생단계 (symbiotic phase)	일차적 모성단계: 출생후 배아 (first matriachal stage: the post-natal embryonic phase)
6개월 ~9개월	분리개별화단계 (separation-individuation phase)	이차적 모성단계: 실제 부모와의 분리
~18개 월	부화 및 재접근단계 (hatching phase/rapproachment phase)	(second matriachal stage: separation of world parent)
30개월 ~4년	대상공고화단계 (object constancy)	토양적 단계: 내외 생식기 (chthonian stages: inner and outer genital)

〈표 3-3〉은 앞서 소개한 역동적인 맥락의 이론과 발달 맥락의 이론, 그리고 예술치료의 매체선택을 엮은 것이다. 많은 예술치료임상 사례들, 특히 아동들의 놀이와 작품에 나타나는 공격적이고 기괴하기까지 한 표현이나, 모래치료에 나타나는 이미지들의 이해에 그대로 적용된다고 사료되어 소개한다.

〈표 3-3〉 정신분석적, 대상관계심리학적, 분석심리학적 발달단계가 가지는 주
제를 대처할 수 있는 예술매체 및 접근방법의 선택(Lewis, 1993)

연 령	발달단계	중심되는 주제들	주제에 적절한 매체들
태 아	탄생 이전	모태 속과 같이 안전하게 보호받는 것	심장박동 소리 같은 음악, 밀폐된 공간에서의 동작
0~6 개월	구강기, 공생단계, 일차적인 모성단계, 우로보로스적 낙원	• 신뢰감, 융합, 반영, 의존적, 양육, 동조, 적절하게 다루어지는 것 • 신체: 주로 수평적인 영역에 거함	모태 속의 왔다 갔다 하는 리듬, 특히 빠는 것 등의 구강과 연결되는 음악이나 목소리, 동작 등의 신체적인 차원의 작업; 두 사람이 함께 그림, 연극, 숨쉬기를 하는, 눈 맞춤
6~18 개월	구강기 공격성, 분리개별화, 세상-부모와의 분리	'나-아닌-나'의 주제, 먹고 먹히는, 어머니로부터 분리, 보였다 안보였다 하는 것에 관심, 뭔가 움켜잡는, 으르렁거림	목소리, 깨물고 씹는 구강기 공격적 동작, 이빨이 강한 육식동물의 연기, 음식 그림에 색칠하기, 풍선껌 놀이, 비누방울놀이
1.5~ 3세	항문기-리비도적 가학성, 분리개별화, 연습 및 재접근 시도단계, 이차적인 모성단계	• 자율성과 수치심, 힘과 통제, 자기 주장, 권위에 도전, 자신과 대상이 분리됨 • 신체: 직립자세의 영역에 거함, 자신을 표상하는 이미지가 구축되기 시작함, 대변 등을 생산하는 것에 쾌감	• 항문기-리비도적 가학성을 표현하는 리듬의 음악, 목소리, 동작(신체적으로 수직적인 영역에서 강하게 잡거나 짓눌렀다가 이완시키는 예술매체) • 핑거페인팅, 모래, 진흙, 고무찰흙, 밀가루반죽, 자기 주장하는 연기

3~4세	요도기-리비도적 가학성, 대상공고화단계, 토양적 단계	뭔가 움켜 쥐었다가 놓는 것, 스스로의 존재에 쾌감, 뭔가 하고, 시작하고, 정지하는 것에 쾌감, 본능이 순화되어 감에 따라 충동을 통제하는 것	항문기-리비도적 가학성을 표현하기도 하고 안하기도 하는 리듬의 소리, 음악, 동작(앞뒤로 나른한 흐름과 빠른), 수채화, 채우고 비우는 주제의 연극놀이, 부드러운 환경, 여러 가지 동물이나 괴물의 구체화, 동물과의 모래놀이
4~5.5세	오이디푸스기, 마술적-전투적, 마술적-창조적 단계	오이디푸스적 주제: 포함시키는 것과 제외시키는 것, 경쟁, 용의 살해와 중재, 성 역할 확인, 창작하고 침투하는 것	내외 성기적인 리듬을 표현하는 소리, 음악, 동작(왔다 갔다 흔들거리는 서정적인 침투); 블록 등을 이용한 조각이나 콜라주
5.5~10, 11세	잠복기	생산성, 마스터하는 것, 동성의 또래관계, 룰을 만들고 그것을 마스터하는 것	모래상자 치료적 환경; 특정한 성 역할의 의상을 입고 또는 퍼펫으로 공연, 여러 가지 악기연주, 새로운 매체와 도구, 공작을 동반한 예술활동을 통한 기술의 마스터, 시나 이야기 쓰기와 읽기
12~16세	사춘기: 태양적-전투적, 달의 주기 단계	제2차 오이디푸스 주제; 부모의 권위로부터 독립; 성 역할 확립; 아동기로부터 성인기로 향하는 중간으로 정체감, 능력, 강건함을 원하는 것	일기 쓰는 것을 포함한 모든 미술재료 사용 가능

3. 적용사례: 정신병동에서 만난 루시

1980년대 저자는 약 8년간 뉴욕 시의 한 정신병원에서 미술치료 사로 일한 적이 있다. 그곳은 뉴욕 시 중에서도 가장 소외된 지역 에 있었고 도움을 필요로 하는 사람들이 많아서 정신보건지원 프 로그램이 활발했던 것 같다. 그 병원 산하에 20여 개의 세부적인 심리치료 시설들이 있었고, 저자가 일했던 곳은 장기적으로 돌봄 이 필요한 만성정신병 환자들을 위한 C.T.P.(Continuing Treatment Program)라는 시설과 폐쇄병동이었다.

치료 팀의 일원[6]으로 일하던 당시 저자에게 맡겨졌던 환자들은 주로 다른 치료사들이 어떻게 해볼 수 없을 정도로 극도로 퇴행한 환자 또는 우울하거나 공격적인 환자들이었고, 대부분의 환자들이 비위협적인 방식으로 다가가는 예술치료에서는 반응을 했던 것으 로 기억된다.[7]

정신병동에 입원을 한 환자들 중에 가끔 극심하게 퇴행되어 있 는 환자들을 보는데 루시가 그런 경우에 해당했다. 이러한 현상을 이해하고 도와주려는 양식이 치료 팀 구성원의 입장에 따라 다르 고 그들 모두가 필요하다는 것이 병동의 규범이었다.

---

6) 한국의 경우와는 달리 미국에서는 미술치료사들도 치료 팀의 일원으로 책임치료사 (primary worker)의 역할을 하고 있다. 학위와 경력에 따라서 호봉이 책정된다. 국내 의 일부 병원에서도 예술치료사를 치료 팀 구성원으로 포함시키는 곳이 생겨나고 있고 앞으로는 더 활성화되리라고 본다.
7) 저자가 그곳에서 일하기 시작했을 때는 혼자였다가 서서히 증원되어 18명이 각 치료 부서에 투입되었는데 이러한 현상의 결과라 해도 좋을 것이다.

저자가 일했던 병동에서 예술치료사의 역할은 예술작업을 통하여 환자의 마음속에 실제로 무엇이 일어나고 있는지를 파악하여 치료 팀에 전달하는 것이었고 미술치료시간에 있었던 정보가 치료팀에서 매우 중요하게 다루어졌던 것으로 기억한다. 소개할 사례는 폐쇄병동에서 일하던 당시 10개월에 걸쳐 치료한 환자[8]로 루시라 부르기로 한다.

루시의 문제 증상

루시는 52세라는 나이보다 훨씬 어려 보였던 여성으로 작은 체구에 흰 피부와 검은 머리를 가진 푸에르토리코인 이민 2세였다. 루시는 조울증과 정서적인 분열장애로 진단을 받은 환자였다. 입원 당시 루시는 응급실에서 면접하던 사회사업가를 물어뜯어서 의자에 묶여 있어야 했을 정도로 퇴행해 있었고 공격적인 행위와 외설적인 언어 사용 및 문란한 성적 행동 등으로 다루기 힘든 환자였다.

입원실에서도 여러 가지 물건들을 사용한 성적 자위행위로 출혈 및 감염을 자초하여 24시간 감시를 해야 했고 그녀가 발작을 하면 보통 사람의 2~3배에 해당하는 양의 항정신병 약물인 Lithium (300mg)을 투여하였고 오랜 약물요법에서 온 간질증상을 위한 dilantin(100mg)과 수면제인 phenobarbital 등이 동시에 투약되었지만 지독한 욕설과 외설적인 행동 때문에 정숙실에 가두어지곤

---

8) 이 사례는 1993년 한국임상예술학회 하계집담회에서 구술되었고, 저자의 저서 『예술심리치료의 이론과 실제(1993)』에 축약된 내용으로 언급한 바 있다.

했다.

그녀의 이러한 행동 때문에 병동에서 실시하는 다른 집단치료에 참가할 수 없던 루시는 다른 퇴행적인 환자들의 경우가 그러했듯이 미술치료사인 저자가 맡게 되었다. 모든 여성 치료자들을 아기 같은 목소리로 엄마라고 부르던, 아기를 연상시키는 그녀의 원시적인 행동은 미술치료 상황에서도 나타났다. 치료자가 자기의 그림을 당장 보아 주지 않거나 반복하여 칭찬하지 않으면, 자신에게 관심이 없다고 항의하면서 복도로 달려나가 자신의 몸을 마치 짐짝처럼 내던지고 바닥에 누워서 사지를 버둥거리며 "아무도 나를 사랑해 주지 않는다."라고 악을 쓰면서 대성통곡을 하여 모두를 당황하게 했다.

두 달 동안의 입원기간에 루시는 수많은 그림을 그렸는데, 특히 첫 한 달 동안은 하루에 평균 열 장 이상의 혼란스러운 그림을 그렸다. 그녀의 창작활동은 혼란스러운 내면세계가 그림을 통하여 그 돌출구를 찾은 듯 맹렬하였다. 병동장이 "루시 때문에 병원이 파산되겠다."는 농담을 할 정도로 많은 양의 미술재료를 소모했는데 그만큼 루시의 내면세계가 표현의 필요를 느끼고 있었다고 볼 수 있다. 미술치료사로서 저자는 자연히 그러한 그녀의 모습에 관심을 가지게 되었고, 루시도 처음부터 자신의 요구를 알아보는 치료자를 신뢰하는 듯했다. 혼란스럽기만 했던 루시의 작품세계가 둘째 달에 접어들면서 서서히 구체적인 형태가 드러났고, 루시의 정신병적인 증상은 빠른 속도로 회복되어 만 두 달 만에 원만하고 자상한 중년여성의 모습으로 퇴원했다. 그러나 퇴원 후 독립을 해야 하는 현실에 부딪혔을 때 다시 퇴행하게 되었으며 이러한 치료 전 과정을 말러와 노이만의 이론을 중심으로 소개한다.

루시의 가족력

루시는 푸에르토리코에서 미국으로 이민 온 부모 사이에서 태어났다. 그녀의 어머니는 루시의 아버지와 결혼하기 전에 이미 아버지가 다른 4남매(아들 1, 딸 3)를 두고 있었고 루시만 정식으로 결혼한 남편 사이에 태어난 막내딸로 어머니의 사랑을 독차지하였다. 사생아였던 오빠들과 언니들은 루시를 시기했고 어머니에게도 항상 반항적이었다.

루시가 7세가 되던 해 루시의 아버지가 알코올중독으로 별세하였고 어머니마저 몸져눕게 되었다. 루시를 양육할 능력이 없었던 어머니는 루시를 일시적으로 맡겼는데, 어머니가 그곳이 성매매업소였다는 것을 나중에야 알고 찾아올 때까지 루시는 약 일 년간 성매매를 하면서 지냈다. 집에 돌아와서도 어머니의 남자친구들에게 성폭력을 당했고 그때의 기억은 몸서리쳐지는 악몽과 같다고 했다.

11세 때는 폭력배였던 30세 남자와 동거하게 되었고 두 아이를 낳았으나 너무 어려서 양육할 능력이 없다고 하여 남자의 어머니가 데리고 갔다. 17세 때부터 공장이나 애완동물가게에서 일하면서 남편의 온갖 고문과 구타를 당해 오다가 결국 19세에 도망을 쳤다. 그러한 상황에서 어머니를 만나 보려고 애썼으나 형제들의 방해로 만나 보지 못하다가 어머니가 오랜 병환으로 별세한 훨씬 후에 그 소식을 들었고 그때부터 정신병증세가 나타났다고 했다.

그 후 33년 동안 정신병원과 사회복지사가 지정해 준 위탁가정을 왕래하면서 살아왔다. 루시의 파괴적이고 공격적인 행동 때문에 위탁가정에서 번번이 쫓겨나다가 현재는 자신보다 연하의 성령파(Pentecost) 교인 위탁모의 보호를 받으며 살고 있었다. 위탁가정에는 루시 외에도 십여 명의 어린 손자손녀들이 같이 살고 있다고 하는 것으로 미루어 보아 위탁모는 어머니로서의 소유욕과 결벽증이 다소 강해 보이는 것 외에는 적어도 표면상으로는 루시를 아끼는 사람이었다. 이상의 정보는 루시의 상태가 정상으로 돌아왔을 때 저자에게 구두로 진술한 것을 종합한 것이고 차트의 기록과 별차이는 없었으나 소아 시절의 성폭력 부분은 간단한 기록 정도에 그치고 있어 루시의 진술이 어디까지가 사실인지는 분간하기 어렵다. 어쩌면 루시가 자기 자신을 비극의 주인공으로 만들기 위하여 과장했을 수도 있기 때문이다.

치료과정 및 해석

루시의 치료과정의 이해를 위한 개념적인 틀은 앞서 소개한 말러(Margaret Mahler, 1968, 1972, 1975)의 이론과, 노이만(E. Neumann, 1949, 1973)의 원형적인 의식발달이론과, 루이스(P. Lewis, 1984, 1993)의 이론을 개념적인 틀로 하여 해석하려 한다. 해석은 언제나 조심스러운 것이다. 갖다 맞추는 식은 오히려 도움이 되지 않을 수도 있기 때문이다. 그러면서도 시도하는 이유는 제시한 이론들이 예술치료의 실무에 어떻게 적용되는가를 보여 주기 위한 것임을 밝히면서 과도한 해석에 대한 양해를 미리 구한다. 현상을 진술하기 위하여 있었던 일을 가능한 그대로 솔직하게 서술하였다.

• **우로보로스적인 대양에 잠겨 있는(uroboric-pleromatic) 자아단계에서 토양적 단계:** 루시가 원시적이고 충동적인 행동으로 정숙실과 미술치료실을 왕래하던 입원 첫 1~2주 사이에 그린 수많은 그림들을 순차적으로 분류해 보면, 첫 단계는 형태가 없는 난화였고, 그다음이 태아 속에 태아가 들어 있는 그림이나 머리가 여럿인 실제로 존재하지 않는 태고의 동물이나 공격적이고 파괴적인 물체나 곤충의 모습이었다.

이러한 루시의 난화, 태아 속의 태아, 곤충, 괴물 등의 그림들은 유아의 분화되지 않은 원초적인 자아가 낙원 또는 무의식의 대양으로부터 아직 떠오르지 않고 신비적 분유(participation mystique) 상태에 머물고 있는 자아의 경험을 표현한다고 볼 수 있다. 노이만은 이 시기의 유아는 비록 독립적인 신체는 가졌으나 오로지 살아가기 위한 본능으로 채워져 있으며 그 본능은 어머니를 통하여서만 채워질 수 있는 것으로 정의된다고 했다. 모든 치료자-엄마들로부터 관심과 사랑을 받기를 원했던 루시의 아이와 같은 행동의 이유가 여기에서 드러난다.

혼돈스러운 원초적 주제의 작품에서 서서히 실제적인 동물의 모습으로 바뀌면서, 바닷속에 살고 있던 태고의 동물이 뭍으로 나오는 그림을 그린다. 이러한 물속에 살던 괴물이 뭍으로 나오는 그림과 동물의 뱃속에 임신한 아기 그림은 자아가 깊은 무의식상태로부터 분리되는 새로운 창조가 서서히 일어나고 있음을 보여 주는 토양적 단계의 자아의 표현이라 하겠다.[9] 노이만(1973)은 이 시기

---

9) 융의 용어인 인식의 중심인 자아원형은 탄생 시에 원형적 무의식 속에 자리잡고 있다가 약하고 미분화된 형태로 서서히 떠오른다.

유아의 의식성이 살아남기 위하여 먹이를 구하여 섭취하며 본능에 의존하여 살아온 고대인들의 상황과 비슷하다고 보고 있으며, 루시의 태고의 동물들이나 괴물들은 분화되지 않은 고대인들의 본능적 의식 상태를 표현하는 것이라 하겠다.

두 그림의 동물 모두 정신적 에너지의 퇴행을 의미하는 왼쪽으로 향하고 있다는 점이 인상적이다.

• **토양적 단계/분리-개별화 부화단계:** 루시의 다음 단계의 그림은 임신한 동물들에 이어서 어린 아기의 모습들로 이어지는데 아기의 얼굴모습이 루시와 흡사했다. 임신한 동물들과 아기의 모습들은 말러의 분리개별화의 하위단계인 부화단계나 이차적 모성-토양적 단계를 나타내는 것일 수도 있다. 비록 루시가 50대 여성이지만 정신병으로 퇴행된 상태가 생의 초기단계의 유아나 고대인의 경험과 유사하다는 의미다.

말러의 '부화'라는 표현은 유아의 제2의 탄생을 의미하는 것으로 자아를 향한 여정인 모-아 분리의 첫 걸음이다. 이러한 형태는 정상적인 아동의 발달단계에서 볼 수 있는 해의 모습과 사람의 모습이 병행하는 그림과 흡사하다(Kellog, 1969).[10] 치료가 진행됨에 따라 아이의 모습이 서서히 자라나는 것을 볼 수 있었다. 루시가 퇴원하기 전의 작품들이 성숙한 여자의 모습이었다는 것을 감안할

---

10) 로다 켈로그(Rhoda Kellog)에 따르면, 4~5세 이전 유아들의 그림이 문화권을 초월하여 동일하며 고대인들의 그림과 동일하다고 했다. 이러한 사실은 고대인들의 모습이 현대를 사는 아이들의 모습 속에 여전히 살아 있고 신화시대와 마찬가지로 고정된 한계영역 없이 우리의 자아 속에 언제나 싹이 트고 있는 상태로 존재하고 있다는 것에서 인간 정신세계 속에 집단무의식을 표현하는 또 하나의 형태라 하겠다.

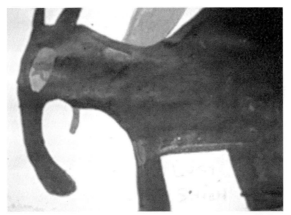

▲ 태고의 동물이나 공격적이고 파괴적인 물체 혹은 곤충의 그림

▲ 바닷속에 살고 있던 태고의 동물이 뭍으로 나오는 그림

때, 그림에 나타나는 발달과정은 정신치료과정과 그림의 발달의 긴밀한 연관성을 보여 준다.

또한 동물의 뱃속에 임신한 아기 이미지들은 유아의 자아 전체가 어머니의 자기의 연장으로 마치 세포의 핵이 두 개로 분열되기 시작했으나 아직 완전히 분리되지 않은 상태와 같은 노이만의 토

◀ 루시가 시리즈로 그렸던
   어린아이 그림 중 하나

양적(chthonian) 단계의 표현으로 볼 수 있다. 노이만은 이 단계를
'창자단계(belly stage)'라고 불렀다. 인간 신체 중에 복부는 발생학
적으로 가장 일찍 생성되며 지성을 대변하는 뇌는 가장 나중에 만
들어진다고 한다. 또한 창자는 다른 신체 장기와 달리 인간의 의지
로 조절할 수 없는 부교감 신경의 영역으로서, 동양의 선문답에서
"내장 차원으로 생각해 보라." 또는 "배에게 물어 보라."는 표현
(Suzuki, 1987)은 무의식에 물어보라는 현대 심층심리치료자의 입
장과 일맥상통한다고 할 수 있다.

  이 무렵부터 루시는 어린아이가 사랑을 갈구하는 그림을 여러
장 그리기 시작했는데 그림의 주인공을 조금 더 자란 아이로 묘사
했다. 이 시기에 그려진 대표적인 그림의 제목이 "50대의 나이에
맞게 행동하도록 도와주세요!"인 것으로 보아 루시의 자아가 어느
정도 분화하여 스스로의 성장을 위하여 노력하고 있다는 것을 알
수 있다.[11] 혼돈이 주제였던 초기 작품에서 아기, 어린이들의 이미

◀ 50대의 나이에 맞게 행동
하도록 도와주세요.

지는 발달선상의 의미 외에도 강력한 힘을 가진 상징이지만 여기
서는 다루지 않는다.[12] 자신에게 모든 관심이 집중되기를 요구하던
루시의 치열했던 욕구가 치료 팀의 관심과 이해로 수용되자 루시
는 다소 잠잠해졌다. 24시간 병실에서 대기하면서 그녀를 보호관
찰하던 간호사의 도움으로, 그녀는 자신의 방을 어린아이의 방같
이 치장하기 시작하였다. 그녀는 위탁모에게 부탁하여 곰 인형을

---

11) 이 그림에서 특기할 만한 것은 아이의 크기와 주위에 있는 나무의 크기다. 발달이론
가들에 따르면, 5~8세의 아동은 자기중심적인 초자연주의적인 그림을 그린다고 한
다. 루시가 아직도 자기중심의 그림을 그리는 성장단계에 머물러 있다는 표현이 되겠
다.
12) 융 기본 저작집, 2권, '어린이 원형의 심리학에 대하여'를 참조.

구입했고, 저자의 사무실에 모아둔 노란 털이 나 있는 천을 가져다가 침대에 깔고 곰인형을 눕히고 덮어 주는 등의 놀이를 하기 시작했다.

예술치료에서 예술은 치료자의 현실과 내면세계 혹은 과거의 경험을 잇는 다리 역할과 더불어 치료자와 피치료자를 연결하는 중간대상(Winnicott, 1971)이라고 할 수 있다. 또한 예술은 유아시절의 상태로 안전한 퇴행을 가능하게 하고, 치료자가 창작을 통하여 이러한 상태에서 요구되는 전면적으로 신뢰할 수 있는 양육자, 즉 상징적인 어머니의 역할을 함으로써 병리적인 정신상태로부터 분리하게 하는 것(Robbins, 1980)이라고 볼 때, 루시가 놀이를 시작하게 된 것의 의미는 아기가 손을 뻗어서 처음으로 나-아닌-나, 즉 중간대상을 선정하는 현상과 비슷하다고 보고 존중되어야 할 현상이라고 보았다. 이러한 루시의 놀이가 치료 팀으로부터 존중받았던 것은 매우 다행스러운 일이었다.[13]

• **분리-개별화 연습단계―마술적-창조적 단계:** 이 무렵 루시의 치료과정에 관심을 가지고 있던 병동장이자 루시의 주치의였던 여자의사가 루시에게 그림을 그릴 수 있는 화첩을 선물했는데, 루시는 저자에게 첫 장에 무엇인가 그려 달라고 졸랐다. 루시의 요청을 받아들여야 할 필요를 느낀 저자가 무엇이 루시에게 필요한가를 생각하면서 손이 가는 대로 그린 그림이 포대기에 싼 어린아이를 안은 한 여자의 모습으로 나타났다. 이것을 본 루시는 대단히 기뻐했고 스

---

13) 다른 치료세팅에서 일을 하면서 비슷한 현상들이 있었을 때 유아적인 놀이를 허용하지 않는 동료들이 있어서 난처했던 경우가 종종 있었다.

케치 차원의 그림에 덧칠하고 꼼꼼하게 색칠하는 열의를 보였다.

이 현상은 미술이 치료자와 루시 사이의 중간대상이 되고 루시의 무의식과 치료자의 무의식이 그림을 통하여 서로의 관계를 확인한 것으로, 미술치료과정에서 나타나는 전이와 역전이 현상의 한 예로 볼 수 있다. 그 당시 루시는 자기 방에 붙여 두었던 그림들을 저자 사무실 바깥벽에 갖다가 붙이기 시작했다. 회의실로 사용되기도 했던 공간이었던 만큼 산만한 그림들을 어설프게 갖다 붙이는 것은 허용할 수 없는 행동이었다. 그러나 저자는 루시가 자신의 내면세계의 표현인 그림을 치료자의 세계인 사무실과 연결하려는 상징적인 놀이라고 생각하고 그 그림들을 치료자의 사무실에 붙일 것을 제안하였다. 이러한 비언어적인 상호소통 상황에서 루시의 그림들은 치료자와 환자를 잇는 '중간대상'이라고 할 수 있었고, 치료자가 그녀의 메시지를 읽어내고 반응을 했다는 것이 긍정적인 결과로 이어진 듯하다.

루시의 이러한 행동은 노이만의 마술적-남근적 단계(여성의 경우 마술적-창조적 단계)에 해당하는 제의적인 현상으로 볼 수도 있다. 이 단계는 인류의 인지적인 능력이 어느 정도 발달했으면서도 그의 논리는 마술적인 형태를 통하여 세상과 교류한다. 이 단계에 있는 아이는 어머니를 마술적인 존재로 받아들이고, 자신이 우주의 중심이라는 마술적인 생각을 가지고 있으면서도 자신과 주위세계와 분별할 수 있는 개별화된 자아를 가진다. 이러한 상황의 유아는 스스로 세상을 경험하고자 하는 필요에서 제의적인 의식을 하게 되고, 이는 자율적인 자아가 발달하는 데 요구되는 태도다(Neumann, 1973, p. 147).

　이러한 맥락에서 자기중심적이던 루시가 만들어 낸 놀이는 그녀
의 자율적인 자아가 발달하는 데 필요했던 일종의 마술적인 제의
였다고 하겠다. 저자는 루시가 보다 더 진전된 개별화로 향할 준비
가 되었다고 판단하고 모래상자치료를 실시하였다. 모래상자치료
는 칼프(Dora Kalff, 1980)가 아동대상으로 시작하였고 정신병 환자
에게 사용하는 것을 금기로 해 왔으나, 최근에 와서는 성인이나 다
양한 정신병 환자들에게도 적절하게 사용된 사례들이 발표되고 있
다. 국내외에서 모래상자치료는 여러 치료사들이 다양한 방식으로
사용하고 있으며, 모래상자 중심으로 치료를 하는 부류와 여러 표
현예술치료 매체 중 하나로 사용하는 부류로 나눌 수 있다. 저자가
루시에게 시행한 모래상자치료는 후자에 해당된다.

　• 모성정신으로 회귀하게 하는 모래상자놀이치료: 루시는 가볍게 대
충 작업을 마치고 모래상자에 나타난 정경을 '밀림'이라고 했는데
실제로는 집이나 차량 등으로 구성된 일반적인 정경이었다. 그럼
에도 불구하고 많은 모래상자작업이 그녀의 무의식에 영향을 준
듯 보이는 작품이 나왔다.
　모래상자치료 직후 루시는 두 개의 그림을 그렸는데 하나는 아
기 코끼리였고, 다른 하나는 요염한 모습의 성장한 여성의 그림으
로 자화상이라고 하였다. 아이의 그림과 곰 인형놀이를 하던 루시
가 성장한 여성을 그렸다는 것은 특기할 만한 변화였다.
　노이만(1955, p. 91-92)에 따르면, 모성정신은 우리 영혼 속에 확
실하지 않는 모습으로 남아 있는 일련의 사건들과 같이 회복이 이
루어지고 있는 어둠과 같으며 재창출(regeneration)시키는 힘을 가

지고 있다고 했다. 그리고 모래상자치료가 가지고 있는 치유적인
특성이 바로 이러한 모성정신이 가지고 있는 모든 것과 일치한다
고 했다. 이러한 모성정신은 부성정신과 더불어 리비도의 초점을
특정한 정신적인 사건에 두게 함으로써 특정한 정신적인 사건이
의식화될 때까지 강렬하게 작용한다. 이러한 이유에서 분석심리학
적인 모래상자치료에서는 즉각적인 분석을 하지 않고, 전통적인
방식의 분석과정에서 리비도의 정체가 있을 경우 모래상자치료를
도입하든지 전문가에게 의뢰를 하는 것이다.

그날 오후 저자가 루시의 병실에 갔을 때 그녀는 혼자서 그림을
그리고 있었고, 그때까지 노란 털의 천에 싸두었던 곰 인형을 저자
에게 선물하면서 꼭 받아 줄 것을 강요했다. 그리고는 노란색과 빨
간색 털이 난 천은 접어서 원래 있던 치료사의 사무실에 도로 갖다
놓았다. 더 이상 중간대상들을 통한 상징적인 놀이가 필요하지 않
게 된 것이다. 위니캇(Winnicott)은 중간대상의 발달에 관한 이론에
서 중간대상은 스스로 선정하고 포기하는 속성을 가지고 있으며,
이러한 과정이 정상적인 발달의 한 부분이라고 하였다. 루시에게
더 이상 대치물이 필요하지 않게 된 것이다. 그러나 이 중간대상은
치료 후반에 저자의 휴가 등으로 불안이 가중되었을 때 다시 등장
하였다.

그날 오후에는 그녀의 병실 방문 바깥에 '남자출입 금지'라는
표지가 나붙었고 그때까지 남자들을 무분별하게 유혹하던 행동이
사라졌으며 따라서 그녀를 24시간 감시할 필요가 없어지게 되었
다. 이러한 루시의 일련의 행동은 비언어적, 비분석적인 모래상자
치료가 영향을 미친 결과로 보인다.

• **분리개별화, 재접근시도 단계:** 이틀 후 루시가 저자의 사무실에 와서 그림을 그리다가 좀 언짢은 기색이더니 딱히 누구에게라고 할 수 없는 외설적인 욕설을 한바탕했다. 그 내용이 얼마나 지독했던지 저자의 속이 메스꺼울 정도였다. 참기 어려운 상황에서 왜 루시가 그러는지 이해해 보려 하고 있는 저자에게 루시는 벌을 내려 주기를 요청했다. 저자가 처벌하지 않을 기미를 알자 왜 벌을 주지 않느냐고 항의를 했고 그다음에는 자신은 벌을 받기를 원한다고 강요하다가 나중에는 벌을 내려 달라고 애원하는 등의 기이한 태도를 보였다. 그의 이러한 항의, 강요, 애원에도 불구하고 처벌을 하지 않을 것을 알아차린 루시는 갑자기 진지한 얼굴로 "이런 짓을 하는 것이 약물중독자가 되는 것보다는 낫지 않느냐?"고 하였다. 이러한 루시의 가학적·피학대적인 행동은 소아정신분석자 밀러 (Alice Miller, 1981)의 핍박불안과 관련시킬 수도 있고, 폭력의 후유 증에 시달리는 사람들의 심리적인 상처가 돌출구를 찾지 못한 경우나 미해결로 남아 있을 경우 거기에 대한 공격성의 방어기제로 서 마약중독, 범죄, 무분별한 성적 유희 등의 비행으로 나타난다 (Johnson, 1990)고 했는데 루시의 외설적인 행동도 이러한 심리역 동과 연관시킬 수 있다.

다른 비슷한 배경에서 온 환자들과는 달리 루시는 마약이나 술, 담배 등을 일체 하지 않았고 성서에 대한 지식과 스스로를 관리하는 능력은 현재의 위탁모가 끼친 좋은 영향인 듯했다. 그러나 체벌이 심했던 것은 루시의 정신세계에 핍박불안을 야기시키는 부정적인 요소로 작용한 것 같다. 이제까지 루시의 정신적인 문제는 미분화된 루시의 자아의식의 방어기제로서 루시는 업신여김을 당할 짓이나 남을 괴롭히고 귀찮게 하는 등의 부적절한 행동을 함으로써 벌을 받고 모든 것을 자신의 잘못으로 돌리는 식의 악순환의 연속이었다고 볼 수 있다. 이런 일이 있은 후 루시는 보다 안정되었고 저자는 루시의 부적절한 행동이 말러의 대상공고화에 이르기 위하여 거쳐야 하는 재접근시도단계에서 나타나는 일시적 퇴행의 표현인 것으로 이해했다.

• 마술적-창조적 단계[14] : 루시는 참으로 원시적인 데가 있으면서도 다른 환자들에 비하여 지능지수가 높았고 심리검사에서도 정신병적 요소가 없었다. 이러한 특수성을 감안하여 저자가 소위 정상이라고 할 수 있는 사람들을 상대로 시행해 오고 있던 가면을 이용한 치료법[15]을 루시에게 시행하기로 하고 병동장과 의논하여 동의를 구했다. 이 무렵 저자와 루시 사이에는 긴밀한 치료관계가 이루어져 있었고 입원 후 두 달째 접어드는 시기였다. 치료과정과 목적을 설명하고 동의를 구한 후 작업에 들어갔다. 가면을 얼굴에서 떼어 낸 후, "표현하기 어려우나 쉽게 말해서 기분이 좋았다. 마치 치료자가 나의 내면의 피부를 마사지해 주는 듯했다."고 자신의 소감을 밝혔다. 가면의 이름이 무엇이냐고 물었을 때 루시는 '마리'라

---

14) 아동기부터 남녀가 다르게 발달한다는 것을 주장한 루이스는 남자아이의 태양적-이성적 단계에 해당되는 여자아이의 단계를 마술적-창조적 단계라고 명명하였다.

15) 가면을 이용한 치료법은 심리적으로 상당히 침투적인 접근방법이다. 특히 저자가 사용한 기법은 석고붕대를 잘라서 내담자의 얼굴에 붙여서 얼굴모양 그대로 만든다는 것, 그것을 장식하게 하는 것, 그리고 만든 것을 가지고 역할놀이를 한다는 것 등의 과정에서 강렬한 정동반응을 가져다주는 기법인 만큼, 자아감이 결여된 정신병 환자들에게는 지나치게 강한 매체라고 볼 수 있다.

◀ "치료자가 나의 내면의 피부를 마사
지해 주는 듯했다."고 자신의 소감
을 밝힌 루시가 '마리'라고 이름 붙
인 가면

고 했고 15살 무렵 주위사람들이 자신을 부르던 이름이라고 했다.

가면을 원하는 대로 장식하라고 했을 때 그녀는 먼저 치료실에
있던 붓들 중에서 가장 큰 붓을 골랐다. 저자가 물감들을 팔레트에
내놓기도 전에 그녀는 그 붓을 검은색 물감 통에 쑥 집어넣었다.
그리고 물감이 듬뿍 묻어 있는 큰 붓으로 단숨에 하얀 석고 가면을
검게 만들고 나서, 빨간 색깔의 크고 두터운 입술을 그렸다. 그러
고는 가면의 이름을 '아프리카에서 온 친절한 할머니'라고 지었
다. 흰 얼굴에 조그마한 체격을 한 루시의 친할머니나 조상이라고
는 도저히 할 수 없는 모습이었다.

폰 프란츠(Von Franz, 1999)의 고양이민담에서 검은 성모와 이시
스의 연관성에 대한 재료에서 검은 아프리카에서 온 검은 할머니
의 의미를 확충해 보기로 하자. 최초에 발견된 성모마리아의 표현
은 이시스와 그녀의 아들 호루스를 모방한 것이다. 이시스는 가장
높고 신성한 영성을 의미하는 동시에 지하세계의 여신, 죽은 자와

귀신들과 밤(유령과 악마)의 통치자였다. 이시스는 검은 여신이었는데 악의 의미에서 검을 뿐만 아니라 밤, 땅이라는 의미에서도 검었다(p. 39).[16]

고대 이집트 전통에서 이시스는 사자 여신 Sekmet와 고양이 여신 Bast와 섞여 있었다. 그녀는 신, 새로운 태양신 호루스의 어머니이자 새로 태어난 오시리스의 부인이자 위대한 모성의 어두운 지하계적인 측면도 포함하는 모성신이었다. 그녀는 Derceto-Atargatis와 Anat와 같은 지중해의 모성신들의 특징을 계승하였다고 한다(Von Franz, 1999, p. 40). 루시의 아프리카의 검은 할머니는 집단적인 무의식 안의 '저쪽 편에' 있는 모성신으로서, 존경심뿐 아니라 무시무시한 느낌을 고취시키는 무의식의 '절대 타자'의 출현이라고 볼 수 있다.

무의식의 인물과의 대화를 위하여 가면을 세워 놓고 역할극을 시도하였다. 먼저 루시에게 할머니에게 하고 싶은 말을 하게 했고 그 다음은 루시로 하여금 할머니의 입장에서 이야기하게 하고 나서 저자가 할머니의 역할을 하는 순서로 진행하였다.

> 루시: 할머니와 같이 있고 싶어요.
> 할머니(루시): 나도 너를 기다리고 있었다.
>   (루시가 할머니는 다른 세계에 살고 있다고 설명한다.)
> 루시: 할머니는 이 세상사람이 아닌데 어떻게 같이 있을 수 있어

---

16) Einsiedeln에 있는 검은 성모상에 대하여 수도원이 불에 타서 검게 되었다고 하지만 불탄 흔적이 전혀 없다. 그런 이야기는 그녀가 검은 성모이며 처음부터 그랬다는 것에 대한 은폐일 뿐이다. 로마제국이 퍼져 나가는 모든 곳에서 이시스 제의는 근절되었는데, 그런 장소에서 검은 성모가 발견되었다는 것은 괄목할 만한 일이다.

요?

(이때부터 저자가 할머니 역할)

할머니(저자): 나는 너와 항상 같이 있어 왔단다. 다만 네가 깨닫
지 못했을 따름이지. 나를 믿을 수 있겠니?

루시: (저자의 눈을 깊이 응시한 후) 예, 믿을 수 있어요.

할머니(저자): 내가 너와 함께 있으니 더 방황할 필요가 없다.

루시: 그럼 이젠 다른 어머니들을 찾을 필요가 없겠네요.

할머니(저자): 그렇다.

역할극 후 루시가 다음과 같은 글을 쓴 쪽지를 저자에게 전해 주
었다. "선생님께. 나는 선생님을 믿듯이 우리를 창조하신 신을 믿
습니다." 그때까지도 저자를 엄마라고 부르던 루시가 처음으로 저
자를 선생님이라고 부른 것은 특기할 만한 것이었다. 창작활동을
통한 강한 경험이 그녀에게 내재하고 있던 위대한 모성신과 만나

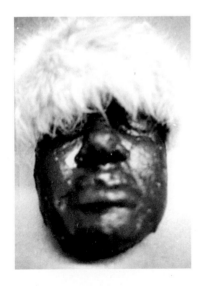

◀ 눈물을 흘리고 있는 루시의 어머니
가면

게 해 주어 정신적으로 고양된 것으로 볼 수 있다.

그때부터 루시는 가족화를 그리기 시작했다. 처음에는 분간하기 어려운 서양의 귀신 모형으로 할머니와 할아버지를 그렸고, 그다음에 부모를 그렸다. 그의 어머니에 해당하는 사람 모습 중에 특히 손 부분을 더 세밀하게 그리다가 성기에 해당되는 아랫부분을 강조하여 그렸는데, 그림 속의 모든 인물은 다른 세계에 살고 있다고 덧붙이는 등 가면제작과 역할극에서 루시의 무의식세계가 지나치게 활성화된 듯하여 일단 휴식하였다.

점심시간 후 다시 가면작업을 계속했을 때, 루시는 털조각을 가면의 머리 부분에 붙였고 파란색 물감으로 크고 튀어나온 부릅뜬 눈을 그렸는데 그 모습은 으스스한 느낌을 주는 실감 나는 모습이었다. 루시는 이번 가면을 '어머니'라고 불렀다. 이번 역할극에서는 저자가 처음부터 어머니 역할을 하였다.

> 루시: (항의조로) 나를 내버려두고 이제까지 어디에 있었어요?
> 어머니(저자): 너를 돌보아 주지 못해서 정말 미안하다. 지금 나는 이 세상 사람이 아니지만 내가 너에게 하지 못한 여한 때문에 눈을 감을 수가 없다. 나를 도와줄 수 있겠니?
> 루시: 어떻게 도와달라는 거예요?
> 어머니(저자): 나를 용서해 주겠느냐?
> 루시: (잠시 침묵하는 동안 두 눈에 눈물이 고이고 목메인 음성으로) 용서해 드리겠어요. 어머니.
> 어머니(저자): 나의 눈을 감겨 줄 수 있겠느냐?
> (루시가 부릅뜬 파란 눈에 검은색 칠을 하여 가면 전체가

검은색으로 변하였고 따라서 눈이 감겼다. 루시가 원체
큰 붓에 많은 양의 페인트를 사용했기 때문에 가면을 세
워서 바라보았을 때 흡수되지 못했던 여분의 페인트가 두
눈으로부터 흘러내려 마치 감은 눈으로부터 눈물이 흘러
내리는 것처럼 보였다.)

어머니(저자): 이제 나는 편안히 눈을 감을 수 있겠구나.

루시: (가면에 흐르고 있는 검은 눈물을 보고 경이에 찬 목소리
로) 어머니가 울고 있네요.

이때 저자는 원래의 역할로 되돌아가 "어머니는 지금 행복할 것
이다."라고 했고 루시는 슬픈 얼굴로 미소를 지어 보였다. 그 당시
의 저자는 한국의 굿을 제대로 본 적이 없었던 때였지만 이 장면은
마치 조상굿거리에서 죽은 조상이 와서 못다한 말을 넋두리로 늘
어놓으면서 서로가 못다한 이야기들을 나누는 것과 비슷한 데가
있다는 것을 나중에 알았다. 같은 교육을 받았던 동료 미술치료사
들이 이런 시도를 하지 않는 것을 보면서, 한국인으로서의 선험적
인 경험 때문이라 생각했다. 이러한 차원의 상호소통, 가면의 모습
으로 눈물을 흘리며 되돌아온 조상과 못잊어 하는 자와의 만남의
가능성은 충분히 있을 수 있는 일이라 하겠다.[17]

• **본풀이**: 두 번째 역할극 후 루시는 좀 더 진보된 가족그림을 그
렸는데 이번에는 다섯 아이들을 포함시켰고 그들의 이름까지 적어

---

17) 이부영, 서경란(1994)의 논문 "병굿의 정신치료학적 고찰"에서 언급한 병굿이 '조상
들과의 유대'를 통해 갖게 되는 치유성도 여기에 해당된다고 하겠다.

넣었다. 그다음에는 여러 가지 조형재료를 사용하여 보다 세부적
인 그림을 그린 후 이어서 자신의 가족에 대한 이야기를 시작했으
나 곧 구약성서 창세기에 나오는 족보이야기와 혼합되었다. 예를
들어, 그녀가 열세 살 때 낳았다는 첫아들의 이름이 '카인'이었고
그는 태어나지 않았어야 하는 아이였다는 등, 가족화 속의 인물을
성서의 인물과 연관시켰다. 저자는 이러한 현상은 루시가 그에게
실제적으로 일어났던 과거의 일들을 성서의 이야기를 통하여 서술
하는 것이라고 보았다.

본풀이는 서술적인 이야기기법으로 범문화적인 현상이다. 신구
약성서의 시작이 그러하고, 인도의 신성한 문헌인 마하바라타 외
에도 많은 신성한 문헌 속에서 나타나고 있으며, 한국에도 사령굿,
지노귀굿 등에서 구송되는 바리공주 본풀이, 제주 무속의 천지왕
본풀이 등의 형태로 존재하고 있다.

본풀이는 창조신화가 영웅신화로서 개인이나 집단의 근원적인

▲ 루시의 족보그림

신화의 시대로 환원한다는 차원에서 태초를 재연하고 자신의 근원을 확인한다는 차원에서 일종의 제의식일 뿐만 아니라, 집단-자아가 무의식으로부터 분리하려고 하는 갈등의 이야기라는 측면에서 이러한 과정을 거치고 있는 아이가 경험하는 갈등을 대변한다(Harding, 1965, p. 35). 서술적인 기법은 창작적이고 안전한 자기 표현 방법으로, "변화의 열쇠를 지닌 은유를 제공하는 강렬한 삶의 경험을 찾아내게 한다는 측면에서 루시가 열세 살 때 낳았다는 첫 아들의 존재에 대한 중요한 단서일지도 모른다.

그날 오후 루시는 처음으로 집단미술치료에 참여하고 유기를 주제로 하는 토론에 참여하였다. 그날 오후 루시는 사색에 잠긴 듯했으며 자신의 그날의 심정을 다음과 같은 글로 써서 저자에게 주었다.

"치유가 되는 데는 시간이 걸린다. 왜냐하면 치유는 서서히 이루어지는 것이기 때문이다. 치유와 회복은 일생이 걸릴지도 모른다."

그 밑에 성경구절을 첨가했다. 로마서 8장 28절 인용이라고 했으나 확인해 본 결과 장수가 틀린 것으로 보아 루시가 이 구절을 암송하고 있었다고 볼 수 있다. 기독교인들이라면 모두가 기억하는 구절 "내게 능력을 주시는 자 안에서……. 능히 하지 못할 일이 없다."였다.

그다음 날 저자가 루시의 방을 방문했을 때, 벽에 붙어 있던 수많은 원시적인 그림들이 없어지고 성서에 나오는 인물들과 거기에 관련된 그림만을 전시해 놓은 것을 발견했다. 그 후 루시는 눈에 띄게 상태가 호전되었고 가면 제작 후 3일이 경과된 시점에서 저자는 신체 본뜨기를 시도하였다.

• **자아팽창—마나인격:** 신체 본뜨기는 큰 종이를 바닥에 깔고 피치료자를 그 위에 눕게 하여 몸을 종이에 본을 뜨고 나서 자유롭게 자신이 느끼는 신체차원의 느낌을 표현하는 게슈탈트 미술치료의 한 기법이다.

먼저 치료과정을 설명하고 작업을 시작했다. 처음의 모습은 슬픈 표정을 한 얼굴에 살색을 칠한 벌거벗은 모습이었다가 조금씩 옷을 입히기 시작하는 등의 작업을 하는 동안 루시는 몰입의 경지에 빠져 있는 듯했다. 루시는 작업과정의 경험을 "마치 치료자가 보이지 않는 나의 내면을 마사지하는 것 같았다."고 진지한 표정으로 말했다.

그림이 거의 완성단계에 이르렀을 때 루시는 저자에게 은밀한 목소리로 자기에게 어떤 영감을 받는다든지, 악마를 볼 수 있다든

▲ 알몸에서 소녀의 모습으로 변한 신체 본뜨기

지, 심지어는 사람의 마음을 꿰뚫어 볼 수 있는 특수한 능력이 있다
고 하였다. 아무에게도 그러한 이야기를 하지 않았던 이유는 다른
사람들이 자신을 미친 사람이라고 할 것을 우려한 때문이라고 했
다. 그 말을 하는 순간의 루시의 모습은 실제로 초인적인 능력을
가진 사람으로 보였고 저자의 기분도 그의 힘에 압도당하여 노출
되는 듯한 느낌을 받았다.

　루시가 순간적이나마 초인적인 태도를 보인 것은 자아가 무의식
의 인물과 동일시하여 일어나는 마나, 또는 누미노제 현상으로 볼
수 있겠다. 그러나 자아팽창적인 상승이 있으면 반드시 하강이 있
는 법이다.

• 우울적 지위(달-순환적 단계): 같은 날 저자의 휴가소식을 알려 주
었는데 루시는 "쇼킹한 뉴스"라고 말했으나 표면적으로는 덤덤해
보였다. 저자가 그날 오후 늦게 루시의 방에 갔을 때 루시는 방벽
에 걸려 있는 성서에 관련된 그림들을 바탕으로 하여 이야기 비슷
한 설명을 했는데 잡지에서 오려다 붙인 그림『최후의 만찬』에 강
조를 하는 듯한 인상을 받았다. 그러한 느낌을 루시에게 물었더니
그렇다고 하면서 자립할 능력이 없는 자신의 현재 입장을 생각하
면 어머니가 계시는 저세상으로 가고 싶은 생각이 든다고 했다. 그
가 자살을 기도하고 있다는 느낌은 들지 않았으나 그녀가 우울한
상태이고 어쩌면 자기를 버리고 휴가를 가는 저자에 대한 저항의
표현인지도 모른다고 생각했다. 일단 자해 소지가 있는 발언을 한
만큼 그 사실을 치료 팀에게 보고하여 진정제투약과 만약을 대비
한 계속적인 관찰 등의 조치를 취하였고 그러한 치료 팀의 즉각적

인 관심에 루시의 기분이 좋아진 듯 보였다.

루시의 우울적인 증상은 자아팽창에 따르는 현상일 수도 있다. 헤라클레이토스는 "오르막과 내리막길은 하나로서 동일한 것이다."라고 했고(Edinger, 1990), 이카로스(태양을 향해 날아갔다고 전해지는 다이달로스라는 조각가의 아들)가 태양 가까이 가서 추락하는 신화가 암시하는, 올라가는 것은 곧 내려오는 것이라는 단순한 진리에서 하강과정은 루시가 여러 가지 강력한 기법으로 팽창되었던 자아가 이완되는 현상으로 이해할 수 있다.

이러한 루시의 우울증을 클라인(Melanie Klein)의 양 지위 이론(two position theory)을 통하여 고찰해 볼 수도 있다. 클라인은 정상적인 유아발달과정을 편집-분열적 지위(paranoid-schizoid position)와 우울적 지위(depressive position)로 나누었다. 편집-분열적 지위는 자아가 형성되지 않은 첫 4~5개월 동안의 주체, 객체의 구별이 없는 상태로서 대상관계심리학 이론가들은 '부분적인 대상관계'라고 부른다. 서서히 자아가 형성됨에 따라 주체, 객체를 구별하게 되는 전체적인 대상관계가 이루어지면서 편집-분열적 지위에서 우울적 지위로 바뀐다고 한다. 클라인의 이론적인 관점에서 본다면 루시의 우울 증상은 그녀의 성장(회복)단계에서 거쳐야 할 정상적인 현상으로 볼 수 있다.

저자는 휴가를 떠나기 전 그림을 그릴 수 있는 자료들을 충분히 제공하고 작업을 계속하도록 지시했는데, 창작활동 자체가 저자와의 상징적인 연결점이 될 수 있다는 것과 혼자서 그림을 그리더라도 저자가 돌아오면 보아 줄 것이라는 기대로 치료적인 관계를 유지할 수 있을 것으로 보았다.

일주일간의 휴가 동안 루시는 특별히 관찰해야 할 필요가 없다는 치료 팀들의 결론과 함께 퇴원 날짜에 대한 의논을 할 정도로 호전되었다. 저자가 루시를 만났을 때 그는 어떻게 꺼냈는지 저자의 사무실 장 속에 넣어 두었던 곰인형을 안고 있었다. 곰인형을 통하여 스스로 분리불안을 대처한 것이다. 어떻게 꺼냈느냐는 질문에는 대답하지 않고 여러 가지 그림으로 장식한 아래와 같은 메모를 주었다.

나의 하나뿐인 선생님에게:

선생님은 아무것도 할 능력이 없다고 희망을 잃어버린 나에게 희망을 주었습니다. 아무에게도 기쁨을 줄 수 없는 필요 없는 존재라고 생각해 온 나를 선생님은 마치 내 곁에서 떠나지 않는 어머니의 혼과 같이 나를 돌보아 주었으며 이제까지의 30여 명의 어머니들(수많은 그의 위탁모들과 여자 치료사들을 의미) 중 선생님이 가장 나를 아끼고 이해해 주었습니다.

휴가에서 돌아와서 루시가 그동안 창작활동을 하지 못한 것을 알았다. 그 이유는 병동의 청소를 담당하는 사람과 치료 팀의 방침을 알지 못하고 있던 직원들이 지저분하다는 이유로 그림도구를 압수했고 특히 그의 옷장 문에 걸어 두었던 신체 본뜨기 그림과 여러 가지 다른 그림들이 폐기처분을 당한 것이었다. 빼앗기지 않으려고 항의를 하다가 진정제를 맞고 정숙실에 들어갔어야 하는 등의 에피소드가 있었다는 것을 알게 되었다. 이러한 상황에서 저자가 제안한 것은 종이인형을 만드는 작업이었다. 종이인형이 신체본뜨기의 축소판으로 누가 갖다 버릴 위험이 없고 원한다면 가지

고 있을 수 있다는 것과 감정이입이 강한 신체 본뜨기 차원에서 감
정이입이 덜한 매개체 차원의 작업이 퇴원을 준비하는 루시에게
필요하다고 생각했기 때문이었다.

• **부성적-정신, 달-직관적 단계**: 주어진 종이에 인형의 몸을 그려서
오려내는 과정에서 루시는 종이가 부족해서였다면서 다리부분을
만들지 않았다. 저자가 다리를 만들 수 있는 종이를 첨가하는 등의
도움을 주었고 루시는 자신의 발로 서라는 저자의 의도를 알고 있
는 듯 기뻐했다. 루시는 재빠르게 파티를 가기 위해 몸단장한 여자
인형을 만들고 나서 느닷없이 그림을 그리겠다고 빨리 종이를 달
라고 했는데 매우 조급해 보였다.

　재료를 주자 사람 몸을 그리고 몸 전체에 검은 색칠을 하고 몸
전체에 퍼져 있는 붉은색의 핏줄 같은 것을 그린 후 오렌지색 모래
를 뿌리는 등의 제의를 연상하는 작업을 단숨에 끝내는 것으로 보

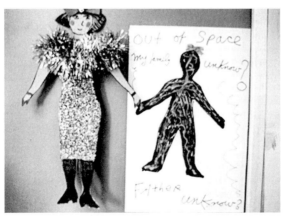

▲ 알지 못하는 거미남자와 파티에 가는 성인 여성 모습의 인형

아 그림을 그렸어야 하는 내면의 욕구가 그만큼 강했던 것을 알 수 있다.

'거미남자(Spider Man)'를 연상시키는 그림을 완성한 후 제목을 '다른 세상에 살고 있는 알려지지 않은 가족, 알지 못하는 아버지'라고 붙였다. 루시가 그의 인형과 그림을 벽에 전시하기를 원했고 저자는 루시가 원하는 대로 두 개를 나란히 붙였다. 그런데 우연하게도 둘의 손이 맞닿게 되어 마치 루시의 인형과 『알려지지 않은 아버지』가 손을 잡은 것같이 보였다. 이러한 일련의 작업에서 나타난 내용을 루시가 모르고 있는 아버지를 그리워하는 마음의 표현이라고 생각할 수도 있으나 루시가 7세 때 아버지가 돌아가셨으니 적어도 아버지가 있었다는 정도는 알고 있었다는 점에서 이 알려지지 않은 아버지는 무의식의 '타자'적인 인물이라 할 수 있다.

여기서 루시의 그림에 나타난 알지 못하는 '다른 세상의 아버지'가 거미남자의 모습으로 나타났다는 것에 주목할 필요가 있다. 거미남자 스파이더맨은 현대인들이 만들어 낸 정의를 구현하는 남자로서 인형만들기의 후속으로 나타난 거미남자는 원시적(모성)이던 루시의 정신이 구조, 질서, 이성 등으로 대변되는 현대적(부성) 정신으로 이행되고 있다는 것, 즉 의식의 발달을 보여 주고 있다는 점에서 의미가 있다고 하겠다.

퇴원을 앞둔 마지막 주일 동안 루시는 주위사람들과 원만하게 지냈다. 특히 도움이 필요한 여자환자들을 친절하게 도와주었으며, 남자환자와도 부적절한 성적인 유희가 아닌 인간적인 관계를 유지하고, 오랜 입원기간의 경험으로 그들을 자상하게 돌보아 주는 입장이 되었다. 퇴원을 며칠 앞두고 이야기를 통한 집단치료 세선에서 루시는 신데렐라 이야기를 했다. 그녀는 자신과 주인공을 동일시하면서 저자를 신비스러운 할머니로 비유하였다.

가면, 역할극, 인형제작을 통해서 루시의 모성 및 부성콤플렉스는 '아프리카의 할머니' '어머니' '알지 못하는 아버지'로 표현되었고, 그들과의 의미 있는 만남을 통하여 삶 속에서 한으로 남아 있던 부분을 다시 살아봄으로써 치유적인 변환이 가능했다.

퇴원하던 날 그동안의 작품들을 다시 보면서 어떻게 처분할 것인가를 의논했을 때 루시가 보관하기를 원하는 작품 중에 가장 우선적이었던 것이 가면이었고 그다음이 가족화였으나 이 작품들은 위탁모가 나중에 폐기처분했다.

▲ 루시의 마지막 작품 만다라(자유롭게 날다)

166 제1부 예술치료의 실제

퇴원후의 후속

루시는 별 탈 없이 지내다가 다섯 달 후에 4일간 입원하게 되었다. 그 이유는 루시가 연하의 위탁모에게 매를 맞고 집에서 쫓겨났기 때문으로 갈 곳이 없는 루시가 길바닥에서 잘못되어 버릴 것을 염려한 담당 사회사업가의 주선에 따른 것이었다. 매를 맞은 이유는 아파트 열쇠를 갖겠다고 한 루시와 주지 않겠다는 위탁모와의 마찰에서 빚어진 사태였다. 위탁모와 사회사업가 사이에 타협과 협상이 이루어지는 동안 루시는 꼭 참여해야 하는 소집단모임이나 회의만 참석하고 조용히 지내다가 퇴원했다. 입원기간 저자와 주로 대화를 했고 특기할 만한 창작활동은 없었다.

그 후 석 달이 지난 어느 날 루시가 자살미수로 입원했다. 위탁모가 루시를 쫓아내려는 것을 안 사회사업가가 루시의 반대에도 불구하고 다른 위탁가정에서 살거나 따로 독립하도록 주선한 것에 대한 루시의 반응이었다. 루시는 그를 학대하는 위탁모를 떠나는 것보다는 죽는 편을 택했다고 할 정도로 분리에 대하여 강한 저항을 나타냈고, 그것은 조리 있고 합리적인 자기주장의 형태로 나타났다. 예를 들어, 친분이 있는 성직자에게 50대 중반의 자신이 독립하여 외롭게 살고 싶지 않고 위탁가정의 안정된 분위기에서 아이들을 돌보며 살기를 원한다는 것, 그리고 위탁모가 자기를 때린 것은 자기가 잘못했기 때문이었다는 등의 수긍이 가는 변론으로 자신의 입장을 옹호해 줄 것을 호소했다. 그 외에도 위탁모와는 떨어질 수 없는 사랑으로 얽혀져 있다는 등의 끊임없는 주장과 수많은 호소문 등을 작성하여 병리적으로 얽혀 있는 루시와 위탁모를 분리시켜 독립적으로 살아가도록 지원하려는 치료 팀의 주장을 꺾고 위탁가정으로 되돌아갔다.

입원기간 동안 루시는 창작에 그다지 큰 관심을 가지지 않았고 작품 등은 자신의 현실적인 욕구, 즉 위탁가정에서 쫓겨나지 않겠다는 일념의 탄원서 비슷한 글을 반복하여 쓰는 것으로 일관되어 있었다. 그러한 상황에서 저자가 루시에게 그림을 그려 보라고 권고했을 때 루시는 마지못하여 빠른 속도로 낙서 비슷한 그림을 그렸다. 먼저 병원과 집이라고 표기한 두 집을 그리고, 그 사이에 커다란 사람의 머리를 그리고 그 속에 나선형의 낙서가 가득한 그림을 그렸다. 낙서로 채워진 머리통이 집과 병원 사이를 가득 채우고 있다는 점에서 그녀의 위탁모와 떨어질 수 없는 공생적인 관계의 표현인 듯 보였다. 특기할 만한 창작품으로는 집단미술치료 세션에서 곰인형을 안고 있는 귀여운 소녀의 그림을 오려서 중앙에 붙이고 그 배경에 그의 일생에 대한 넋두리를 썼는데 루시가 위탁가정으로 되돌아가기 위하여 모든 수단과 방법을 동원하던 당시로서 자신의 뜻을 관철하기 위한 목적에서 만들어졌다고 볼 수 있으나 저자에게는 루시가 어린아이의 상태에서 안주하기를 바라던 심리상태를 표현하고 있는 것으로 보였다.

루시와 같은 사람이 독립해서 살 수 있는 안정된 대책이 없다는 점에서 루시의 불안은 납득할 만하다. 사회복지가 발달해 있는 미국에서도 이러한 문제는 어찌할 수 없는 듯했다. 왜냐하면 사회복지제도에 길들여진 일부 사람들이 가지고 있는 의존감은 어떤 약으로도 고칠 수 없는 마음의 병이기 때문이다. 어디까지가 보호되고 지원되어야 하는지에 대한 논란이 많은 것으로 알고 있다. 그 후에도 가끔 병원에 입원한다는 소식을 그곳에서 일하던 후배로부

터 들었으나 이전같이 퇴행된 모습은 아니라고 했다. 결국 정신병
이라는 회색지대에 머물게 된 루시의 문제는 많은 다른 정신병 환
자들의 문제일 것이다.

4. 결 론

말러는 생후 3개월 된 유아가 정상적으로 거치는 공생단계 상태
에서, 어머니의 역할은 외부세계를 탐험하는 어린아이가 안전하게
돌아올 수 있는 등대의 역할을 한다고 비유하였다. 이러한 지표를
밝혀 주는 어머니(등대)가 부재중이거나 신뢰할 수 없을 때 유아는
독립된 개체로 분리되는 것에 대해 두려움을 가지는 나머지 분리
를 하지 못하고 혼돈상태 속에서 표류함으로써 병리적인 현상이
나타난다고 했다. 이러한 병리적인 공생상태에서 나타나는 문제점
은 자폐증 환자의 어머니나 외부세계와 완전히 차단된 상태와는
달리 어느 정도의 관계를 유지하고 있는 상태로서 공생적인 관계
와 독립된 개체로의 성장의 기로에 있다고 볼 수 있다. 이러한 지
표가 불확실한 상태에 있는 유아가 독립적인 인격체로 행세하기를
강요받았을 때, 공생상태로 되돌아가기를 원하는 마음이 주기적으
로 나타나고, 이러한 심리적인 긴장이 이미 허약해 있는 유아의 인
성을 정신병리적인 상태로 몰고 가게 된다. 이 상태에서 더 퇴행하
여 독립적인 개체로서의 성장을 포기할 경우 자폐상태에까지 이르
게 되고 외부세계와 관계가 두절되고 무생물 또는 동물과 같은 상
태에 빠지게 된다. 이러한 관점에서 입원 초기의 루시의 광기가 저

자에게는 어떤 가능성으로 보인 것은 자폐상태에 빠지기를 거부하는 루시의 몸짓으로 받아들여서인 것 같다.

루시가 미술치료를 통하여 일단은 의식성을 회복하여 자신에게도 집 열쇠를 줄 것 등의 권리를 주장할 수 있었다. 그러나 그 결과로서 위탁가정으로부터 독립하기를 강요당하게 되었고 거기에 따른 분리불안이 루시로 하여금 해묵은 피학대적이었던 유아시절에 안주하고자 하는 퇴행에의 욕구가 다시 대두되게 한 듯하다.

루시와 같이 퇴행한 환자들에게 나타나는 원시적인 증상과 원초적인 이미지들은 말러를 위시한 개인적인 무의식차원만을 다루는 심층심리학적 이론만으로는 설명하기 어렵다. 인간심성에는 한 개인의 역사뿐만 아니라 인류가 경험한 모든 것이 존재하기 때문이다. 융은 이러한 인간정신의 선험적인 내용을 집단무의식이라 부르며 원형을 통하여 대변된다고 하였다. 원형은 인간이면 모두가 가지고 있는 선험적, 보편적인 조건으로서 한 개인이 심각한 정신적 위기를 맞든가 개성화과정을 겪는 동안 의식의 표면에 나타난다(이부영, 1998).

분석심리학적인 입장에서 볼 때 정신분열 환자들이 경험하는 것은 원형적인 정신의 내용이 현실에서 경험되는 것으로 볼 수 있다. 루시의 그림에서 나타난 많은 원형적인 이미지들, 물으로 나오고 있는 물속에 살던 괴물, 조상들이라고 할 수 있는 아프리카 정글에서 온 검은 할머니와 어머니, 그리고 알지 못하는 아버지의 모습, 짐승의 뱃속, 바다, 성기, 물속의 괴물들, 거미남자 등은 이러한 원초적인 이미지로서 집단무의식의 내용물을 보여 주는 인격상들이라 하겠다.

특히 뱃속은 음식이 소화되고 흡수되어 에너지로 변하는 변환과정의 모체로서 이는 융이 「리비도의 변환」이라는 논문에서 언급한 '연금술사들의 아타노르(athanor), 즉 용광로는 몸이라는 의미를 지니고, 반면 아렘비쿠스(alembicus), 혹은 쿠쿠르비타(cucurbit)는 연금술의 그릇인 헤르메스의 용기(vas Hermeticus), 즉 자궁을 나타낸다' (C.W., 5)는 관점에서 뱃속은 변환과정이 일어나는 몸이나 새로운 생명이 잉태되는 자궁과 비슷하다는 생각과 하게 된다. 짐승의 뱃속은 본능에 보다 가까운 정신으로서 뱃속은 동물의 몸속/죽음에 들어갔다 나오는 영웅들, 물고기 뱃속으로 들어갔다가 나오는 요나, 무덤에 들어갔다가 살아나오는 예수를 연상케 하는 죽음과 부활을 생각나게 한다.

가면작업에서 할머니와 어머니를 만나 그녀의 모성콤플렉스에 대한 작업을 할 수 있었고, 인형제작을 통하여 아버지를 만나 부성콤플렉스를 대면하였고, 마지막으로 신비한 할머니를 만나 고통스러웠던 현실에서 벗어나는 신데렐라와 동일시하면서 마감된 루시의 치료과정은 '시공을 초월하여 반복해서 나타나는 영웅 신화와 맥을 같이한다.'는 것을 보여 주었다.

저자는 루시의 치료과정에 사용된 신체 본뜨기, 가면, 인형, 역할극 등이 한국의 민간요법에서 비슷한 목적으로 사용되어 오고 있던 방법이었다는 것을 나중에 발견했다. 신체 본뜨기는 한국민간 요법으로 말라리아를 고치기 위하여 사용되어 오고 있던 병귀를 퇴치하기 위한 방법이었다. 무라야마 지준(村山智順, 1929)에 따르면, 거실의 문 중앙으로부터 일직선에 해당하는 뜰에 환자를 누이고 땅 위에 환자의 형상을 그린 다음 그 두부 미간에 낫을 찔러

놓는다고 한다. 인형 등은 한국의 민속이나 무속에서 많이 사용되어 오고 있는데, 대개의 경우 한을 풀지 못하고 간 귀신들의 모습을 대신하고 그들의 한을 풀어 주기 위한 목적으로 사용되어 오고 있었으며 죽은 자의 한이 사실은 죽은 자에 대한 살아 있는 사람의 한이라는 것은 이미 심리학자들이 지적한 것이다.

루시의 역할극에서 나타난 대화의 내용도 한국무당의 공수와 비슷한 기능을 했다는 것을 그 후 한국에 와서 굿 구경을 하러 다니면서 깨닫게 되었다. 이러한 사실로부터 예술심리치료 과정에서의 예술작업은 시공을 초월하여 나타나는 원형적인 치유현상이라고 할 수 있다.

루시는 실패한 영웅으로, 성공한 사례는 아니다. 루시는 수많은 정신병적인 회색지대에 머물고 있는 정신병 환자들 중의 한 사례로서, 이 사례가 예술치료사들에게 시사하는 것은 그들의 병든 마음에도 건강하고 신성한 부분이 있다는 것과, 그들의 광적인 여러 증상들이 도움을 청하는 몸짓일 수도 있다는 것이다. 입원초기 온몸으로 저항하며 정숙실로 끌려 가던 루시의 강렬한 눈빛과 마주친 일이 있었고 그러한 그녀의 모습이 깊은 무의식의 늪에 삼켜지지 않겠다는 몸짓 같아서 오히려 희망적으로 보였던 적이 있다. 저자의 그러한 믿음이 루시로 하여금 잠시나마 정상인이 되어 보는 경험을 하게 한 지도 모른다.

최근 국내에서 예술치료의 효율성이 드러나서 정신병원이나 외래, 낮병원 등에서 예술치료사들이 일은 하고 있으나 아직 파트타임에 머물고 있고 치료 팀과의 작업을 제대로 하고 있는 곳이 많지 않다. 규모가 작은 개인병원이나 새로운 접근방법에 개방적인 정신의학도와 함께 치료 팀이 되어서 일하는 곳이 여기저기 생기고 있는 것은 바람직한 현상이지만 모든 정신병원에 예술치료사가 풀타임 전문직으로 채용되기 위해서는 갈 길이 먼 것 같다.

제2부
예술치료와 샤머니즘

⫾⫾⫾ 들어가는 글 ⫾⫾⫾

고대부터 주술, 풍요, 축귀의 목적으로 사용되어 온 부적이나 주물, 그리고 춤과 노래는 인류 최초의 몸짓이자 언어로서, 이러한 창조적인 작업을 통하여 인간은 우주와 신과 하나가 되고 그 힘으로 질병을 물리친다는 믿음은 지역적으로 다르게 묘사되지만 시공을 초월하는 현상이다. 이렇듯 자연발생적으로 시행되어 오고 있던 주술목적의 예술작업들은 본질적으로 창조적이고 근원적인 인간심성의 표현으로, 예술은 인간의 타고난 잠재력이라서 자체적으로 치유적인 속성을 가지고 있다고 봐도 좋을 것이다.

프로이트 이후 서구문화를 중심으로 발달한 예술치료가 세부적으로 전문화되어 감에 따라 인간정신의 심혼적인 차원을 다루어야 할 필요성이 필연적으로 대두되었고, 거기에 부응하기 위한 노력으로 원시 종교현상인 샤머니즘에 대한 관심이 집중되고 있다.

1988년 국제학술지 *International Journal of Arts in Psychotherapy*에서 〈예술치료와 샤머니즘〉이라는 주제의 포럼을 마련한 것은 이러한 관심이 표면적으로 나타난 한 예가 될 것이다. 포럼에 참여했던 학자들은 예술치료가 현대의 샤머니즘이라고 보는 입장과 이에 이의를 제기하는 입장의 두 가지로 나뉘었고, 이 문제에 대한 관련학자들의 보편적인 입장은 예술치료를 현대 샤머니즘으로 보는 견해는 너무 낭만적이며 객관적인 전문성이 결여되어 있고 과대망상적인 위험이 있다는 것이었다. 학술지 주필이자 좌장이었던 존슨(David Johnson)은 샤머니즘이 현대 예술심리치료

▲ 원시인들이 주술목적으로 땅에 그림을 그리고 있다.

의 적절한 모델은 아니지만 전문화되어 가는 나머지 편파적이 될 우려가 있는 현대 정신치료에 해독제(antidote)가 될 수 있다는 입장을 취했다(김진숙, 1993a).[1]

저자가 샤머니즘에 관심을 가지게 된 것은 책머리에서도 밝혔듯이 인형극을 예술치료 임상에 적용하면서부터인 듯하다. 특히 1980년대 후반 뉴욕에서 인형극 〈바리데기〉를 기획, 연출, 제작, 홍보, 공연하는 전 과정을 통하여 관찰하고 경험했던 현상을 이해하기에는 기존의 심리치료 이론적인 틀은 너무 비좁았던 것 같다.[2]

심층예술치료사들에게 샤머니즘이 가지는 의의는 샤머니즘이

1) 국내에서도 1993년 7월 2~3일에 개최된 한국임상예술학회 창립 10주년 기념 국제학술심포지엄 〈무속, 정신치료, 그리고 임상예술〉에서 비슷한 주제가 다루어졌고 저자도 해외 초청 발표자로 참여하였다.

2) 인형극 〈바리데기〉 외에도 인형극 〈조상굿〉 공연, 그리고 뉴욕대학원에서 한국의 굿과 그리스의 디오니소스 축제의 치유성에 대한 발표를 하면서 한국 굿의 시연과정에서 경험했던 초개인적인 경험을 들 수 있다.

보편적인 인간 심성을 대변하고 있다는 것과, 이러한 마음의 부분
이 비언어적인 형태, 즉 예술적인 형태로 표현되는 것이라고 해도
좋을 것 같다. 심층예술치료의 선구자인 라빈스(Robbins, 1980)는
그의 책 서론에서 "심층예술치료사가 사용하는 예술은 강렬한 내
면의 경험이나 신비를 대변하는 일종의 성스러운 행위로서 이러한
예술형태들은 신성력적인 경지나 거기에 상응하는 종교적인 의식
을 통하여 그들의 전능함을 설명하려는 인간정신의 노력으로서
'바람직한 시도'"라고 언급했으나 정신분석학자로서 구체적인 대
안을 제시하지는 못했던 것 같다.[3]

국내외 여러 예술심리치료학자들이 각자가 취하는 다른 입장에
도 불구하고 고대 샤먼의 주술적인 치료가 연극 및 다른 예술치료
의 시작이라는 점에는 뜻을 같이하고 있다. 그러나 국내외 예술치
료학계는 양적으로 질적으로 많이 발전했음에도 불구하고 1988년
오픈 포럼 이후 별다른 진전을 보이지 못하고 있는 실정이다.

이 책에서 다루고 있는 '예술치료와 샤머니즘'이라는 주제는 자
본과 과학만능에 치우친 현대인으로 하여금 균형감각을 되찾는 것
을 지원할 수 있는 예술치료의 가능성을 모색하기 위한 것이다. 제
1부에서 소개한 심층예술치료의 토대 위에 샤머니즘 및 분석심리
학 관련 문헌과 더불어 인류문화학자 터너(Turner), 하너(Harner),
공연학자 콜(Cole), 셰크너(Schechner), 심층예술치료사 루이스

---

3) 관련 분야에서 세계적인 명성을 가지고 있던 노년의 그에게 이제부터 하고 싶은 것이
   있다면 무엇인가라고 물은 적이 있다. 그는 잠시 생각하더니 진지한 표정으로 이제까
   지 했던 모든 것을 흩어버리고 새롭게 구축하고 싶다고 했다. 저자는 그가 개인사 중
   심의 정신분석학이 가지는 허망함을 노년에 깨달은 것이 아닌가 생각한 적이 있다.

(Lewis), 아브스트라이(Avstreih), 아들러(Adler) 등의 작업을 도입하여 예술치료 과정이 예술작업을 통한 심리치료이자 신화의 재연으로서의 제의(ritual), 즉 샤먼의 치유과정이 될 수 있음을 보여 주고자 한다.

서론에서 언급하였으나 샤머니즘이라는 용어가 자칫 신비화의 대상이 되거나 혼선을 빚을 우려가 있음을 감안하여 이 책에서 다루는 샤머니즘의 범주를 다시 한 번 명확히 하려 한다. 이 책에서 의미하는 샤머니즘은 전 세계에 퍼져 있는 주술-종교체계(magico-religious system)의 관점으로서 표면적으로는 다양한 문화적인 형태의 옷을 입고 있지만 내부적인 골격은 동질적인 구조를 취하고 있다는 점[4]을 중심으로 샤머니즘이 보편적이고 창조적인 인간정신의 표현이라고 본다. 또한 망아체험을 위한 창작행위나 제의과정이 일상적인 의식상태에서 비일상적인 무의식상태로 향하는 여행으로, 저승 또는 무의식세계 속에 있는 내용물인 신들, 보물, 지혜를 가져오게 하는 방편으로써 자신과 공동체 사람들을 이롭게 한다는 치유적인 변화에 관심을 두고 있는 것이다.

제4장에서 샤먼의 정의 및 역할, 주술종교로서 샤머니즘이 가지는 치병개념, 그리고 샤머니즘의 핵심이라고 할 수 있는 접신, 빙의, 망아체험에 관련 학자들의 상이한 개념들을 소개하고, 한국의 내림굿에서 나타나는 자료를 토대로 예술치료의 상관관계를 샤먼/예술치료사가 되는 경로와 치유양식 중심으로 다룰 것이다. 제5장

---

4) 이 개념은 인류문화학자 레비-스트로스(Lévi-Strauss)에서 터너(Victor Turner)로 이어지는 구조주의적인 문화인류학자들의 개념이기도 하고 다양한 종교의식을 채집하고 비교한 공연학자 셰크너(Schechner)의 관점이기도 하다.

에서는 저자가 1980년대 후반부터 관심을 가지고 연구한 한국의
굿과 예술치료의 관계성을 논하기 위하여 한국의 내림굿에 나타나
는 치병 현상을 현대 심리학적인 관점에서 조명하고, 내림굿의 치
유적인 요소와 현대사회에서 진정한 샤먼 또는 치료사가 된다는
것의 의미를 논한다. 제6장에서는 인간정신의 보편적인 현상인 내
림굿의 제의과정 중심으로 다중문화배경의 구성원으로 구성된 예
술치료 워크숍을 소개한다. 마지막으로 집단예술치료 워크숍 참여
자들의 경험과 한국 내림굿의 입무자들이 가진 경험의 보편성이
있음을 논하는 것으로 마감한다.

···
제4장
예술치료와 샤머니즘의 이해

1. 서론: 왜 예술치료와 샤머니즘인가

1990년대 뉴욕 유학 시절, 가난한 예술가들과 술 중독자들이 사는 뉴욕 시 맨해턴의 동남부 이스트 빌리지라는 동네에 이상한 업종이 성업하고 있다는 것이 특종뉴스로 보도된 적이 있다. 중산층 이상의 백인 가정의 청소년들이 귀에 여러 개의 구멍을 내어 구멍마다 귀걸이를 하는 것은 보통이고, 코걸이, 혀걸이, 젖꼭지걸이 외에도 몸에 문신을 새기고, 몸에 화상이나 흉터를 만들어 주는 영업소가 성업한다는 것이었다. 비용도 상당히 비싸고 마취를 하지 않기 때문에 감내해야 하는 엄청난 통증에도 불구하고 왜 그런 것을 하느냐고 묻는 기자의 질문에, 말쑥하게 생긴 백인 청년이 오히려 그런 통증을 경험하기 위해서라고 말했던 것이 인상 깊게 남아 있다.

◀ 크레타에서 출토된 기원
전 2000~1500년 고대 미노
아 문명의 점토작품. 뾰족한
모자를 쓴 것으로 미루어 보
아 제사장들의 제의적인 춤
이라고 볼 수 있다.

　　원시인들의 성인식을 연상시키는 이러한 일련의 현상은 더 이상
뉴욕 시내 어느 뒷골목에 국한된 것이 아니며 현대 한국 사회 곳곳
에서도 심심치 않게 목격된다. 졸업식을 마친 고등학생들 중 일부
가 밀가루 위에 물을 뒤집어 쓴 모습을 보았는데 차가운 날씨에도
불구하고 젖은 옷들을 벗어들고 반나체가 되어서 걸어가는 걸 보고
비슷한 생각을 하기도 했다. 그들의 행동은 유명디자이너들의 상품
을 선호하는 현대 사회규범에서 볼 때 언뜻 이해가 되지 않고 단순
한 유행과는 뭔가 다른 괴이한 느낌이 들 수도 있다.

　　마치 우리의 신체가 갑자기 생긴 것이 아니라 조상 대대로 이어
지는 유전인자의 고리의 연장선이라고 보는 것과 같이, 분석심리
학에서는 인간의 마음 역시 태초부터 지금까지의 인류의 경험이
침전되어 있는 선험적이고 원형적인 내용도 포함하고 있다고 보고
있다.

샤머니즘은 전 세계에 널리 퍼져 있는 주술종교 현상으로 형태는 다양했지만 고대부터 문화권을 초월하여 존재해 왔다는 점에서, 샤머니즘은 원형적인 인간정신의 표현양식으로서 태초부터 인류가 겪고 지나온 모든 체험은 수없이 반복되며 우리의 마음 속 깊이 각인되고 하나의 원초적인 행동조건으로 침전된 인간 정신생활의 원천으로서 언제나 우리에게 인간적 체험을 할 수 있도록 하는 조건을 준비하고 있는 인간 무의식의 기층인 집단무의식의 내용을 반영하고 있다고 볼 수 있다. 이러한 집단무의식은 인간적인 삶의 샘으로 보편적인 인간정신을 표현하는 한 형태라는 점에서, 샤머니즘적인 것을 지나치게 경시하면 그만큼 무의식 속에 더 짙은 그림자를 드리우고 원형적인 정신과 단절되어 자기소외라는 해리현상으로 이어지게 된다. 이것이 현대인들에게 팽배하고 있는 정신현상으로서 이런 이유에서 샤머니즘을 단순한 미신으로 생각하는 것은 바람직하지 않다고 보는 것이다.

융(Jung)은 상징의 빈곤에 따른 영적인 가난은 우리가 관심을 가지지 않고 있는 정신의 내용들이 계속 발달해 나가는 우리의 의식과 의미 있는 연결을 하지 못함에서 나타나며(융 기본 저작집, 2권), 상상적인 영역을 멀리하고 합리적인 것을 선호하는 현대인들은 스스로 자초한 무기력 및 무감동의 구렁텅이에서 허우적거리고 있으며, 현대 심리치료의 다양한 탐구방식마저 인간정신을 지적인 탐구대상으로 간주함에 따라 있는 그대로 받아들여져야 할 한 개인의 고유한 인간정신이 존중받지 못하고 있다는 점이 현대인이 신경증을 유발하게 하는 요인이 되고 있다고 했다(Jung, 1956). 융은 우리가 살고 있는 이러한 시대는 범세계적인 파괴와 더불어 새로운 시작을 해야 한다는 분위기로 고조되어 있으며 희랍인들이 언급했던 인간 삶의 기본적인 원칙이나 상징들을 "신들로 변형(metamorphosis of gods)" 시키기 적절한 Kairos의 시대에 살고 있다고 하였다(Jung, 1956; Edinger, 1990에서 재인용).

지난날 인류의 정신세계를 포용해 오던 집단적인 그릇이었던 주술적인 춤, 축제, 통관의례, 메나즈(menades)들의 광란의 춤, 다윗 왕이 법괘 앞에서 추었다는 춤, 신성을 위한 창작행위로서 신전을 건축하는 건축가나 조형 예술가들의 제의적인 창작공간은 현대사회에는 마련되어 있지 않다. 국내에서도 반상의 갈등해소와 지역사회의 안녕을 위하여 정월 초부터 대보름에 동네를 누비면서 행해지던 하회 별신굿이 문화 보존과 관광 목적으로 지정된 놀이마당에서 공연되고 있는 실정이 원래 가지고 있던 제의적인 신비가 사라진 것을 보여 주는 한 예가 된다.[1] 기존의 종교들 역시 집단적인 가치관의 투사를 받아 현대인의 정신을 담아 줄 그릇의 역할을 하지 못하고 있다는 점이 현대인들의 영적인 문제와 연관이 있는 듯하다.

인간의 마음에 있는 종교적인 본능은 인간 모두가 근원과 연관을 갖기를 원하고 이것은 거스를 수 없는 강력한 방식으로 나름대로의 표현을 하게 한다. 이러한 자연적인 놀이성 혹은 인간의 원초적인 그 무엇이 소외받으면 받은 만큼 비자연적이고 병적이고 광

---

1) 그러나 정월 보름과 8월 추석에 지켜지는 제주도 행원마을의 용왕맞이 굿은 저자가 관찰한 결과 아직도 원래의 기능을 간직하고 있는 듯했다. 굿당에 모인 사람들 대부분이 삶과 죽음의 바닷속을 삶의 터전으로 살아가는 해녀들로, 그들을 돌봐 줄 수호신인 용왕님과의 관계를 정규적으로 확인하는 것이 절실했기 때문이 아닐까 여겨진다.

적인 엄청난 폭력으로 이어지는 현상들을 보게 된다. 그런 의미에서 몸에 구멍을 뚫고 문신을 하는 청소년들의 기괴스러워 보이는 행동은 어쩌면 상실한 원초적인 무엇과 연관하려는 몸짓의 일종이라고 볼 수도 있을 것이다.

샤먼은 원시종족의 치유자인 동시에 영혼의 인도자였다. 엘리아데(Eliade)에 따르면, "샤먼은 트랜스에 빠져 있는 동안 자신의 영혼이 몸을 떠나 하늘로 올라가거나 지하세계로 하강한다고 믿어지는 경지를 전문으로 다룬다."(1964, p. 5) 그래서 샤먼은 '엑스타제를 창출하는 대가'로서 사람들의 병을 고쳐 주고 사자의 넋을 저승으로 돌려보내는 영혼의 인도자(psycho-pomp)였으며, 이들은 그림을 그리거나, 드럼을 치거나, 노래를 부르고 경을 읽거나, 체온을 조절하거나, 감각을 상실하거나, 마음을 바꾸는 약물을 이용하는 등의 다양한 방법으로 엑스타제적인 상태를 유도하여 일상적인 세계와 영혼세계를 오가며 공동체를 위하여 봉사하는 사람들이었다.

이 책에서 제시하고 있는 샤머니즘적인 관점의 예술치료는 마치 샤먼이 여러 가지 형태의 창작적인 작업을 통하여 저승여행을 하여 치유라는 보물을 가져와 자신과 환자 및 공동체를 이롭게 하듯이, 예술치료사 역시 창작적인 작업을 통하여 언어 차원과 상관이 없는 생의 초기단계 혹은 선험적으로 가지고 태어난 인간정신의 영역(무의식, 저승)을 안전하게 오고 가면서 치유라는 보물을 가져온다고 보는 것이다.

예술치료에서 샤머니즘이 가지는 의의는, 샤머니즘적인 요소가 인간 마음의 저변에 있는 원초적이고 보편적인 집단무의식의 내용

◀ 춤추는 주술사: 빙하시대에서 선사시대 후반까지 조성된 Les Trois Fréres라는 지하석굴은 성스러운 장소로 이와 비슷한 그림들이 대량으로 출토되었다. 아마도 실제적인 제의 과정의 장면을 묘사한 것 같다. 브러일(Breuil)에 따르면 춤추는 주술사의 이미지는 암벽화 중에서 가장 우두머리의 캐릭터로서 지하석굴에서 실제로 모든 활동을 관장하는 '신'과 같은 존재였다. 이러한 모습을 한 주술사가 복잡한 구조의 지하석굴의 유일한 창 옆에 서서 입문자에게 이상한 소리를 내거나 노래를 부르거나 신비로운 물건을 던져 주거나 어떤 말을 했다면 매우 강한 감동을 자아냈을 것이다(ARAS 1Cc.129).

물로서 예술적인 형태로밖에 대변될 수 없다는 사실, 그리고 이러한 부분이 개인의 의식생활에 강력한 영향을 미친다는 사실이다.

융은 현대인들이 자신의 마음을 들여다보는 것은 달나라에 가는 것보다 어렵다고 하였다. 현대사회에서 샤머니즘을 다루는 것의 의의는 자신의 마음(자연적)으로부터 유리되어 콘크리트 더미(인공적)처럼 변해 버린 현대인의 정신에 살아 있는 원시적인 것의 마지막 보루라는 것이다.

이러한 맥락에서 한국에서 무속이 아직까지도 살아 있다는 사실은 주목해 볼 가치가 있다고 본다. 신화와 민담과 마찬가지로 샤머니즘도 보편적인 내용일 수도 있고 문화와 연계하여 다른 점도 있을 수 있다. 예술성이 풍부하다고 하여 무속의 치병방식을 예술치료에 그대로 적용할 수는 없다고 하더라도 예술치료사들에게 중요한 연구대상이 될 수 있다고 본다(김진숙, 1993a).

샤머니즘이 원형적인 예술치료냐 아니냐 하는 논란은 별로 중요하지 않은 것 같다. 왜냐하면 샤머니즘의 현상은 언제 어디서나 있어왔기 때문이다. 저자는 현대인의 정신적인 과제는 각자가 자체적이고 고유한 방법으로 신성력과의 관계를 구축해 나가야만 한다는 에딘저(1984)의 의견에 동감하면서, 예술치료가 현대인의 정신으로부터 멀어진 신화적인 부분과 관계를 회복하게 하는 데 하나의 대안이 될 수 있다고 보고 있다.

2. 샤머니즘이란

샤먼이라는 용어는 정서적으로 흥분되고 동요 또는 고조된 사람을 가르치는 시베리아 지방의 퉁구스 언어로부터 유래하였고, 17세기 후반에 중앙아시아 시베리아 지방을 여행한 서양의 학자들이 퉁구스 말로 사만(Saman)이라 부르는 특수한 존재와 그를 중심으로 한 독특한 주술-종교체계를 발견하고 이를 샤머니즘이라 명명하였다.

샤머니즘의 역사는 그 개념의 정의에 따라서 달라질 것이고, 선사시대 원시종교의 어떤 형태가 오늘날의 것과 반드시 일치하지는 않겠으나 그 핵심적인 체험, 즉 엑스타제와 존재의 변용이란 점에서 같을 것이라는 전제 아래서 추측하면 인류의 역사만큼 오랜 기원을 가진 것으로 사료된다.[2]

엘리아데는 고대 샤머니즘의 기원을 중앙아시아로 보면서 한국을 위시한 동북아시아의 무속문화에 직접적인 영향을 미쳤으며 동쪽으로는 동북아시아와 아메리카 대륙으로 전파되었고 소아시아를 거쳐 서양문화를 꽃피운 고대희랍으로 건너갔다고 보고 있다.[3] 엘리아데가 주장하는 타계여행 모티브에 국한된 샤머니즘 개념을 고집하지 않는다면 샤머니즘은 전 세계에 널리 퍼져 있는 주술종교 현상으로서 북남미 아메리카 인디언, 아프리카의 메디신맨뿐만 아니라 동북, 동남아시아의 민간신앙으로 살아 있고 엘리아데의 샤머니즘 콤플렉스로 말하자면 인도, 이란의 종교와 독일의 게르만족의 신화에서도 그 흔적이 남아 있다(이부영, 1993).

종족마다 이름은 달랐지만 그와 같은 역할을 하던 사람들은 공동체의 강력한 권위자로서 신령을 섬기면서 그림을 그리거나, 드럼을 치거나, 노래를 부르고 경을 읽거나, 마음을 바꾸는 약물을 사용하는 등의 다양한 방법으로 엑스타제를 유도하기 위하여 사람들의 병을 고쳐 주고 사자의 넋을 저승으로 돌려보내는 자들로서 일상적인 세계와 영혼세계를 오가며 공동체를 위하여 봉사하는 영혼의 인도자(psycho-pomp)였다.

---

2) 선사시대에서 Les Trois Fréres 동굴의 들소가죽을 뒤집어 쓴 주술사의 춤(기원전 15000년)이라든가 그 밖의 많은 선사시대 암각화에서 짐작할 수 있다(Halifax, 1982, p. 6).

3) 커비(E. T. Kirby) 등의 학자들에 따르면, 중앙아시아에서 소아시아를 거쳐 고대 희랍으로 건너간 샤먼은 다이오니소스의 제전에 망아의 축제의 주체자로 그 모습을 나타냈다. 이러한 주술적 제전은 당시 극작가이자 연출가였던 에스킬리스의 영향으로 고대 희랍연극(greek tragedy)의 형식으로 바뀌었기 때문에 종합예술인 연극의 시조를 샤머니즘이라고 보고 있다.

3. 주술종교로서의 샤머니즘

샤머니즘이 엄밀한 의미에서 종교라고 할 수 있는가는 학자들의 관점에 따라서 이론의 여지가 있으나 대체로 주술-종교체계의 특수한 형태라고 보는 견해가 우세하다. 그러나 고등종교의 우수함을 자부하는 사람들은 샤머니즘을 원시적 주술, 혹은 이른바 미신과 무턱대고 동일시하는 경향이 있어서 '샤머니즘'이라 하면 '미신적인 것'의 대명사로 쓰이는 경향이 생겼고, 이런 경향은 현재 한국 학계에서도 간혹 발견된다(이부영, 1993).

현대인의 정신적인 문제와 주술-종교체계로서의 샤머니즘의 관련성을 논할 때 인간의 마음속에 자연발생적으로 종교적 체험을 가능하게 하는 조건인 종교적 본능이 있다고 보는 융의 관점이 도움이 된다. 이것의 의미는 정신적 위기를 당했을 때 인간정신 속에 고통, 죽음, 부활 등으로 나타나는 종교적 상징을 창출할 수 있는 창조성이 있다는 것과, 이러한 위기의 고통을 종교성 회복을 위한 의미 있는 고통이라고 보고 있다는 것이다. 샤머니즘에서도 이와 동일한 모티브를 찾아볼 수 있고 이러한 점에서 원시종교로서의 면모를 갖추었다고 보는 것이다.

인간의 마음속에 종교현상이 일어날 수 있고 그 원천이 내재하며, 종교가 인류의 근원적이며 인간 마음의 직접적인 표현이라고 보는 분석심리학적인 관점은 타당하다. 「심리학과 종교」라는 논문에서 융(1940)은 루돌프 오토를 인용하여 종교체험은 인간의 마음을 사로잡고 조정하는 누미노제적인 경험이며, 모든 종교의식은

◀ 죽음과 재생의 신 오시리스

의식의 변화를 가져오는 누미노즘을 창출하기 위한 것이라고 했
다. 저승의 신이 된 오시리스, 무조신 바리데기를 위시한 저승여행
에 관한 여러 신화나 민담의 주인공을 통해서 이러한 원형적인 치
료신의 현현을 엿볼 수 있다.

저승세계로의 여행은 인간이 잃어버린 세계에 도달하려는 근원
에 대한 인류의 동경을 표시하는 것이며, 분열에서 전체로, 좁은
세계에서 커다란 하나의 세계로 향하려는 인간의 끊임없는 노력의
발로이자 각 종교의 최고의 가치라 하겠다.[4]

---

4) 기독교에서의 자기실현이란 우리 '마음속에 있는 그리스도'의 실현이다. 신이 인간이
되었다는 것은 상징적으로 지금까지 의식 너머에 존재하던 자기원형의 의식화를 의미
한다. 그리스도의 삶은 인습적인 규범을 모방하지 않고, 독자적인 길을 용감하게 걸어
간 삶이었다. 사도 바울(Paul)은 "나는 살고 있다. 그러나 이제는 내가 사는 것이 아니
고 그리스도가 내 안에 살고 있다."라고 했다. 이는 자그마한 자아가 커다란 자기를 인
식한 하나의 깨달음이며 종교적 변환의 체험이라 할 것이다.
禪에서의 깨달음의 과정이란 '자아의 형태로 제한된 의식이 비자아적인 자기 자신으
로 돌입하는 것'으로 자기 자신, 즉 자아의 불성에 따른 교체이며 하나의 커다란 인격

아폴론의 신탁 중에 "상처를 치유한 자만이 고친다."라는 내용이 있다. 이 신탁의 내용은 병을 치료하는 신이라는 특유의 의미를 내포하고 있는데, 바로 병의 치유는 인간마음의 중심인 자기(Self)로부터 비롯된다는 뜻이다. 이를 바꾸어 말하면, 모든 치유는 우리 모두가 가지고 있는 원형적인 치료신의 현현(epiphania) 자체라는 것이다.

치료사의 원형인 샤먼을 흔히 '스스로의 상처를 치유한 치유자'라고 부른다. 입무과정의 고통을 딛고 많이 해체될수록 강하고 위대한 샤먼이 된다는 그들의 전통적인 믿음은 고통의 의미를 목적적으로 다루고 있다는 점에서 원시종교의 형태를 띠고 있다고 해도 좋을 것이다. 물질적으로는 풍요롭지만 정신적으로는 빈곤한 현대사회 속에서 샤머니즘과 현대 정신치료와의 상관관계에 대한 연구는 근원/자연과 멀어져 있는 현대인의 정신 속에 자연 생태계 같은 원시종교성을 지키고 있는 마지막 보루라는 점에서 부각되어야 할 가치가 있다고 본다.

4. 원시인의 심성과 샤머니즘적 질병관

샤머니즘의 질병관을 논하기 위해서는 원시인의 심성에 대한 이해가 있어야 한다.

변화의 과정이다. 그것은 본성의 회답이며, 그가 가지고 있는 모든 가능성들에 회답을 얻는 것, 즉 전체의 성격을 띤 것이다. 이것의 의미는 의식의 내용을 비움으로써, 에너지가 공의 관념이나 화두에 옮겨 가 무의식의 에너지를 증대시킨다. 오랜 수련을 통하여 뚫고 나온 무의식의 내용은 의식을 보상하여 의식의 전체를 포괄할 수 있게 되거나 자신의 전체를 깨닫게 한다.

원시인과 아이들은 본능에 가깝다는 점에서 유사하다. 그들의 자아는 유약하고 쉽게 피로하여 의식을 구성하는 조직이 느슨하기 때문에 잘 놀란다. 이러한 원시인의 심성을 그대로 보여 주고 있는 것이 문화인류학자 레비-브륄(Levy-Bruhl, 1910)이 주장한 신비적 관여(participation mystique)로 주체와 객체가 분리되지 않은 현상이다. 원시인들은 아직 의식이 발달하지 못하여 자신의 심리적 내용을 사물이나 타인에게 투사하여 경험한다. 예를 들어, 숲의 영들이라는 경험을 하지만 사실은 자신의 정신적 내용물이 투사된 것인데 외부의 객체인 것처럼 이해한다.[5] 현대인들 중에서 자아는 온몸에 퍼져 있다고 보는 어린이나, 내가 없고 너를 통해서 자신을 확인하는 한국인의 심성도 해당될 수 있다.

이러한 원시적인 심리는 미개한 것이거나 열등한 것이 아니고 현대인들에게도 상황에 따라서 나타날 수 있고 또 어느 정도는 필요로 한다. 융(1939)은 인도인들의 본능으로 살아가는 모습에서 고대인을 잃은 우리의 모습을 보게 되는데, 그것이 인도에서 배울 점이라고 했다(융 기본 저작집, 9권).

융은 '사고의 두 가지 양식'에 관한 논문에서 현실에 근거를 둔 언어적인 목표를 지향하는 사고와 꿈, 환상, 신화에 근거를 둔 연상적 사고에 대하여 설명하였다. 그는 고대인들에게는 창조적인

---

5) 현대인들에게 이러한 현상은 전이관계로 나타난다. 대상이 사물보다는 사람에게 나타난다고 한다. 예로서 경험하는 주체에 대한 검토가 없이 누구나 자신과 같은 심리를 가지고 있다는 전제를 가지면 주, 객체의 구별이 없어 개별성이 없고 집단적인 정신만 있게 된다. 결국 (무의식적으로 일어나는) 투사를 통해 자기 안의 내용이 타인(혹은 사물일 수도 있다)에게서 경험되는 현상을 말하는데, 자신이 스스로의 콤플렉스에 대해 경험하는 것과 같은 방식으로 객체에 대해 경험하는 것을 말한다.

충동에 따라서 무의식 속에서 진행되는 연상적 사고가 많았던 반면, 현대에 가까워질수록 새로운 것을 얻어내고 적용하며 현실을 모방하는 철저히 의식적인 목표를 지향하는 사고가 많아진다고 하였다. 또한 니체(Nietzsche)를 인용하면서 현대인이 고대인의 사고에 좀 더 관심을 가져야 할 필요성을 강조하였다.

> 잠을 자고 꿈을 꾸면서 우리는 초기 인류의 과제를 다시 한 번 수행한다.
> 인류의 이러한 고태적인 면은 우리의 내부에 계속 작용한다. 그것은 이성의 고차원적인 발전에, 또한 그것이 개개 인간의 내부에서 계속 발전하는 데 토대가 되기 때문이다.
> 이러한 사상의 연계는 우리에게 낯선 것이 아니다. 우리는 인간 신체의 구조와 기능이 일련의 태아기적 변천을 통해 생겨난다는 것을 보여 주는 비교해부학과 그 발전사를 통해 그러한 것을 알고 있다. 따라서 심리학에서 개체발생사가 계통발달사와 일치한다는 추정도 정당한 것이다(융 기본 저작집, 7권, p. 47).

앞서 소개한 루시의 사례(1부 3장) 같은 정신병 환자 외 많은 환자들의 작품과 증상 속에서 고대인의 면모를 접할 수 있으며, 그들의 문제는 인간정신의 토대가 되어야 할 고대적인 사고에 점유되어 그대로 머물러 있는 것이라 하겠다. 이러한 맥락에서 보는 치료사의 역할은 현대를 살고 있는 고대인을 현대사회로 데리고 와서 적응하게 하는 것에 있다고 볼 수 있다.

샤머니즘적 질병관은 증상 위주로 분류하는 현대 정신의학과는 달리, 크게는 우주관, 작게는 인생관 등과 관련된 문화총체성과 연관된다는 점에서 포괄적이다.

북아메리카 샤먼의 질병관은 ① 이물질이나 마법의 침입, ② 금기의 위반, ③ 영혼의 부분적 상실 혹은 의기소침(de-spiritedness)이다. 북미원주민 중 이러쿼이족의 질병론은 ① 자연적인 사건에 따른 문제들, ② 마법으로 야기된 문제들, ③ "심적이며 자신의 기본적인 욕구가 만족되지 않아서 내적인 영혼이 분개함으로써 야기된" 문제들(Larsen, 1988)로 좀 특이하다.

한국인의 토속적인 질병관념은 ① 금기를 깨트릴 때, ② 영혼의 소실, 악귀의 침범, ③ 투사라고 하였고(김열규, 1993), 핀란드의 민속학자 로리 홍코(1967; 김열규, 1993에서 재인용)는 일반적인 민속 의술에서 질병관을 ① 금기의 파괴, ② 영혼의 상실, ③ 귀령의 침

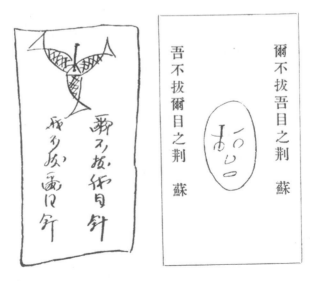

▲ 눈병치료부적: 악귀의 침범을 막는 부적인 듯하다(村山智順, 1929).

◀ 말라리아 치명방법 외에도 환자의
신체를 바닥에 그리고 병이 있는 부
위에 낫으로 찔러서 병귀를 퇴출한
다는 퇴귀방법이다. 예술치료에서
사용하는 신체 본뜨기 기법과 형태
적으로는 유사하다(村山智順,
1929).

입, ④ 투사 등이라고 했다.[6]

클레멘츠(F. Clements, 1932)가 정리한 원시적 질병관에 따른 치
료의 방법으로 실시되는 제의는 靈魂상실(soul-loss)의 경우는 잃
어버린 영혼을 되찾아 오고, 금기파괴(breach of soul)의 경우는 고
백이나 화해를 통해서 풀고, 주술에 따른 병(disease sorcery)의 경
우는 반대적인 주술(counter-magic)을 통해 치유하고, 이물질의 침
입(object intrusion)의 경우는 축귀술(exorcism)로 귀신을 쫓아내거
나 다른 생물에게로 옮기는 방법을 사용하였는데, 치병을 위한 제
의 모두에 해당될 수 있을 것이다(Bourguignon, 1973; 이부영, 서경
란, 1994에서 재인용). 이 장에서는 ① 금기의 파괴, ② 영혼의 상실,
③ 귀령의 침입, ④ 이물질의 투입, ⑤ 내적인 영혼이 분개함으로

6) 그러나 문화권에 따라 약간의 수정이 필요하다. 예를 들어, 한국의 경우 무신앙이 '탈
영(脫靈)'의 샤머니즘이 아닌 '접신', 곧 '입영'의 샤머니즘이라는 사실이다(김열규,
1993).

써 야기된 문제들에 대한 현대 심리학적인 의미를 논의한다.

1) 금기의 파괴

금기의 파괴는 그들의 세계관의 질서가 깨진 것을 의미하며 우리 말로 부정을 탄다는 것이 가장 가까운 표현인 듯하다. 이러한 질병 관념은 나바호, 나스카페 등 북미사회 원주민들의 치병방법에서도 찾아볼 수 있다. 그들에게 질병은 자연의 조화를 깨뜨린 것이고 치료는 그것을 회복하는 것이라 할 수 있다.

이러한 샤머니즘의 질병관은 의식의 일방성으로 해리된 정신이 전체가 되어 보다 온전해지는 것이 건강이라고 보는 분석심리학의 질병관과 유사하다. 융의 수제자 폰 프란츠(Von Franz)가 좋아했다 는 레인메이커의 이야기가 좋은 예가 될 것이다.[7]

진도 씻김굿에서 멍석 위에 죽은 자의 옷을 놓고 말아서 세운 후 그 위에 솥뚜껑을 씌우고 죽은 자의 역할을 하게 한 다음 세 가지 물로 차례로 씻기는 것으로 망자를 천도하는 것을 볼 수 있다. 죽음은 부정한 것이고 씻긴다는 행위는 부정한 것을 씻는다는 것에서 유족들이 마음의 평화를 얻게 되는 씻김굿이 우리 무속에서의 죽음이라는 금기파괴에 대한 치병방식이라 하겠다.

---

7) 2008년 여름, 스위스 취리히의 폰 프란츠 여사의 정신을 이어받은 심층심리연구소 소장인 에테르(Etter) 박사는 특강에서 오랫동안 비가 오지 않았던 중국의 어떤 마을에 기우제를 지내기 위하여 초청한 샤먼이 마을로 들어가지 않고 마을 밖 움막에서 홀로 지낸 지 3일째에 비가 왔다는 이야기를 했는데, 샤먼이 한 것은 아무것도 없고 부정한 것이 정화되기를 기다렸고 정화되는 순간 비가 왔다는 것을 도덕경의 사상과 연계하여 강의하였다.

2) 영혼의 상실(loss of soul)

어린 시절에 잠자는 사람의 얼굴에는 황칠을 하면 안 된다는 이야기를 들은 적이 있다. 사람이 잠들면 영혼이 코로 나와서 돌아다니다가 다시 돌아온다고 믿었는데, 만약 얼굴에 색칠을 해 놓으면 영혼이 주인을 알아보지 못하여 돌아오지 못해서 죽는다는 것이다.

시베리아·중앙아시아 샤머니즘에서는 영혼을 잃으면 병이 들고 샤먼이 잃어버린 넋을 찾아 주는 것으로 알려져 있다. 샤먼에게 '혼을 잃는다' 함은 혼이 몸 밖으로 나감을 뜻하나, 정신치료자에게 '심혼의 상실'이라는 현상은 심혼과 의식의 관계가 단절되었음을 의미한다. 또한 개인이 인습에 의지하여 남성이 남성적인 것만, 여성이 여성적인 것만 집착할 때 심혼과의 관계가 상실되어 남성에게 감응을 주는 아니마, 여성에게 성찰과 확신을 적극성을 불러일으키는 무의식 세계 속의 내적 원천인 아니마/아니무스가 자아의식과 소통할 수 없는, 즉 의식과 무의식과의 단절을 의미하기도 한다. 분석심리학적 정신치료사가 해야 할 역할은 이러한 실종된 그들의 심혼을 찾아서 되돌려 주는 것이라고 하였다(이부영, 2004b).

샤먼은 많은 병의 근원을 영혼의 부분적인 상실, 즉 필수적인 정신적 에너지의 감소의 결과로 본다. 우리 문화에서 흔히 사용되었던 '원기부족'이라는 표현도 여기에 해당될 듯하다. 영혼의 상실은 가장 심각한 병으로 여기는데, 왜냐하면 영혼의 생생한 에너지가 없이는 생은 아무 의미도 없으며 병과 죽음이 뒤따르기 때문이다. 또한 자신을 압도하는 트라우마는 영혼의 한 측면을 떠나게 할 수도 있다. 이것은 자신을 압도하는 어떠한 자극에 자아가 분열을 일으킬 것이며 이러한 경험의 반복은 응집적인 자기(코헛)를 구축하는 데 필요한 내적인 구조의 발달과정을 방해하게 되고 이러한 과정이 극심하게 방해를 받은 경우 다중인격장애를 초래할 수도 있다.

샤먼은 저승여행을 통하여 영혼이 상실된 장소를 찾아내고, 그것을 다시 우리가 하트 치크라(heart chakra)라고 하는 사람의 가슴 부분에 있는 곳에 그것을 되돌려 놓는다(Harner, 1990). 심리치료에서 치료사의 공감적인 치료관계를 통하여 내담자는 변형적 내면화(transmuting internalization)라는 심리상태를 경험하게 되고, 이는 응집된 자기의 구축을 위한 자기-대상의 모형(self-object matrix)을 제공한다.

3) 귀령의 침입 또는 빙의

빙의(possession)는 타자가 내 몸에 들어와 내 입을 통해서 말과 행동을 하게 하는 현상으로서 원시인들은 귀령이 침입했을 때 병이 생긴다고 보고 있다. 소위 말하여, 귀신이 들린 경우로 신약성서에도 등장하고 현대사회에서도 존재하는 현상이다.

원시인에게 정령은 정상적으로 그 자신에 속해야 하는 것이고, 귀령은 그에게 낯선 것으로 보통 그에게 가까이 있어서는 안 되는 것들이다. 따라서 정령이 생자로부터 소실되었을 때 병이 되고, 귀령이 생자를 사로잡았을 때 병이 생긴다고 본 것이다. 이러한 이유에서 분석심리학에서는 원시인들의 정령은 개인적 무의식의 자율적 콤플렉스, 귀령은 집단적 무의식의 콤플렉스에 해당된다고 보고 있다.

귀령은 의식이 돌보지 않은 그림자로서 의식/무의식, 이분법적인 것이 강해져서 정신이 깨어진 것, 또는 오래도록 내버려 둔 생각이 무의식의 콤플렉스로서 귀령으로 나타난다고 보고 있다.

따라서 귀령에 의한 빙의현상은 자아의식이 사라지면서 나보다 더 큰 집단무의식의 콤플렉스에 사로잡혀 내 입을 통해 절대적인 타자형태를 띤 인물의 말과 행동을 하게 하는 현상으로서, 집단무의식의 창조적인 속성이 만들어 내는 현상이라 하겠다.

원시적 귀령과의 만남은 외부적인 사건이 너무나 충격적이거나 집단적 무의식이 강한 에너지를 갖게 되어 의식에 영향을 줄 때 나타나며, 이러한 변화는 외부적인 원인 때문이라기보다는 무의식적으로 준비되어 온 세계와 삶에 대한 새로운 자세에 따른 것이라 하겠다.

4) 이물질의 투입

다른 사람이 이물질을 투입했을 때 질병이 생기고 투입된 것을 축출하는 것이 치료라고 믿는 중남미 원주민들의 샤머니즘에서 나타나는 질병관이다. 샤먼이 치유를 위하여 이물질을 없애려는 의식은 은유가 아니고 침범한 물질을 빨아내거나 토해 냄으로써 환자의 이물질을 깨끗이 씻어 낸다.

이것은 환자가 자신의 내부에 다른 사람이 있다고 생각하는 경우나, 혹은 자신이 완전히 분열될 것 같다는 압도적인 느낌을 가지는 정서상태로서, 심리학에서 말하는 '심리적으로 신진대사가 되지 않은 내사'라는 개념에 해당되는 현상이라고 할 수 있다. 비록 치료사가 내사된 것을 완전히 몰아낼 수는 없겠지만 치료과정의 한 부분으로 내사된 것을 외부화함으로써 객관화시킬 수 있다. 예술작업, 사이코드라마, 동작-무용 등에서 다른 것에 대한 이해되지 않은 내사된 측면들이 객관화될 수 있고 자아의 영역 안으로 들어갈 수 있으며 자기-정체성으로부터 분리하게 된다.

5) 내적인 영혼의 분개

이리쿼이 부족사회의 질병관으로서 그들은 '내적 영혼'의 병을 그들의 세계관에 입각한 규정에 따른 꿈의 해석을 통하여 치료해 왔다. 이러쿼이에 따르면, 인간의 영혼은 '시간과 공간 안에 있는 자아의 경험으로부터가 아니라 정신의 깊은 곳으로부터 나온' 본래적인 욕망을 가지고 있다고 한다. 이러한 내적인 계시는 천상의 신으로부터 영감을 받으므로 우리는 그것들에 주의 깊은 관심을 기울여야 하며 그것들을 무시하는 것은 내적인 신의 계시를 무시한다는 점에서 재해를 초래한다는 것이다(Larsen, 1988).

그들에게 꿈은 이러한 내적 목소리와 직접 관련된 것이다. 꿈에 대한 해석과 규정은 개인과 공동체가 각 개인 내부에 있는 천상의 신의 목소리인 '내적인 영혼'과 조화롭도록 해 줄 것이다. 라슨은 헤윗(Hewitt)이 기술했던 이러쿼이족의 영혼에 대한 개념을 인용한다.

영혼은 본래적이고 감추어진 것으로 자발적이고, 직관적인 욕망
과 갈망을 가지며, 지식으로부터가 아니라 영혼의 본래적인 환희 혹
은 기도하는 대상으로부터 나온다. 영혼은 꿈이라는 매체를 통하여
이러한 요구하는 대상들을 만든다(Larsen, 1988).

그들이 말하는 내적 영혼은 어떤 차원에서 융의 자기(Self)라는
개념 혹은 그가 제 2의 인성: '절대적인 타자'라고 지칭한 것과 동
일하게 이해될 수 있다. 자기는 자율적으로 움직이며 스스로 절대
적인 타자처럼 행동하고 이러퀴이족의 '내적인 영혼'과 같이 인간
이 그것을 깨닫고 있건 없건 간에 존재하며 확실히 자체적인 욕구
와 소망을 가지고 있는 듯하다. 자기는 개성화하려는 의지를 나타
내는 인간정신의 중심으로서 융은 이러퀴이와 같이 꿈의 이미지에
서 자기의 목소리가 가장 확실하게 들린다고 하였다. 융의 '객체적
인 정신(objective psyche)' 으로서의 자기는 인간 안에 있는 신적인
이미지의 원천으로서 내적인 영혼이라는 용어가 가지는 개인의 심
리적이고 영적인 핵심, 즉 자기 안의 신성(divine-within)이라고 볼
수 있다(Avstreih, 1993).

이러퀴이 원주민들이 살았던 미대륙 동북쪽에서 더 북쪽에 위치
한 해안가에 살았던 나스카피(Naskapi) 원주민들은 이러한 내적인
영혼을 Mista'peo라는 이름으로 부르고 있는데, 융은 그 인물이
2억 년의 나이를 가진 인간정신의 무의식을 대변하는 인물이라고
하였다. 그리고 분석을 받고 개성화를 한다는 것의 의미가 이러한
내면의 위대한 인물과의 끝없이 이어지는 대화라고 했다(1958년 융
이 취리히에서 강의한 내용을 2009년 4월 현재 스위스 융 재단의 이사장

인 Etter 박사가 발췌한 내용).

　예술치료 학도로서 특히 관심을 가지게 되는 부분은 나스카피 원주민들이 그들의 내적인 영혼이자 대인인 Mista'peo와 대화를 하기 위해 꿈뿐만 아니라 북을 두드린다든지, 조형물을 만들어서 나온 형태를 본다든지, 춤을 추는 등의 다양한 예술적인 매체를 사용했다는 점이다.

　이러퀴이 원주민들의 '내적인 영혼'이나 나스카페 원주민들의 Mista'peo는 그들이 믿고 있던 우주론(cosmology)에 따라 시행되었지만, 공통적인 것은 그들 모두가 각자의 샤먼이 되어 개별적으로 내면의 대인을 만나기 위한 (무의식)여행을 예술적인 행위로 한다는 점에서 현대 예술치료의 개념과 맥을 같이한다고 볼 수 있다. 이 개념을 예술치료에 적용한 사례를 이 책의 제2부 3장에서 소개하였다.

5. 샤먼/심층예술치료사가 되는 경로

　범문화적으로 샤먼이 되는 경로는 전격적인 해체와 분열을 하는 첫 단계를 요한다. 한국의 무속에서 신병 현상이 여기에 속한다고 할 수 있다. 어둠 속으로 들어가는 고된 시련과 여행, 영혼의 시달림으로 샤먼은 보통 사람은 도저히 감당하지 못하는 극한 상황에 머물기도 하면서 엑스타제를 경험한다.

　원시 종족의 치료자인 샤먼이 되기 위한 고행은 그들에게 일종의 소명으로서 원시 종족에 널리 인정되고 있는 성인과정에서 보

는 세 가지 단계, 즉 고통과 죽음과 재생의 과정을 거쳐야 한다. 그
지침은 ① 평소의 생활과 관계를 끊는 것, ② '다른' 세계로 긴 여
행을 떠나는 것, ③ 죽고 다시 태어나는 것, ④ 새로운 비전을 얻는
것, ⑤ 소명감과 깊은 목적의식을 가지고 되돌아오는 것이다.

이러한 변환의 과정은 민담,[8] 신화, 만다라나 라브린스와 같은
상징적인 이미지, 꿈의 이미지, 위대한 작품이나 위대한 이들의 생
애에서 볼 수 있고 예술심리치료의 현장에서 흔히 볼 수 있다는 점
에서 범문화적인 현상이다. 샤먼이 되는 경로인 고통, 죽음, 재생
의 모티브가 인간정신의 창조성을 보여 주는 보편적인 현상이라고

▲ 영웅 페르세우스가 아리아드네의 도움으로 괴물을 퇴치했다는 크노소스 지하
궁전으로 대변되는 라브린스 이미지는 죽음과 재생의 상징으로서 시공을 초월
하여 반복되어 나타나고 있다. 제의를 하고 있는 샤먼의 소도구에 있는 라브린
스의 문양

---

8) 한국민담에 나타나는 바리데기, 심청, 지네장터의 순이 등 영웅소녀들이 보여 주는 용
   기, 특히 바리데기의 경우, 고독한 방황을 밑거름으로 한 자기희생과 내면세계와의 협
   동으로 자기실현이 가능함을 보여 준다(이부영, 1995).

이해한다면 다양한 형태의 치유와 변환의 현장에서 같은 모티브를 보는 것은 놀라운 일이 아니다. 이것이 바로 융이 말하는 시공을 초월하여 반복해서 나타나는 원형으로서 변환과정의 상징의 면모라고 할 것이다.

1) 평소의 생활과 관계를 끊음

샤먼의 경로에서 평소와 관계를 끊는다는 것은 문화권에 따라서 그 형태는 다양하지만 모든 입무자들이 경험하는 것이다. 수 (Sioux) 원주민의 샤먼인 레임 디어(Lame Deer)는 16세 때 비전을 찾기 위해서 그 종족들의 신성한 산으로 올라가 나흘 밤과 나흘 낮 동안 자신의 생을 인도할 비전을 찾으며 물과 음식도 없이 벌거벗은 채 구덩이에서 홀로 앉아 있었다(Lame Deer, 1972; Avstreih, 1993). 미국의 인류학자로서 무당이 된 다양한 배경의 한국여인을 소개한 김영숙(Harvy, Kim, 1979)은 한국의 입무자들이 평소의 생활과 관계를 끊는 모습을 세부적으로 생생하게 보고하였다.[9]

칼 융은 개성화 과정을 위해서는 개인이 집단적인 생활에서 거리를 두고 자기만의 길을 찾는 것이 필수적인 과정이라고 보고 있으며, 모든 역사를 바꾼 인물들은 이러한 개성화 과정을 치른 사람들이었다고 하였다. 한국사회는 일률적이고 집단 중심으로 움직이

---

9) 그녀가 소개하는 6명의 여성들은 엘리트 출신부터 교육을 전혀 받지 않은 사람, 교회 집사 등 다양한 배경이었는데, 공통적인 특징은 모두 창의적인 여성들이었고, 신병이 들면서 자연스럽게 평소 생활과 관계를 끊었다는 점이었다. 한국의 무당의 신병에 대한 것은 이 책의 3장을 참고(Kim, 1994).

는 사회인 만큼 개성화 과정이 더 어려우면서도 해야만 하는 과제
일지도 모른다.

예술치료사가 되는 경로 역시 문화권이나 개인이 놓인 상황마다
그 형태는 다를 수 있지만, 공통적인 것은 기존의 고정된 사고방식
을 버려야만 한다는 것이다. 그런 의미에서 평소의 생활방식과 관
계를 끊어야 하는데 기존의 직장을 유지하면서 치료사가 되겠다고
했던 학도들 중 많은 경우 스스로 혼란스러워 치료사가 되는 것을
포기하는 것을 보았다. 관계를 끊지 않으면 다음의 단계인 다른 세
계로의 여행이 불가능하기 때문에 이 첫 단계는 샤먼에게나 (예술)
심리치료사에게나 필수적인 것이라 하겠다.

2) '다른' 세계로 긴 여행을 떠남

샤먼의 '다른' 세계로의 여행은 실제로 떠난다는 의미보다는 망
아체험을 통하여 타계여행을 한다는 의미를 지닌다. 샤먼의 타계
여행은 천상과 지하계와 같은 수직적인 모티브와 수평적인 모티브
가 있다. 시베리아 지역의 샤먼은 마술적 비상력을 지니고 있어 날
아올라서 수호신을 만나거나, 막사에 세워진 백화나무에 올라가
수호신의 이름을 부르며 망아의 경지에 빠진다. 그들은 나무에 7개
또는 9개의 줄을 쳐서 천계의 여러 층을 상징하고, 높은 언덕에 있
는 구멍을 통해 지하세계로 가서 거기에서 신들을 만난다고 믿었
다(Halifax, 1982).

엑스타제를 창출하기 위하여 샤먼이 다양한 예술매체를 사용하
는 것은 범문화적이다. 한국의 굿에서도 무화, 다양한 의상 및 소

▲ 에스키모의 민담 중에서

도구들과 악기들이 사용되는데, 특히 북은 범문화적으로 저승여행을 떠나게 하는 말(trance horse)에 비유할 정도로 중요한 역할을 해 오고 있다(McNiff, 1988; Moreno, 1988).[10] 다양한 예술적인 행위를 통한 샤먼의 저승여행은 이승(의식)과 저승(무의식)을 오고 가면서 저승(무의식)에서의 보물을 의식으로 가지고 오는 과정으로서 예술치료사에게도 자신을 알아가기 위해 필요한 과정이라 하겠다.

3) 죽고 다시 태어남

샤먼이 되는 과정에서 볼 수 있는 해체 모티브는 문화권에 따라 다른 양상으로 나타나지만 고뇌와 죽음과 부활의 과정이 있다는 것이 공통점이다. 특히 시베리아의 샤먼들은 매우 생생하게 죽음

---

10) 한국의 무속에서는 이러한 적극성이 덜해 병굿이나 내림굿에서 신들을 불러 즐겁게 놀고 보내는 과정에서 공수를 통하여 신의 뜻을 듣는 형식을 취하고 있다.

의 경험을 하는데, 이 과정에서 샤먼은 "사지가 찢기고 살점이 뜯
겨지고 추려진 뼈를 솥에 넣어 끓이는 끔찍한 해체의 고행을 겪은
뒤에 다시 뼈가 추려지고 새로운 살이 붙어 재생된다고 믿는다."
(이부영, 1998, pp. 338-339)[11]

엘리아데가 묘사하는 야쿠트(Yakut) 족의 입무의식은 '귀신
(spirits)'이 그의 목을 자르고 입무자는 자신이 작은 토막으로 해체
되어 여러 질병의 신들에게 분배되는 것을 스스로의 눈으로 봐야
한다. 그 외에도 각 종교의 제의적인 의식, 원주민들의 제의 가운
데도 나타나는 해체과정은 무의식적 콤플렉스에 따른 자아의식의
해체를 의미하며 자아의식의 죽음, 즉 무의식화를 초래하여 정신
적 위기일 수 있다. 인간완성에 이르는 모든 전환기적 위기는 흔히
해체라는 현상으로 나타난다.

예술치료 임상에서 목이 잘리고 사지가 절단되는 그림을 그리는
환자들을 가끔 본다. 임상감독에서 치료사들이 그런 그림들을 접
하고 당혹스러워하는 것을 자주 접해 왔다. 이러한 모티브가 어떤
대상에 대한 공격성의 표현이라는 점은 분명하지만 인간정신현상
을 목적론적으로 보는 분석심리학적인 관점으로 볼 때 이제까지
동일시했던 어떤 것이 산산조각 나고 있다는 의미로 볼 수 있다.
죽음은 의식의 해체과정으로서 분열병적 경험과 유사할 수 있으나
낡은 자아가 죽지 않고는 새로운 자아로의 전환은 있을 수 없기 때

11) 중앙아시아나 시베리아의 경우 입무과정을 적극적으로 받아들이지만 한국에서는 소
극적이고 체념적인 태도로 나타나는데, 이는 우리 사회의 무당에 대한 비판적인 태도
때문일 수도 있다. 입무과정에서의 해체는 실제적인 것은 아니고 무의식의 어떤 심적
체험을 표현하는 상징적인 과정이다(이부영, 2005년 융연구원 강의).

문에 진정한 죽음을 통한 진정한 부활, 새로운 인격형성을 의미한
다는 점을 염두에 두어야 할 것이다.

뼈만 남게 하는 것이 해체의 궁극적인 목표다. 뼈는 생명의 원칙
이자 생명의 최후의 결과물로서 인간의 마음속에 있는 영원불변의
창조적 원천의 상징이며 영혼의 근원적인 구조라 볼 수 있다. 골격
으로의 환원은 일종의 영적인 존재가 되어 가는 과정으로서 신체
적인 것, 물질적인 것, 세속적인 것을 지양하는 것을 의미한다.

구약성서 에스겔 37장에는 선지자 에스겔에게 야훼신이 폐허가
된 이스라엘의 성읍에 널려 있던 마른 뼈들에게 숨을 불어넣어 다시

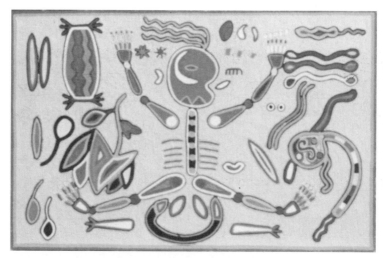

▲ 호세 베니테즈(José Benitez: 1973경, 멕시코)가 'Watakame의 해체' 라는 주
제를 털실로 표현한 작품으로 스페인에게 점령당하기 전의 중미 대륙 후이촐
(Huichol) 원주민의 샤머니즘의 모티브를 보여 주고 있다. 심리학적으로 해체
된 샤먼의 몸은 우리 모두가 태어난 무의식인 원초적인 정신(pirmordial
psyche)으로서 그 속에 의식성의 잠재력이 포함되어 있다. 해체된 몸이 온갖
식물들로 변형되어 되돌아온 죽음과 재생의 모티브를 보여 주고 있다. 후이촐
원주민들도 티벳불교의 승려들과 같이 종교와 예술이 가까운 관계를 유지하고
있다(ARAS 88s.001).

◀ 야훼신이 마른 뼈들에게 숨을 불어넣어 살아나게 하는 에스겔(Ezkiel)의 마른 뼈의 비전(ARAS 6Ae.060)

살아나게 하여 사람으로 가득 차게 하는 비전을 보여 주는 것에 관한 내용이 있다.[12] 극단적인 해체, 뼈만 남는 과정이 무덤에서 나와 고국에 돌아가게 된다는 것에서 샤먼적인 모티브를 엿볼 수 있다.

4) 새로운 비전을 얻고 목적의식을 가지고 되돌아옴

입무의 고통은 의미 있는 것이지만 거기에 머물러야 하는 것이 아니라 그것을 딛고 되돌아와야 한다는 것이 샤먼의 경로다. 해체나 죽음이 있은 후에 재생이 되어야만 마감되기 때문이다. 이 책에서 치유자의 원형(wounded healer)인 샤먼을 '스스로의 상처를 치유한 치유자'라고 번역한 이유가 여기에 있다.

샤먼은 타계여행을 하는 동안 영혼과의 교제를 통하여 공동체사회로 가지고 올 지식과 능력을 부여받는다. 샤먼이 되기 위한 최초

---

12) 야훼 신이 마른 뼈가 가득한 들 한가운데에서 그들에게 숨을 불어 넣자 뼈들이 움직이며 서로 붙고 숨을 쉬게 되어 모두 제 발로 일어서 굉장히 큰 무리를 이루었다(에스겔 37장).

의 부름은 종종 내부에서 자연적으로 발생하지만, 자유롭게 타계여행을 하기 위하여 샤먼은 수년간의 긴 훈련을 뒤따른 후 비로소 지역사회와 영혼세계 간의 다리가 된다. 이 과정에서 샤먼 후보자는 몸소 질병의 성질을 체험해야 한다. 치료자가 먼저 스스로 무의식의 내용을 소화시켜야 한다는 것과 같은 의미라 해도 좋을 것이다.

무의식의 내용을 이해하려면 지적인 이해만으로는 부족하다. 경험적인 체험이 있어야 그 내용을 소화시킬 수 있기 때문이다. 마치 바리공주 무조신화에서 서천서역의 약수를 길러 오는 실제적인 노역이 없이는 부왕의 병을 치료할 수 없다는 것과 같다. 그러한 과정이 없이 남의 경험을 자기 것인 듯 훔쳐 말로만 번지르르한 치료자는 마치 바리데기가 오랜 고행 끝에 가져온 치유의 명약을 훔치려 드는 언니들과 진배없다고 본다. 그러나 아무나 무의식의 여행을 감행할 수는 없다. 자아가 약한 개인의 경우 무의식의 지배를 받기 쉽고 때로는 해체현상이 나타날 수도 있기 때문이다. 임상에서 접하는 개인들이 여기에 속할 수 있으므로 무리하게 무의식을 대면하게 하거나 분석해서는 안 된다는 점을 유념해야 한다.

샤먼이 되는 경로에서 고통과 죽음, 그리고 재생이 필요하며 모든 치유자가 되는 과정도 이와 비슷하고 심층(예술)심리치료사가 되는 수련과정도 마찬가지라 하겠다. 샤먼의 경로에서 입무의 고통이 의미 있는 고통이듯, 치료사가 되는 것에 필요로 하는 교육 및 분석 또한 고뇌, 죽음과 부활을 통한 전환과정으로서 의미 있는 고통이라 봐도 좋을 것이다.

샤먼이 정령과 소통하는 것의 심리학적인 의미는 분석자의 훈련에서 항상 강조되는 감정적 소화, 경험을 자기의 살과 피로 소화시키는 동화과정이라 해도 좋을 것이다. 샤머니즘은 무엇보다도 이러한 인간정신의 감정적인 역량이 얼마나 중요한가를 인식하게 하는 것에 그 특징이 있다.

샤먼들이 입무과정에서 겪는 해체의 고통을 현대 심리치료과정에서는 성숙을 위한 아픔과 비교할 수 있고, 분석과정이나 치료자가 되어 가는 과정에서 개인이 경험하는 진통 또한 이와 유사하다고 하겠다. 다음의 〈표 4-1〉은 샤먼 또는 예술치료사가 되어 가는 과정을 터너(Turner, 1969)의 '3단계 제의 이론'에 따라 도표화한 것이다. 교육자로서 저자가 학도들을 볼 때, 미지의 세계에 들어갈까 말까 기웃거리며 서성이고 있는 입문자의 모습, 용기를 가지고 탐구하기 위해 길을 나선 모습, 자신의 진면목과 만나기 위한 과정에서 혼란스러워 하는 모습 등이 모두 이 과정 어딘가에 속해 있다는 생각을 한다.

〈표 4-1〉 샤먼과 심층 예술치료사가 되어 가는 경로와 터너(Turner, 1969)의 "3단계 제의 이론"

	pre-rite	pre-liminal	liminal	post-liminal	post-rite
샤먼의 경로	어떤 이끌림으로 평소의 생활과 관계 끊음	다른 세계로 긴 여행	죽고 다시 태어나는 것	새로운 비전을 얻게 되는 것	소명감과 깊은 목적의식을 가지고 되돌아오는 것
심층 예술치료사의 경로	어떤 이끌림으로 기존의 직업을 떠나게 됨	교육, 수련과정에 입문, 모르고 있는 마음의 부분에 대한 경외심	자아중심의 삶을 지양하고 모르고 있는 마음을 알아 가는 과정에서 혼란스러운 경험	인간정신 현상이 이것이냐 저것이냐가 아니고 전체라는 것에 대한 깨달음	기법이나 이론 중심에 머물지 않고 인간의 심혼을 돌보는 치료사가 되는 것

샤머니즘 모티브를 보여 주는 아동 사례
고슴도치의 변형기: 풍선과 석고붕대를 이용한 작품
11세 남자 아동이 여러 회기에 걸친 고슴도치를 주제로 한 작업.

〈고슴도치 1〉 풍선을 크게 불어 겉에 석고붕대로 껍데기를 만듦(약 8겹 정도로 아주 견고하게 석고붕대를 붙임). 속에 있던 풍선은 터뜨리고 겉을 말림. 이때는 이것이 무엇인지 말하지 않음.

〈고슴도치 2〉 다시 틀 안에 풍선을 넣어 불고 끝을 매듭지어 고슴도치 얼굴과 속살을 만들고, 석고붕대로 된 겉표면에 유성매직으로 일일이 고슴도치 침을 그려 넣음.

〈고슴도치 3〉 고슴도치 껍질 부수기
〈고슴도치 중 뼈〉 고슴도치 껍데기를 망치로 거세게 부수고 남아 있던 재료들(석고붕대 조각들)로 흰 물체들(검정 화지에 놓은 것들)을 만들어 놓음. 치료자가 보기에 뼈 같은 느낌을 줌.

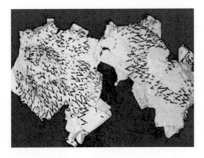

〈고슴도치 4〉 망치로 거세게 부숴버린 고슴도치 껍데기. 이 작업을 전환점으로 이전 작업과 이후 작업의 양상이 달라짐. 이전에는 풍선이 이중 삼중으로 되어 있고 맨 안쪽에 공룡이나 물고기를 넣었는데, 이후 작업으로는 그러한 풍선작업이 없고 목재를 이용해 안정감 있는 집을 건축하고 깃발을 꽂음. 심한 위축과 ADHD로 의뢰된 아동인데 보호자 관찰로는 생활상에서 친구도 사귀고 많이 안정감이 생겼다고 함.
(자료제공자 엄혜미)

우리의 정서에 가까운 곳에 있는 십우도는 선불교에서 수행과정을 가르치기 위한 十牛圖, 尋牛圖, 牧牛圖로 불리는 상징적 그림이다. 소는 중생이 본래 갖추고 있는 청정한 성품(淸淨自性)으로 '참다운 나'로서 소를 찾는다는 것은 바로 '나는 누구인가?'의 질문이며 샤먼의 경로와 비길 만하다.[13)

1. 소를 찾아 나서다.
2. 소의 발자국을 발견하다.
3. 소를 발견하다.
4. 소를 붙잡다.
5. 소를 길들이다.
6. 소의 등을 타고 귀향하다.
7. 소는 없어지고 사람만 있다.
8. 사람과 소가 모두 사라지다.
9. 본래로 돌아가다.
10. 복을 베푸는 손을 가지고 도시로 들어가다.

12세기 말경 북송의 廓庵선사의 十牛圖 중 그림 몇 개만 인용한다.

---

13) 일본 최초의 융 분석심리학자인 가와이 하야오가 『불교와 심리치료』라는 최근의 저서에서 십우도와 중세 서양문화에서 만들어진 연금술의 문헌인 〈현자의 장미원〉이 모두 인간의 개성화과정을 나타내고 있다고 하였다. 그는 〈현자의 장미원〉에서 해석자는 그림 외부에 존재하고, 〈십우도〉에서 자아는 그림 안에 존재한다고 논평하였다.

소를 발견하다.

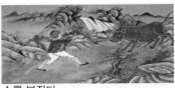

소를 붙잡다.

소를 길들이다.

소의 등을 타고 귀향하다.

본래로 돌아가다.

6. 샤먼과 예술치료사의 치유양식

샤먼과 예술치료사가 되기 위해서 저승여행이나 분석을 통한 무의식의 여행을 통하여 저승/무의식에서 보물을 가져다가 자신과 공동체를 이롭게 한다는 점은 유사하지만 치유방식을 획득하는 방법은 다르다. 샤먼은 입무과정에서의 그야말로 죽음을 직면한 상황에서 자신의 능력과 지식의 원천이 되는 성령과 스승을 만나는 비전을 가지게 되고 개인적인 영역을 훨씬 넘어서는 지식과 능력을 얻고 새롭게 탄생한 사람이다. 이러한 과정을 거쳐서 샤먼이 된 사람은 자신의 의지와는 관계없이 그의 종족들을 위한 특별한 임무를 띤 치유자로 지목된다.

 예술치료사들의 경우도 대부분 우여곡절 끝에 예술치료를 만나
고, 자신에 일에 대하여 개인적인 소명을 받았다고 생각하며, 오랜
교육과 임상경험을 쌓아야 하지만 샤먼처럼 가혹한 입무의 고통은
없는 편이다. 그러나 수련과정에서 감내해야 하는 전 과정이 개인
에 따라서는 이에 못지않게 치열할 수도 있다.

 샤먼과 예술치료는 찢겼던 것을 하나로 만드는 두 가지의 비슷
한 통로로서 많은 은유를 공유하고 있기는 하지만 치유양식은 분
명히 다르다. 샤먼과 예술치료사의 치유양식 중 다른 점은 샤먼은
자신이 이해하고 있는 것으로부터가 아니라 영령으로부터 받은 것
을 직접 환자에게 시술한다는 것이다. 따라서 그들의 치유적인 관
계에는 감정이 담겨 있을 뿐만 아니라 초자연적인 힘이 깃들어 있
다. 예술치료사는 치료사의 역량에 따라 샤먼과 같이 초자연적인
힘이 개입될 수도 있지만 주로 상상적인 놀이영역에서 무의식에
묻혀 있는 자기를 탐험하도록 요청하는 것에 머문다.

 또 샤먼적인 의식상태에서 샤먼이 대면하는 것은 실제적으로 경
험되는 것이라는 점이 상상적인 영역에서 작업하는 예술치료와 다
르다. 한 예로서 샤먼이 치유를 위한 타계여행을 할 때, 그는 신체
의 특정 부분에서 몰아내야 할 거미나 뱀 혹은 벌레를 실제로 보게
된다. 이물질을 없애려는 제거를 위한 제의는 은유가 아니다. 그
침범물질을 직접 빨아내어 토해 냄으로써 환자의 이물질이나 내용
물을 깨끗이 씻어낸다.

 그들에게 샤먼적인 의식상태에서의 현실은 상상된 영역이 아니라
입무과정과 훈련을 통해서 샤먼에게 나타나는 삼라만상의 또 다른
형태로서, 샤먼은 누미노즘을 창출하기 위하여 마술적인 성격의 경

을 외고, 희생제물을 바치고, 명상이나 요가를 하고, 스스로에게 상
처를 입히는 등으로 직접적으로 참여하여 영혼의 안내자로부터 정보
를 받는다(C.W., 11, ff. 7). 그에 반해 예술치료사는 이러한 정보를 환
자의 꿈, 전이, 현재의 생활상황으로부터 찾아내야 한다.

전통문화에서는 오직 샤먼만이 잃어버린 영혼을 발견하며 그것
을 사람의 몸으로 되돌려올 수 있는지 알고 있고 변용된 의식 상
태에서 개인의 영혼을 회복시키는 저승여행을 하여 보물을 찾아
돌아와야 한다고 믿고 있다.

그에 반하여 예술치료는 상상된 놀이영역인 치료실이라는 설정
된 공간 안에서 환자는 무의식의 영역으로 여행을 하면서 자기 자
신의 샤먼이 되고, 치료사는 제의과정을 안전하게 집전되도록 돕
는 신어머니/아버지와 같다고 할 수 있다.

7. 소도구 사용에 관해서

샤먼들이 치유를 위하여 다양한 주술적인 도구(fetishism)들을 사
용한다는 것은 범문화적인 현상이다.[14] 예술치료사들 역시 다양한
매체와 소도구들을 사용한다. 샤먼들이 사용해 온 다양한 소도구
나 예술치료사들이 사용하는 매체에 관한 논의는 방대하기 때문에
그중에 가장 보편적으로 사용되어 온 사람모습을 한 조형물과 종
이를 이용한 소도구에 대해서만 간단히 언급하려고 한다.

---

14) 『황금가지』에서 프레이저 경이 채집한 방대한 자료는 주술적인 치료가 어느 문화권
에서나 찾아볼 수 있는 현상이라는 것을 입증하고 있다.

　뉴욕 자연사박물관에는 고대 문명 발상지에 관하여 전시해 놓은 곳이 있는데 저자가 즐겨 방문했던 곳이다. 그 당시 저자가 주목했던 것은 원시인들이 살았던 주거지에 몇 점되지 않는 소박한 세간들 중에서 언제나 사람 모습의 한 물건이 있다는 사실이었다. 처음에 아이들의 장난감인 줄 알았는데 관련 자료를 보니 주술목적의 도구였다.

　그러한 전통이 현대까지 이어지고 있는 곳이 여러 군데 있다. 그 중 하나는 미국 남서부 평원지대의 푸에불로(Pueblo) 인디언들이 치병목적으로 사용하고 있는 카치나라고 부르는 인형[15]을 꼽을 수 있다. 남미 인디언들과 생활하면서 그들의 치병방법을 연구했던 저자의 논문지도교수 중의 한사람이었던 타우식(Taussig)의 Fetishism에 대한 연구에서 다양한 민간치료법이 소개되고 있다. 서아프리카 지방의 풍속 중에 나무 진흙으로 만든 인형에 못을 박는 행위를 통하여 상대방을 음해하는 모습은 우리나라 역사극에 나오는 푸닥거리를 연상하게 한다.

　수많은 예들을 종합해 보면, 인형을 사용하는 치병방법은 범문화적인 현상이고 밝은 측면과 어두운 측면을 모두 가지고 있다는 것이다.

　저자는 일찍부터 인형을 치료에 많이 사용한 편이다. 뉴욕에서도 그랬고, 한국에 돌아와서도 그랬다. 한국 표현예술심리치료협회에

---

15) 열두 개의 인형이 한 세트이며, 그때그때 상황에 해당하는 인형을 제작하고 그것을 가지고 노는 것으로 치병을 했다고 한다. 각 인형이 인간의 성격의 다른 점을 대변하는 것으로 보이며 하회별신굿의 탈세트도 12개라는 점, 희랍의 신들의 숫자가 12이라는 점 등 각기 다른 문화권의 영향을 받은 모습을 띤 집단무의식의 형태라 하겠다.

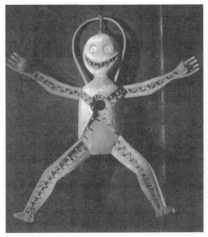

▲ 19세기 북극권의 에스키모 샤먼 의식
에 사용된 소도구로서 신체 내부가 드
러난 상태로 전형적인 샤먼의 해체과정
을 보여 주고 있다(ARAS 8Cc.127).

▲ 인형 전시회에 출품되었던 영성
이 출중했던 중년여성 성직자의
인형

서 실시했던 제2회 전시회에서의 주제가 '인형'이었고, 소외계층
아동들이나 재난을 당한 아동들을 위한 예술치유 프로그램을 마감
할 때 그들에게 힘을 줄 수 있는 대상으로 인형을 만들게 했는데 아
무리 소박하게 만들었다고 해도 자신의 모습과 비슷했고, 그들의
인형이 때로는 다른 문화권의 수호신의 모습과 비슷하다는 점은 보
편적인 인간정신의 표현으로서 자연스러운 현상이라 사료된다.

다음 사진은 2009년 1월에 명지대 예술심리치료센터와 CJ 복지
재단의 후원으로 실시했던 쓰촨성 지진피해지역 치유 워크숍에서
지진상황을 표현하게 한 후 참담한 상황에서 힘이 되어 줄 대상을
만들게 했을 때 한 아동이 만든 작품이다. 수호신의 머리 위에 세
명의 신이 있어서 두려울 게 없다고 말하고 자신의 작품을 보여 주

◀ 쓰촨성 지진피해 아동이 만
든 〈나를 지켜 주는 대상〉

는 모습에서 자신감을 엿볼 수 있다.

한국 무속에서 천과 종이는 다양하게 이용되어 오고 있다. 각 지
방에서 시행되는 다양한 굿 중에 예술성이 두드러진다고 알려진
전라도 씻김굿의 경우 고깔과 굿 의례에 필요한 모든 소도구를 한
지로 만들어서 사용한다. 특히 한지를 길게 오려서 만든 소도구(다
음 페이지 그림 참조)를 이용하여 실제로 씻김/치유 행위를 하는 것
을 볼 수 있다. 죽음은 부정한 것이며 씻음으로써 정화, 치유한다
는 전형적인 샤머니즘의 치병개념이라 할 수 있다.

예술치료 현장에서 색 습자지나 천으로 의도적으로 유도하지 않
고 자유롭게 작업을 하게 하면 굿거리에서 볼 수 있는 비슷한 작업
형태와 비슷한 창작 작업 및 행위들을 보게 되는 것은 놀라운 일이
아니다. 시공을 초월해서 나타나는 인간정신의 보편적인 표현이기
때문이다.

◀ 씻김굿 장면(사진: 마동욱, 〈송춘선
생의 살풀이 춤〉)

▲ 습자지를 사용한 예술치료: 워크숍에서 심리적으로 위축되어 또래관
계가 저조했던 한 아동이 자유롭게 작업을 하고 있는 장면이다.

예술치료와 다양한 형태와 목적으로 시행되는 한국 굿에서 사용
하는 소도구의 보편성은 따로 다루어도 좋을 만큼 방대하여 심층
예술치료학도로서 별도로 수집해 볼 만한 주제라고 사료된다.

제5장
내림굿과 예술치료:
심층심리학적 관점으로

1. 서 론

현대 예술심리치료 학도들에게 샤머니즘이 관심의 대상이 되는 것은 샤머니즘이 인류의 역사와 함께 해 온 범문화적인 치유양식으로서 인간정신의 근간이 되는 원형적인 인간정신의 표현이고 부적, 주물, 노래와 춤 및 악기 사용 등 예술적인 형태로 시행되었다는 점 때문이다. 특히 한국 무속에서는 각 굿거리에 따라 상이한 무복과 무구, 그리고 징, 장고, 제금 등의 악기 사용과 회전무나 도무로 집약되는 춤과 역할연기 및 본풀이로 구성되어 있어서 이러한 현상이 뚜렷하다.

예술치료는 예술작업 자체가 가지는 치유성을 포함하여 다양한 이론과 관점에서 시행 가능하다. 환자의 요구에 부응하는 것이라면 어떤 이론과 관점이라도 모두 적절하다고 할 수 있다. 이 장에

◀ 〈창부씨〉는 국사당의 28개의 무신도
(巫神圖) 중 제일 품위가 있고 걸작(傑
作)인 우수한 그림이나 하반부(下半部)
에 손상이 있다. 흰색 바지에 누런색
두루마기를 입고 있으며, 피리를 불면
서 줄을 타고 있는 모습이다.

서는 예술치료 분야의 다양한 이론과 접근방법들을 존중하는 가운
데 한국의 샤머니즘이라고 할 수 있는 무속의 치유전통 중 내림굿
의 복합적인 치유성을 예술치료에 적용하여 영적인 차원을 지원할
수 있는 예술치료의 가능성에 대하여 소개하려 한다.

조선왕조 초기에 창건된 것으로 추정되는 인왕산 국사당의 무신
도(巫神圖) 가운데 〈창부씨(倡夫氏)〉는 일종의 예능신(藝能神)으로
간주되나 무의(巫儀)에서는 흔히 1년 열두 달의 액(厄)을 막아 주는
신(神)이라고 한다. 이러한 사실은 예능신이 액을 막아 주는 핵심적
인 치료신이었음을 보여 주고 있다.

내림굿은 무속의 사제자인 무당의 입무 제의로, 치유를 위한 한
국 샤머니즘의 전형적인 형태라는 점에서 다양한 굿 중에서도 가

장 중요한 위치를 차지하고 있다. 내림굿의 '내림'은 신이 입무자에게 내린다는 의미로 내림굿을 통하여 입무자는 ① 심리적인 콤플렉스를 해결하여 신병이 낫게 되는 심리적인 변화, ② 치료자 무당이 되는 영적인 변환, ③ 가난하고 억눌린 개인(주로 여성)이 경제적으로 독립하게 되는 변화 등을 통한 사회적인 역할변화 차원으로 압축할 수 있는 복합적인 치유경험을 한다(김진숙, 1993a).

이 장에서는 내림굿에 나타나는 복합적인 치유현상을 심층심리학과 사회심리학적 관점에서 조명하기 위하여 먼저 관련 문헌들을 소개하고, 저자의 예술치료사로서의 경험과 관련 문헌들을 토대로 하여 내림굿의 치유적인 요소를 ① 망아체험과 무신빙의, ② 타계여행으로서의 망아체험, ③ 제의적 구조, ④ 신성한 공간으로서의 굿당, ⑤ 신어머니의 역할 등으로 나누어 소개한다.

2. 이론적 배경

1) 내림굿에 관한 문헌

국내외 샤머니즘에 관한 연구는 주로 인류의 역사 속에서 다양한 이름하에 등장한 샤머니즘을 일단화 혹은 계보화하려는 종교사적 연구, 구시대에 부수적으로 남아 있던 현상으로 보는 민속학적 연구, 일상의 삶에서 이탈한 탈속적인 현상으로 신흥종교나 신비주의에 대한 종교적 연구, 행위예술의 발생 혹은 기원의 현상으로 보는 미학적 연구, 일상생활에서의 비정상적 치유현상으로 보는 관점의 정신병리학적 연구 등으로 나눌 수 있다.

무속에 대한 국내의 연구는 아키바(Akiba, 1929), 아키바와 아카마즈(Akiba & Akamatsu, 1938), 무라야마 지준(村山智順, 1929) 등 일본 인류학자들의 한국무속연구의 일환으로써 단편적인 기록차원에 불과하였다가 1960년대부터 무속에 관한 연구 열의가 높아진 한국학자들이 연구대상으로 삼아 오고 있다. 그러나 신병과 입무 과정에 대한 연구, 특히 샤머니즘이 가지는 치유적인 현상을 심리치료적인 관점으로 다룬 것은 일반적인 무속연구에 비하여 저조한 편이다.

심층심리학적 접근

신병과 입무과정에 대한 정신심리학적 접근을 시도한 학자로는 정신의학 분야에서 이부영(1965, 1969; 이부영, 우성일, 1990; 이부영, 서경란, 1994), 김광일(1970, 1972a, 1972b, 1973, 1990), 이재훈(Lee, 1989)을 들 수 있고, 사회심리학 분야에서는 김영숙(Harvey, Kim, 1979, 1989), 접신현상 입무과정에 관한 사회문화적인 해석을 한 김열규(1980)와 켄달(Kendall, 1985, 1988)을 들 수 있다. 그 외에도 최길성(Choe, 1978)과 김태곤(1981)이 내림굿에 대해 민속학적인 해석을 하였고, 김인회(1987), 황루시(1988)는 교육문예학적 연구를 하였다. 이 장에서는 내림굿의 입무과정에서 볼 수 있는 신병과 접신현상을 치료적인 측면에서 해석한 학자들의 연구만 다루었다. 먼저 정신의학 분야에서 무속연구의 선구자이자 이 책의 맥락과 연관되는 이부영의 연구를 검토한 다음 최근 학자들의 연구를 다루려고 한다.

이부영(1965)은 「소위 강신적 입무과정의 정신의학적 연구」에서
아키바(Akiba & Akamatsu, 1938)의 증례를 인용하여 신병[1]의 정신
병리적, 문화적, 영적 측면에 대하여 논의하면서 신병을 다음과 같
이 정의하였다.

　무병(신병)은 복합적 증후군으로 무속신앙과 밀접한 관계가 있으
　며 그 인격주체 종류의 불명료성, 그리고 동물빙의가 전혀 없다는 사
　실 등 무병(신병)이 가지는 특성은 만주나 일본과의 민족적 문화내
　용의 차이의 반영으로 민족성 차이를 비교할 수 있는 좋은 재료가 될
　수 있다. 또한 무병(신병)은 영적으로 고양된 정신병(spiritualistic
　psychosis)과는 다르지만 그 발병 원인은 동일하며 전통적 신앙풍습
　에 영향을 받은 민간의 관념으로 형성되어 애니미즘적인 질병관념
　으로 불려지기 때문에 질병학적 의미가 있기는 하지만 입무과정에
　치러야 하는 병이라는 점에서 영적인 의미가 있다(p. 24).

이러한 차원에서 그는 신병을 연구하는 데 정신병리적인 지식만
으로는 부족하다는 것을 느끼게 되었다고 술회하고 있다. 그래서
인지 이부영은 「입무과정의 몇 가지 특성에 관한 분석 심리학적 연
구」(1969)이라는 논문에서 입무과정의 상징성에 대해 인류문화학
적 입장과 분석심리학적인 해석을 하였다. 여기에서 그는 엘리아
데의 연구를 인용하여 중앙아시아 무당들의 입무과정, 특히 그들
이 입무과정에서 겪는 해체의 고통과 한국무당이 겪는 입무과정의
고통을 현대 심리치료과정에서의 자아 성장을 위한 아픔과 비교하

---

1) 이부영은 그 논문(1965)에서 신병을 무병(巫病)이라고 부르고 있으나 이 책에서는 편
　리상 신병이라고 부르겠다.

였다. 또한 신병의 상징성을 한국무속에서 무당이 되는 과정에만 국한하지 않고 삶의 의미를 상실한 신경증 환자, 망아의 세계에 빠져들기 위하여 약물의 힘을 빌리는 약물중독자들, 그리고 히피나 과격한 사회운동가들에게서도 찾아보았다. 또한 입무과정의 상징성이 새로운 개체로 전환하는 과정에 있는 개인, 특히 분석심리학 수련과정과 개성화 과정에 있는 사람에게서 나타나는 현상과 상통하는 점이 있다고 하였다.

이부영과 우성일(1990)이 공동 집필한 논문 「'내림굿' 과정의 심리역동과 그 정신치료적 의미에 관한 분석고찰」은 서울지역에서 있었던 두 개의 내림굿에 대한 연구로, 입무자들의 뒷배경과 내림굿의 전 과정을 소개하고 있다. 그리고 한국의 내림굿을 주제자인 주무와 신어머니의 무속적 이념과 의사소통의 방법에 입무자가 적응하도록 요청하는 과정이라고 정의하면서, 이 과정은 단순한 무의식적 투사 기제를 촉진시키는 것이라기보다는 입무자의 고도의 지적 능력, 무속의 기초지식과 상상력의 힘을 필요로 한다고 하였으며, 분석심리학의 적극적인 상상의 원리가 여기에 속한다고 하였다.

이부영의 포괄적인 신병 및 입무과정의 해석에 비하여, 김광일의 신병에 대한 해석은 보다 임상적이라고 볼 수 있다. 김광일(1970)은 논문 「강신몽의 정신분석」에서, 김태곤이 수집한 16개의 강신몽을 정신분석학적 입장에서 분석하면서 강신몽은 신과의 결혼이라는 동기로 일관되어 있다고 하였다. 그 동기는 유아기 근친상간 욕구의 환상적 성취, 공생적 상호의존, 적의를 가진 동일시, 열등의식의 극복 등의 심리적 의미를 가지고 있으며, 따라서 강신 과정을 통하여 무당은 자신의 심리적 갈등을 해결한다고 하였다(1970, pp. 262-272). 「병굿의 정신분석」(1972b)에서 김광일은 4개의 신병과 관련된 임상증례를 정신분석학적 입장에서 분석하면서 신병을 자아상실에 따른 제2의 성격의 등장으로 보고 다음과 같이 정의하고 있다.

> 신병은 괴로운 현실로부터 환상의 세계로 도피하려는 동기에서 나타나는 현상으로 적개심을 가진 주위사람들로부터 2차적인 이득을 기대하는 경향이 있다. 또한 신병은 유아기의 환상적 소원을 성취, 즉 부모에 대한 의존욕구 혹은 유아기의 부모에 대한 적개심을 신, 조상, 부모가 몸에 들어온다는 빙의현상 속에서 신과의 결혼으로 상징적으로 해소시키고 있으며, 각 증례에 따라 갈등의 표현이나 해결 방법에 차이가 있으나 오랫동안 갖고 있던 불만과 갈등을 무속의 가치관에 투사해서 해결을 모색하는 노력의 표현이다(1972b, pp. 297-299).

황해도 내림굿과정이 한국인들의 '한'의 해방과 관계가 있다고 본 이재훈(Lee, Jae-Hoon, 1989)은 허주굿에서 허주를 벗음으로써 표면적인 개인의 콤플렉스가 해소되고, 집단무의식의 표현이라고 볼 수 있는 몸주를 받아 원형적인 에너지와의 연결로서 한의 요소로부터 해방되고, 강신굿에서 강신 무당으로 변신된 모습으로 공수를 할 수 있게 되는 것이라고 하였다.

이부영과 서경란(1994)은 두 개의 '병굿'을 정신치료학적으로 고찰하면서 병굿은 현대 정신치료적인 면도 있지만 조상신, 신령 등과의 만남이라는 초자연적인 누미노제의 체험을 마련해 주는 기회이며 공동체의 유대와 화목뿐만 아니라 조상과의 유대까지도 강화시킴으로써 삶의 안정을 도모하는 의의를 가지고 있다고 하였다.

사회심리학적 접근

입무과정과 신병을 사회심리학적 입장에서 다룬 학자로는 김영숙, 김열규, 윌슨(Wilson), 켄달(Kendall)을 들 수 있다. 김영숙(Harvey, Kim, 1979, 1989)은 여섯 명의 한국 여성무당들의 생애를 바탕으로 신병과 입무과정에 대한 사회심리학적 해석을 하면서 한국무당의 신병현상과 전통사회 속에서 차지하는 여성의 위치와의 관련성을 지적하고 있다. 그는 한국의 무당 대부분이 여성이며 그들이 입무하게 되는 동기는 사회나 가정이라는 규범 속에 그들에게 기대하는 역할이 그들이 원하는 역할과 같지 않음에서 비롯된다고 하였다. 따라서 신병은 재질이 있는 여성들이 인간으로서의 존엄성을 상실하였을 때 나타나는 증상이며, 신병은 궁지에 처해 있는 이러한 여성들의 심리적인 탈출구라고 했다. 또한 한국의 소설 속에 나타난 부정적인 무당의 모습은 주로 여성으로 구성된 한국 무속사회에 대한 한국사회의 편견에 기인한다고 보고한 윌슨(1983)은, 부당하게 억눌려 살던 여성이 무당이 됨으로써 억압자와의 역할반전을 통하여 가정과 사회에서 강력한 힘의 소유자가 되어 가는 변화과정을 자세히 기술하고 있다.

김열규(1980)도 현대 무속현장에서 입무와 접신현상의 사회문화적인 측면에 대하여 언급하면서, 접신현상이 가난하고 불행한 가정의 여성들에게 집중적으로 나타나고 있다고 하면서(p. 172), 이러한 현상은 여성이나 소외된 자들의 '유보된 전략(Reserved

strategy)'이자 그들의 생존수단이라고 하였다. 저명한 문화인류학
자인 루이스(I. M. Lewis, 1989)도 이와 같은 견해를 내놓았으며, 그
외에 한국여성과 무당들의 제의 활동의 사회성을 연구한 켄달
(1985, 1988)도 한국여성들의 어려운 사회적 위치가 무당이 되게
한다는 입장을 취하고 있다. 이재훈(Lee, Jae-Hoon, 1989)은 신병
의 근원은 '한'으로서 여성뿐만 아니라 서자, 천민 등 다른 소외된
계급에서도 찾아볼 수 있다고 하였다. 이러한 접신과 입무에 관한
사회문화적인 관점들은 마음에 상처가 있는 사람에게 귀신이 범접
한다는 말과, 샤먼을 '스스로의 상처를 치유한 치유자(wounded
healer)'라고 부르는 것과 통하는 이야기라고 볼 수 있다.

사회심리학적으로 신병과 입무과정을 보는 여러 학자들의 관점
을 종합한다면, 신병이 무속적 경향이 강하고 남존여비 사상에 젖
어 있는 한국 전통사회 속에서 사회적으로 열등한 위치에 있는 여
성들에게 많이 나타난다는 것과, 내림굿이라는 제의적인 과정을
거치면서 신병이 치료되고, 나아가서 다른 신병환자들을 치료할
수 있는 능력을 가지게 됨으로써 사회적으로 인정받고, 경제적으
로 독립된 치료자로 변신하게 한다는 점이라고 하겠다. 이부영과
우성일(1990)의 논문에 소개된 박씨무당은 40대 가정주부로 한국
전쟁 때 아버지와 큰오빠를 잃고 무당인 어머니와 자기를 천대하
는 작은오빠의 집에서 자라났다. 공장에서 일하다가 만난 연상의
남편과 결혼하고 살아가면서 가정불화와 가난으로 고생하던 중
신병을 경험하고 내림굿을 하게 되었고, 성공적으로 '신내림'을 받
아 강신무가 되어 가는 과정에 있는 여성으로 이러한 역동을 잘 보
여 주고 있다. 박씨의 경우 입무과정과 내림굿 직후의 결과만 보고

되어 있어서 그의 사회적인 역할 변화는 뚜렷하지 않다. 김영숙
(Harvey, Kim, 1979)과 켄달(Kendall, 1985, 1988), 윌슨(Wilson,
1983) 등의 연구는 한국 여성무당들의 생애를 통한 입무동기 및 입
무 후 무당으로서의 생활상과 새로운 역할에 대처해 나가는 모습
을 그리고 있기 때문에, 뚜렷한 사회적 역할 변화를 찾아볼 수 있
다(김진숙, 1993). 그들이 보고한 강신무의 사례들은, 피억압자인
입무자가 억압자에게 영향을 줄 수 있는 신이나 조상에게 빙의함
으로써 신병의 요소였던 억압된 상황에서 해방된다는 접신 현상의
사회적인 입장을 취하고 있다. 예를 들어, 대개가 여성인 한국의
무당들이 신장, 대감 등의 강력한 남성 무신들을 몸주로 모시고 있
는 경우가 많고, 조상 중에서도 영향력이 있는 시댁 조상신을 받는
예가 많다(Kendall, 1983).[2]

윌슨(1983)이 보고한 무당 조씨의 경우, 애써 모은 가산을 첩에
게 탕진한 남편과의 불화 속에서 터주대감과 시어머니의 신을 받
고, 남편에게 마치 자기 아들을 대하는 말씨와 태도를 보임으로써
굴욕적이던 자신의 위치로부터 군림자로 변해 가는 모습을 보이고
있다. 이정용(Lee, Jung-Young, 1981)은 한국의 무신상 273개 중
89%에 해당하는 223개가 남성이라고 보고하고 있다. 이는 대부분
이 여성인 한국의 강신무들이 무신 또는 몸주와의 결혼으로 유아
기의 환상적인 욕구를 충족시킨다는 김광일(1972b)의 주장과, 몸
주가 신성한 배우자 아니무스의 역할을 함으로써 신성력을 매개하

---

2) 켄달(1983)은 25건의 굿에서 나타난 조상이나 귀신들의 모습을 조사하였는데 친정의
   조상 숫자가 27이었는 데 비해 시댁의 조상 숫자는 87로 월등하게 많은 것을 발견했다
   고 했다(pp. 108-109).

는 역할을 하고 있다는 이부영(1978, p. 74)의 입장을 뒷받침해 주
는 것이라고도 볼 수 있겠다.[3] 그러나 내림굿에서 몸주를 받는다는
것의 사회심리학적인 의미는 자신을 학대하는 사람에게 영향력이
있는 신을 받고 그 역할을 함으로써 억압상황에서 해방되는 것
(Harvey, Kim, 1979; Wilson, 1983)과, 경제적으로 독립하게 됨으로
써 개인이 스스로의 힘을 얻게 된다는 점에서 여성해방적인 요소
가 있고 여기에서 몸주는 해방자의 역할을 하고 있다고 볼 수 있다.
그러나 이러한 모든 현상이 가부장적인 체계와 가치관 속에 머물
러 있다는 측면에서 여성들에게 진정한 해방의 통로는 되지 못한
다고 하겠다. 진정한 여성해방의 통로는 집단의식적인 수준의 의
식화가 아니고 원형적인 여성 정신을 회복하는 것을 통해서만 가
능하다고 할 수 있다(Harroll, 1983, 김진숙 역, 2000).

2) 내림굿의 치유적인 요소와 예술치료

망아체험 및 강신과 빙의

망아체험(ecstase)은 "한 사람의 자아 또는 정신적인 상태로부터
벗어나 격렬하거나 고조된 느낌의 상태로 들어가는 것"(Random
House에서 출판한 사전)으로, 관련 학자들의 망아체험에 대한 정의
는 상이하다. 심리학적으로 본 망아체험은 자아-의식이 사라지면

---

3) 이부영(1981, 1986a)은 전통윤리가 가져다주는 가정문제가 한국 여성들의 정신생활
에 미치는 영향에 대하여 언급하였고, 김광일(1970)은 남존여비사상에 뿌리박힌 전통
사회 속에서 여성의 열등한 위치와 견딜 수 없는 상황에서 벗어나기 위하여 무당이 되
며(p. 266), 굿을 하는 동안은 최고의 실력자로서 자기가 되고 싶었던 권력자로 차례차
례 변신한다(p. 267)는 사회적인 측면을 다루었다.

서 무의식으로부터 지배되는 현상이고, 빙의(possession)는 나보다 더 큰 것, 절대적인 타자가 내 몸에 들어와 타자로서 내 입을 통해서 말과 행동을 하게 하는 현상이다.

한국의 무당은 저승으로의 여행은 하지 않지만 저승의 신령들, 귀령들을 불러서 이들에게 빙의됨으로써 이승과 저승을 이어 주는 역할을 한다. 내림굿은 우리 문화 속에 살아 있는 제의(祭儀)로서 원형적 치유의 경험을 하게 한다. 내림굿을 통하여 치유자 무당이 되는 영적인 차원의 변형이 가능한 것은 망아상태에서 강신, 즉 신내림의 경험을 통하여 인간무의식 속에 자아보다 더 깊고 큰 절대 '타자' 로서의 자기상징과 같은 神의 이미지[4]가 출현함으로써 정신적으로 고양되기 때문이라 하겠다. 개인적 무의식 영역에만 의존하고 치료를 하는 치료자는 망아체험에 대하여 삼킴을 당할 수도 있다는 두려움을 가질 수 있을 것이다. 그러나 초개인적인 차원에서 치료하는 샤먼은 상실할 어떤 자아도 가지고 있지 않기 때문에 환자의 생을 위한 투쟁에 적극적으로 참여한다. 샤먼적인 치유에서 이 두 개인의 생존을 위한 분투가 하나의 서사적인 여로로서 결합된다. 물론 샤먼적인 망아체험이 모두에게 도움이 되는 것은 아니다. 자아가 유약하여 무의식의 지배를 받는 상황에서 해체현상이 나타날 수 있기 때문이다. 망아상태에서 샤먼이 정령과 소통하

---

4) "自己는 Johannie나 Pauline의 집필에서 밝힌 내면의 그리스도 혹은 그리스도와 하느님으로 나타난다고 하겠으며 이는 마치 아트만(Atman)이 개별된 인격상의 自己로 나타나는 동시에 우주적인 인격의 원칙으로 나타난다는 것과 道敎에서 개인의 마음과 우주 속에 일어나는 일련의 사건들이 필연의 관계를 가지고 있다는 道敎의 '道' 개념에서 찾아볼 수 있다." ("Psychological Approach to the Dogma of the Trinity", *Psychology of Religion, C.W., 11*, p. 153)

는 것에 대한 심리학적인 의미는 분석/치료자의 훈련에서 항상 강
조되는 정신 내면의 부분을 경험을 통하여 자기의 살과 피로 소화
시키는 동화과정이다. 샤머니즘은 무엇보다도 이러한 감정적인 역
량이 얼마나 중요한가를 인식하게 하는 데 그 특징이 있다. 이러한
작업은 지적인 이해만으로는 불가능하고, 자아를 넘어서는 초월적
인 체험, 즉 망아체험만으로 가능하다 하겠다.

　한국의 무속에서는 망아체험보다는 강신과 빙의, 특히 조절된
빙의[5]차원의 색채가 훨씬 짙다. 유동식(1975)은 이러한 무당의 무
신빙의, 즉 무당이 신의 역할을 대행하는 등의 연극성이 한국 굿의
특징이라고 하였다.[6] 한국의 샤먼이라고 할 수 있는 무당은 세습무
와 강신무의 두 계통으로 나뉜다. 중부와 그 이상 지방의 무당만이
망아체험을 통한 신탁을 내리고 신병을 앓고 내림굿을 통해서 무
당이 되는 전통을 지니고 있고,[7] 당골이라고 불리는 영호남의 '만

---

5) 루이스(Lewis, 1989)는 빙의가 귀신의 범접으로 병이 생긴 경우와 혼동되기 쉬우므로
　샤먼의 경우에 일어나는 '조절된 빙의(controlled possession)'와 정신병 환자의 '조
　절되지 않은 빙의'로 나눌 필요가 있다고 주장했다. 인류학자로서 샤머니즘을 실제로
　치유에 적용하는 하너(Harner, 1990)의 샤먼적인 의식상태(shamanic state of
　consciousness: SSC)의 개념도 루이스가 주장하는 '조절된 빙의'의 개념과 비슷하며,
　다른 인류학자들이 말하는 변용된 의식상태(altered state of consciousness)와 구별
　되는 의식상태다. 동유럽 출신의 인류학자 굿맨(Goodman, 1986)도 '조절된 빙의/황
　홀경'을 실제로 치유에 적용한 경우에 속한다. 그녀는 여러 문화권에서 나타나는 '망
　아체험에 이르게 하는 신체체위(trance posture)'를 발견하였고 특정한 환경에서 그러
　한 체위를 하게 함으로써 황홀경에 들어가게 하는 시도를 하였다.
6) 스카라(Siikala, 1978)가 보고한 시베리아 무당과 Obeyesekere(1981)가 보고한 스리
　랑카 무당의 경우도 신을 받아 그 역할을 대행하는 것을 볼 수 있다. 황해도 내림굿의
　경우는 상징적인 무구사용이 두드러져 보이기 때문에, 각 과정에서 놀아지는 무신들
　이 뚜렷하지 않으나(김인회, 1987; 황루시, 1988), 서울지방의 내림굿과 재수굿은 각
　거리에서 놀아지는 무신의 성격이 뚜렷하다(이부영, 우성일, 1990).

신'과 제주도의 '신방'은 망아체험이 없으며 배우 같은 연기 측면이나 예술성이 강조되고 있다.[8]

이부영과 우성일(1990)의 논문에 소개되는 박씨무당의 경우, 내림굿거리에서 마치 자신 없는 배우처럼 횡설수설하다가 신을 받지 못하여 자포자기상태에 빠지면서 한국전쟁 중 돌아가신 아버지를 부르면서 통곡(개인적인 한의 표현)을 하다가 차츰 몰입하게 되는 것을 볼 수 있다. 주무와 신어머니가 아버지가 어떤 역할의 무신으로 왔는가를 물었을 때, 일월도사로 왔다고 함으로써 자신의 아버지에 대한 한(심리적인 콤플렉스)을 무신차원(문화적으로 허용되는 특정한 신의 역할)으로 승격함으로써 그의 격한 감정에 여유를 찾고, 또 칠성신 약수보살 등의 중요한 무신으로 빙의 내지 그들을 몸주로 받아들이면서, 명실공히 점도 보고 공수도 하는 강신무당이 되어 가는 것을 볼 수 있다.[9]

정신분석적으로 볼 때 박씨무당의 내림굿과정에 나타난 빙의현

---

7) 그러므로 샤먼에 해당되는 것은 엄격히 말해서 중부와 그 이북의 강신무계라고 할 수 있지만, 사제의 역할을 더 많이 하는 당골이나 점을 치는 '명도', 신의 뜻을 탐색하여 그 뜻을 전하는 통역자의 역할을 하는 '신방'이나 모두 한국무속의 범주에 포함시켜야 할 것이다(이부영, 1993).

8) 그들이 예술적인 전통을 어린 시절부터 전수받은 때문인 듯하며, 예술성이 돋보이는 씻김굿이나 다시래기 등으로 이어지고 있는 남해안의 무속의 전통이 한 예가 될 것이다. 그러나 치유목적으로 시행되었던 의식들이 공연 위주의 문화상품이 되어서 본래의 기능이 퇴색되어 버린 듯하다.

9) 이부영과 서경란(1994)이 한국무속에 나타난 망아체험을 정신치료적인 관점에서 보고하는 병굿 사례에서 "무당 자신들도 격렬한 타악기의 반주에 맞추어 회전무, 도무를 추다가 갑자기 황홀경에 빠진 표정을 하는 등 자주 망아체험을 하는 것이 관찰되었고, 평안도 다릿굿, 함경도 망묵굿, 제주도 시왕맞이에서도 등장하는 수왕가르기에서 제금과 장고의 빠르고 강한 장단에 맞춰 무당이 몸으로 천을 천천히 가르고 나서 공수를 주고 다시 한 갈래로 꼬면서 황홀경에 들어간다."(p. 116)는 것이 소개되고 있다.

상은 심리적인 콤플렉스가 특정한 무신빙의(역할)를 통하여 표출
되는 현상으로 볼 수 있고, 박씨가 내림굿과정에서 아버지, 보호
자, 치료자, 몸주를 동일시하는 것과 박씨가 받은 무신상인 일월도
사, 약수보살 등의 강력한 남성 신들은 아버지 콤플렉스에 대한 전
이현상으로 볼 수 있다.[10] 박씨는 어린 시절에 죽을 고비를 넘겼고,
또 자신의 얼굴에 흉터를 남긴 천연두를 신격화한 무신인 별상동
자를 몸주로 섬기고 있는데, 이것은 박씨가 두려움의 대상(fearful
object)을 사랑의 대상(love object)으로 전환하여 생의 초기에 신체
를 통해 겪은 마음의 상처를 극복하기 위한 일종의 방어기제에서
나온 현상으로서 사랑과 미움의 대상이 전이된 모습이라고 할 수
있다.

분석심리학적 측면에서 내림굿과정은 여러 가지 예술적인 작업
으로 "입무자의 의식을 의도적으로 느슨하게 하여 무의식의 복합
적인 감정을 무속전통에서 규격화된 무신의 이름으로 언어화, 행
동화함으로서 객관화하는 것, 소위 '신내림'을 받은 상태로 유도함
으로써 무의식의 내용을 구체화하는 분석심리학의 적극적인 상상
[11]의 원리와 동일하다고 볼 수 있다."(이부영, 우성일, 1990)고 하였
다. 또한 무신빙의는 굿 과정에서 연기를 통한 무의식의 심상인 타

---

10) 이러한 현상은 일시적으로 퇴행함으로써 얻어지는 치료적인 효과는 기대할 수 있으
나, 개인을 유아적인 정신상태에 머무르게 하는 무속의 한계 내지 폐단이 될 수 있다
고 하겠다.

11) 케레니와 공저한 책 *Essays on a Science of Mythology*에서 융은 적극적 상상에
대하여 "내가 창안한 내면의 이미지의 흐름을 관찰하기 위한 내성(introspective)의
한 방법이다."(1949, p. 228)라고 했다. 적극적 상상은 무의식의 내용을 자발적으로
현시화한 것을 이해하는 융의 방법으로, 심상, 신체-동작, 단어 또는 음악 등이 사용
될 수 있다고 했다.

자, 즉 객체정신(object psyche)의 출현이 문화적인 형태로 나타나는 현상으로서 굿이라는 안정된 공간과 주무의 도움으로 위협적이지 않게 정신체계 속으로 편입되고 강력한 치유의 신과 하나가 되는 일종의 신비적인 참여의 경험을 하게 됨으로써 인간정신의 의미와 힘을 고양시키는 현상이라고 하겠다. 박씨가 내림굿과정에서 몸주(무의식 속의 '절대적 타자')로 받은 칠성신은 불교와 무교가 혼재되어 있는 한국무속의 특성을 대변하는 신으로 자기의 상징인 소가 끄는 수레를 타고 강림하는 장엄한 모습[12]의 강력한 무신으로서 신성력을 매개하는 그녀의 신성한 배우자 아니무스의 역할을 하고 있다고 해도 좋을 것이다. 또한 박씨의 몸주 별상동자는 치료의 변화를 가져다주는 한국의 치료자의 원형상이자, 마음의 통일을 가져다주는 내적인 힘을 가지고 있는 집단무의식의 원형인 아령(兒靈)인 듯하며(이부영, 1986b, p. 5), 이러한 어린이원형은 내적인 성장이 시작된다는 창조적인 의미일 뿐만 아니라 의식의 과도한 전진에 대한 보상의 기능을 하는 중재적 의미의 상징(융 기본 저작집, 2권)이라고 볼 수 있다. 내림굿과정에 놀아지는 몸주 및 다른 한국무속 신들을 한국인들의 심성을 대변하는 신들의 집합체 만신상(pantheon)이라고 볼 때, 내림굿에서 입무자가 빙의하는 몸주의 성격이 입무자의 입무 동기와 관계가 있을 뿐만 아니라 무당이 보유하게 될 특정한 치유적인 능력과 관련이 있다고 가정할 수 있을

---

12) 보스턴 박물관에 소장된 14세기 초의 고려 치성광여래불왕림도(熾盛光如來佛往臨圖)와 이를 계승한 조선 선조 2년(1569)작 치성광여래불제성왕림도(熾盛光如來佛諸星往臨圖)는 고려의 천문도로, 천상에서 소가 끄는 수레를 타고 내려오는 내용의 그림이다(2003년 10월 8일 연합뉴스; 김진숙, 2006a에서 재인용).

것이다.[13] 이러한 측면에서 무신의 성격이나 감성에 대한 파악이
중요한 과제로 등장하게 된다. 무라야마 지준(村山智順, 1929)과 김
태곤(1976, 1981, 1985)이 여기에 대한 연구를 수행하였다. 그들의
연구는 이부영(1981)이 지적한 대로 감성적 성격묘사가 없는 것이
한국인들의 심성연구에서 아쉬운 점이다.

타계여행으로서의 망아체험

샤머니즘의 가장 핵심적 체험은 샤먼의 망아경을 통한 저승으로
의 여행이다. 망아체험은 위험한 순간이지만 치유적인 변형을 위해
서 거쳐야 할 밤바다 여행과 같은 것이라 하겠다. 샤먼들은 스스로
강력한 정동반응을 수반한 망아체험에 들어가고 나가는 마력을 얻
기 위하여 가혹한 고행을 감수하며 신체적이고 정신적인 죽음을 무
릅쓴다. 이러한 유도된 망아상태에서 보호신의 도움을 받아 천상계
와 지하계로 여행하고 잃어버린 영혼을 빼앗아 간 악혼과 싸워 이를
물리치거나 죽은 자의 영혼을 데리고 험난한 길을 헤쳐 저승으로 인
도하였다. 그러나 일단 입무의 고행과 시련을 이겨낸 경우 공동체
성원으로부터 강력한 존경과 기대의 대상이 되었다(이부영, 1993).[14]

---

13) 김광일, 이근덕, 김명정(1979)은 빙의현상의 정신의학적 중요성은 빙의현상을 통하
여 한 인간의 정신내면의 세계를 이해할 수 있고, 전통문화와 정신병리와의 관련성을
이해하는 데 중요한 단서가 된다는 점이라고 하였고, 이부영(1981)도 무신의 성격과
한국인의 심성과의 관계 및 정신치료적인 의의 등에 대하여 논하였다.
14) 그러나 한국에서는 무당을 부정적으로 보는 경향이 있다. 이러한 현상은 주로 여성
으로 구성된 한국 무속사회에 대한 편견에 기인한다(Wilson, 1983)고 볼 수도 있고,
실제로 입무과정의 경험 없이 경제적인 목적으로 활동하는 무당들이 많아서일 수도
있다.

샤머니즘과 예술치료의 연관관계에 대한 연구를 하던 1990년대 초반 저자가 관심을 가진 연극연출가 콜(Cole, 1975)은 공연 시 배우가 작품 속의 인물이 되어 거기에 몰입할 때 자신을 잃어버리는 경험을 하기 때문에, 타자가 되어 연기하는 경험은 망아체험이자 샤먼의 타계여행이라고 하였다. 구체적인 현실을 잊을 정도로 어떤 작업에 몰입하면 시간이 상대화된다는 것은 경험해 본 사람들은 알 것이다. 특히 예술치료 상황에서 이런 현상들을 자주 보게 된다. 예술치료에서 내담자가 몰입한 나머지 시간이 지난 것을 모르거나 자신이 한 것을 기억하지 못하는 현상들을 자주 목격한다. 이러한 현상은 마치 내담자가 스스로의 샤먼이 되어 이승에서 저승이라고 할 수 있는 무의식으로의 타계여행을 하여 본래적으로 소유하고 있는 인간정신 속의 보물을 가져다가 자신과 주위 사람들을 유익하게 한다는 샤먼적인 은유가 예술치료에서도 동일하게 적용되고 있음을 보여 주고 있으며 이는 시공을 초월하는 현상이라고 봐도 좋을 것이다.[15]

비록 콜(Cole, 1975)이 연기 자체가 타계여행이라고 표현한 것은 배우가 극중 인물에 몰입하는 현상을 은유적으로 표현한 것이지만, 치유적인 변환의 목적으로 시행하는 역할극에서 역할 선택(role-taking)과 역할연기(role-playing)는 피치료자로 하여금 특정한 인물로 몰입/빙의하게 하고 변화된 모습으로 돌아올 수 있는 일종의 샤먼적인 의식의 통로일 수 있다는 점에서 예술치료사들에게 시사하는 점이 크다고 본다.[16]

---

15) 분석심리학자인 민델(Mindell, 1984)의 새로운 샤머니즘 개념도 이와 유사하다.

정신분석학자이자 연극치료사인 어윈(Irwin, 1979, 1983, 1985, 1988)은 연극치료에서 연기는 갈등과 성격의 묘사, 인간관계에 초점을 둔 상징화를 통해 자신의 생각이나 소원 그리고 두려운 감정을 명료화하고 구체화하는 수단이며, 연극치료에서 역할을 연기한다는 것은 사고의 과정과 환상을 외부세계로 나타내게 하는 전달수단이 된다고 하였다. 이러한 맥락에서 사용되는 역할연기는 심리치료의 한 가지 매개체로서 환자들의 심리적인 콤플렉스를 해소하고 그들에게 성격의 변화를 가져다줄 수 있는 가능성이 있다. 따라서 어떤 역할을 어떻게 이끌어 나가는가를 살피는 것이 심층적인 연극치료에서 중요하게 다루어진다. 역할연기 자체가 망아체험이자 타계여행이라고 보는 콜의 개념을 이러한 가능성과 접목하여 볼 때 무신빙의(역할연기)는 개인적인 콤플렉스를 해소하는 차원에 머물지 않고 자아의식과 무의식과의 관계가 활성화되어 누미노제적인 체험을 할 수 있게 된다고 가정할 수 있다. 변용된 의식성으로 대변되는 접신, 빙신, 탈혼/빙혼, 트랜스, 망아체험을 매개로 하여 샤먼이 죽음과 무의식으로의 여행을 통하여 찾은 보물을 의식으로 가지고 온다는 것의 의미는 예술치료에서 예술작업을 통한 가시적, 자아차원을 넘어서는 경험, 즉 미지의 무한한 저승, 무의식으로의 여행으로서 무의식의 의도를 알아본다고 봐도 좋을 것이다.

---

16) 저자는 프랫대학원 예술치료전공 석사학위 논문 「Art Therapist as a Guider to World of Unknown」(1984)부터 이러한 샤먼의 통로적인 접근을 해 오고 있다. 예술치료를 시작함으로써 지표/의식상태에서 지하, 모르고 있는 자신의 부분을 대면하고 통합하고 거기에 있는 보물/지혜를 가지고 돌아와 자신의 치유도 되고 주위사람들에게도 유익하게 하는 모습을 봐 오고 있다. 이러한 맥락으로 시행되는 예술치료작업은 샤먼의 타계여행으로 생각해도 좋을 듯하다.

내림굿의 제의적인 구조

고대부터 주술, 풍요, 축귀의 목적으로 인류가 사용해 온 그림, 부적, 주물 그리고 춤과 노래는 인류 최초의 언어이자 몸짓으로서, 이러한 예술작업이나 행위를 통한 제의를 통하여 인간은 우주 그리고 신과 하나가 되고 그 힘으로 질병을 물리친다는 믿음은 시공을 초월하는 현상으로 원래부터 있어 온 보편적인 인간정신의 표현방식이며 일정한 구조가 있어 왔다는 것은 당연하다. 문화인류학자 터너(Turner, 1969)[17]는 아프리카 엔뎀부(Ndembu)족의 성인식에 대한 연구를 하면서 여러 문화권에서 채집한 제의과정들에서 이러한 구조를 발견하고 '3단계과정 제의이론(tri-partite ritual process)'을 만들었다. 그는 모든 제의가 pre-liminal단계, liminal단계, post-liminal단계의 순서를 거친다고 하였다. 터너가 말하는 liminality는 라틴어의 'limen', 즉 이 세상도 저 세상도 아닌 중간이라는 의미에서 유래되었고 의미적으로 볼 때 위니캇(Winnicott, 1971)의 중간현상(transitional phenomena)과 비슷한 개념이지만 개인의 심리적인 영역이 아닌 집단적인 문화 영역이라는 것이 다르다. 한국의 굿을 구조적으로 연구한 유동식(1975)도 각 굿거리의 과정이 지역마다 혹은 굿의 목적에 따라 다르기는 하지만 모두가 서장, 중장, 종장의 원칙에 의하여 이루어지고 있다고 했다. 유동식이 주장하는 삼대 무속신들(대감, 제석, 성주)이 중장에서도 중앙, 즉 재화와 수호를 주관하는 무신들의 보호를 받는다는 것은 재수굿에서 한국의 굿이 삼대 무신의 절대성을 존중함으로써 오는 기복적인

---

17) 현대인들도 부족민들의 사고와 같은 '기본구조'를 가지고 있다고 주장한 레비-스트로스의 후예로서 1960년대 구조주의적인 문화인류학자.

치료성을 확대시키기 위한 것이라 하겠다. 한국에서 시행되고 있는
여러 가지 형태의 굿의 기본이라고 보고 있는 재수굿은 12거리로
구성(유동식, 1975; Lee, 1981)되어 있고, 한국 굿이 청신, 오신, 송신
의 구조를 가진다고 한 것도 이와 비슷한 맥락으로 볼 수 있다.

제의가 가지는 공통적인 구조에 대해서는 다른 관련학자들도 보
고하였다. 여러 종교들의 예배의식을 관찰한 공연학자인 셰크너
(Schehner, 1985)의 연구에서도 비슷한 발견을 하였고, 문화인류학
자 마이어호프(Myerhoff, 1974)도 남미원주민들이 신성하게 생각
하는 Pyote라는 선인장을 채집하는 전 과정이 제의적으로 시행됨
을 보고하고 있다.

liminality가 문화인류학적인 용어라면 중간현상(transitional
phenomena)은 심층심리학적인 용어로서 어머니에게 집중되어 있
던 유아의 관심이 약 4~6개월부터 외부대상에게 확산되는 현상
으로, 아기와 어머니의 젖가슴과의 관계, 주체와 객체와의 관계,
외면과 내면과의 관계가 겹쳐지는 곳에서 발생한다. liminality와
transitional phenomena는 두 가지의 정신적인 세계가 만나는 공
간에서 일어나는 제3의 현상으로서 이러한 영역의 창출은 개인의
성숙과 전인적인 인간이 되기 위한 과정에 필요할 뿐만 아니라, 과
거에 받은 심리적인 상처를 치유하고, 조화롭게 하고, 자아와 무의
식과의 관계를 합일시키고, 자기실현을 향하는 여정으로 이끌어
가게 한다는 점에서 중요하게 다루어야 하는 주제다. 특히 개인사
위주의 심층심리치료학과 범문화적 현상인 샤머니즘적 치유의 만
남에 핵심적인 개념인 만큼 심도 있는 연구를 요한다.[18]

융은 「리비도의 전환」이라는 논문에서 제례적인 구성요소에 대

하여 "대부분 수호하고 재앙을 막아 주는 의미를 지닌다."(융 기본 저작집, 7권, p. 251)라고 하였다.

한국의 굿 과정을 도표로 살펴보았을 때, 재수굿에서 기복의 핵심이 되는 3대 무신거리([그림 5-1]), 내림굿에서 내림굿거리([그림 5-2]) 등 핵심적인 거리들이 중간부분인 liminal단계에 있다는 것, 그리고 주무가 일정한 무신을 초청하여 그 역할을 대행하는 다른 일반굿거리와는 달리 입무자가 주인공으로서 굿당 중심에 내세워지고 주무자들의 지시에 따라 신내림의 경험을 하는 것을 확인할 수 있다.

내림굿의 제의적인 구조는 모든 제의과정과 다르지 않은 구조를 가진다고 하겠으나 그 목적의미가 신내림을 받는 것이라는 점이 다르다.

이러한 제의적으로 보호된 공간에서 소위 '신내림'을 받은 상태가 유도된 환경에서 박씨는 몸주신을 받게 되는 것을 볼 수 있다. 엘리아데(1963)는 "모든 제의가 신화의 재연"으로서 새로운 삶을 시작하고, 개인을 우주적인 축과 연결시킨다고 하였다. 이러한 신화를 매개로 한 의사소통은 단절되었던 입무자의 무의식과 집단무의식이 활성화되고 표출됨으로써, 자기원형(Self archetype)[19]으로 몸주를 받는 누미노제적인 체험을 계기로, 신성력을 가진 무당이 된다고 하겠다.

---

18) Liminality and Transitional Phenonmena, Chiron Clinical Series ill: Chiron Publication, Willnette, Illinois, 1991 참조.
19) 자기원형상은 반드시 眞理의 여러 權化, 山神靈과 같은 인격상으로만 나타나는 것이 아니라 귀중한 보배, 四位와 원으로 구성된 Mandala像 등 수많은 비인격적인 像 속에서도 나타난다(Jung, 1976; 이부영, 1986b, p. 5에서 재인용.).

1. 부정거리(Purifying) ————————————— pre-rite(서장)
2. 가망거리(Calling gods)
3. 산상거리(Spirit of Mountain) ——————————┐
4. 별상거리(Special Messenger)   pre-liminal
5. 대감거리(Spirit of Prosperity) ——————┐
6. 제석거리(Spirit of Longevity)   liminal(중장), core, 三大巫神
7. 성주거리(Spirit of Household) ——————┘
8. 호구거리(Spirit of Smallpox)   post-liminal
9. 구능거리(Spirit of Warrior) —————————————┘
10. 창부거리(Spirit of Actor)
11. 말명거리(Spirit of Dead)
12. 뒷전거리(After math) ————————————— post-rite(종장)

[그림 5-1] 유동식과 터너의 제의과정이론으로 본 재수굿

1. 부정거리 ——————————————┐
2. 가망거리 ——————————————┤ pre-rite(서장)
3. 대감거리
4. 별상거리
5. 창부거리   pre-liminal
6. 불사거리
7. 신장거리
8. 대신할머니거리 ——————————————┘
9. 내림굿거리 ———————————————— liminal(중장)
10. 장군거리
11. 터대감거리   post-liminal
12. 조상거리
13. 진오귀거리 ——————————————┐
14. 뒷전   post-rite(종장)

[그림 5-2] 유동식과 터너의 제의과정이론으로 본 서울내림굿(이부영, 우성일, 1990)

터너의 제의이론을 박씨무당의 입무과정에 적용시켜 보면 〈표
5-1〉과 같이 집약된다.

Lee(1981)는 재수굿과정을 자세히 묘사하고 있다. 각 거리에서
무당이 그 거리에 해당하는 무신의 옷을 입고 무가와 춤으로 시작
하여, 좌측으로 돌아가다가 한곳에 서게 되고, 빙의가 된 무당이
공수를 한 후 무가와 춤으로 마감한다. 그는 이와 같은 행위가 각
각 세 번씩 반복된다고 하면서, 숫자 셋[20]이 한국 무속에서 완성을
의미한다고 했다. 이부영, 서경란이 채집한 병굿의 경우에서도 이
러한 과정을 볼 수 있다.

융은 망아체험이 '리비도의 퇴행적 정체'에 해당하는 다양한 무

[표 5-1] 터너의 제의이론으로 본 박씨무당의 내림굿과정

	pre-rite: 내림굿 전	pre-liminal: 도입	liminal: 변화의 경험	post-liminal: 마감	post-rite: 내림굿 후
심리적· 영적 변화	신병환자		내림굿과정		신병증상이 사라지고 치유자 무당이 됨
사회적 역할 변화	경제적으로 의존적인 가정주부				경제적으로 독립 적인 인물이 됨

20) 영웅이 세 번의 모험을 통하여 목적을 달성한다는 것과, 어두운 날 혹은 지하세계에
서 사흘 밤을 보낸다는 것은 신성함에 관계된 문헌이나 신화, 그리고 민담 등 많은 문
화권에 퍼져 있는 주제다. 융은 〈비전 세미나〉에서 사흘 낮과 밤이라는 모티브는 영
웅설화에 나타나는 '밤바다의 여행'을 나타내는 전형적인 표현으로서 이러한 이야기
들 속에서 숫자 셋이 제시하는 것은 개인이 아직 분리되지 않고 숨어 있는 네 번째의
경험을 통하여 무의식의 세계와 연관을 가짐으로써 자기구현 과정을 이해하는 것을
돕기 위한 개념적인 틀을 제공하고 있다는 것이라 하겠다.

절제와 탈선으로 갈 수 있는 가능성이 있다고 하였다(융 기본 저작집, 7권, p. 252). 이러한 관점에서 내림굿에서 보여 주는 제의적인 절차가 전체 굿과정뿐만 아니라 각 거리에서도 적용되고 있다는 점에서 굿의 철저한 구조적인 체계를 엿볼 수 있으며, 이러한 굿의 구조가 리비도의 퇴행적 정체의 이행을 위한 변형의 절차(transformation process)를 어떻게 얼마나 철저하게 시행하고 있는지를 잘 보여 준다고 하겠다([그림 5-1] 참조).

저자는 굿을 관람하면서 한국의 굿이 열두거리라는 기존의 틀을 유지한 가운데 무당들이 고객이나 상황에 따라 적당하게 분위기를 조절하고 있는 것을 관찰할 수 있었다. 조상거리 등으로 분위기가 가라앉으면 광대놀이를 하여 분위기를 띄우는 식으로 진행하고, 굿거리가 진행되는 동안 보조무당들이 상황이 이러저러하니 다음에는 이렇게 하자고 의논하는 것도 보았다. 이러한 현상을 관찰하면서 현대 연극치료를 무당들이 스스로 의논해서 진행해 나가고 있음을 보았다.[21] 여기서는 현대 연극치료에서 이와 직접적으로 연관된다고 보는 감정거리모델(distancing model)만 소개한다.

이 모델의 이론적인 배경은 브레히트(Brecht)의 서사적인 연극(epic theater)의 개념과 사회심리학자인 셰프(Scheff, 1979)의 카탈시스개념이 합쳐진 연극치료모델로 랜디(Landy, 1984b, 1985)가 만든 것이다. 셰프는 Overdistance(OD), Underdistance(UD) 그리고

---

21) 1992년 여름에 경신회(한국무속인들의 단체)의 수석무당 박인오가 몸주가 확실하지 않은 제자무당들을 위하여 가림굿을 하는 장소에서 확인된 사실이다. 경신회에서 내림굿을 받은 무당들에게 무가, 무악을 강습을 하는 것을 관람하면서 굿의 공연예술적인 측면을 엿볼 수 있었다.

Aesthetic Distance(AD)라는 용어를 통하여 다른 수준의 인간 감정의 상태를 설명하고 있다. OD상태는 감정적인 아픔이 차단된 경험 또는 감정이 억압된 상태를 나타내며, 자신과 남 사이에 강한 경계를 필요로 하는 외롭고 경직된 사람, 또는 페르소나가 강한 사람에게 나타나는 현상이고, UD상태는 감정적으로 여리고 감정조절이 약하여 쉽게 압도당하는 감정상태를 나타내며, 타인과 감정적인 경계부재로 강한 불안을 경험, 남의 지지와 감정적으로 혼합되는 것을 필요로 하는 사람들이거나 페르소나가 부드러운 사람에게 나타나는 현상으로 본다. 또한 AD상태는 OD와 UD의 중간에 위치하며, 여기에서 감정의 정화, 즉 치유가 일어난다고 본다. 따라서 감정거리모델에서 치유라 함은 UD상태의 개인을 OD상태(또는 OD상태를 UD상태)로 이끌어 감으로써 AD상태가 되게 하는 것이다. 즉, 이 모델에서 치료하는 것은 여러 가지 연극치료 투사기법들을 사용하면서 OD와 UD에 머물러 있는 환자를 점진적으로 AD 쪽으로 유도하는 것이라 할 수 있다.

감정거리모델의 연극치료 개념은 카타르시스적인 실용성은 있지만 굿이 가지는 제의과정(pre-liminal, liminal, post-liminal)의 개념이 없기 때문에 보편적인 인간정신 차원이 다루어지지 못하고 있다는 한계점을 가지고 있다고 볼 수 있다. 저자의 스승이었던 랜디도 이를 인정하였다.

신성한 공간으로서의 굿당

굿당을 정화하는 방법으로 무당은 목욕재계하고 아침 일찍 산에 올라가 일월성신을 모시고 나뭇가지를 모셔 오거나, 굿을 시작하

기 전에 소금, 물 등을 뿌린다. 어느 굿에서나 제일 먼저 하는 의식
으로서 신청 울림은 악기를 울려서 잡귀를 쫓아내고, 신에게 굿을
하겠다고 알리고 신이 내려오기를 비는 의식으로 하늘을 상징하는
징소리, 땅을 상징하는 장고소리, 천지간의 모든 신들을 의미하는
제금소리를 내며 신을 청하는 굿거리로서 모두 신성한 공간을 창
출하기 위한 것이다.

 예술치료의 경우도 안전한 치료공간이 필수적이다. 이것의 의미
는 실제적으로 침범받지 않는 물리적인 공간과, 심리적 및 영적 체
험을 허용하는 상상적(imaginary)인 용기(vessel)와 같은 공간도 포
함한다. 이러한 공간은 엘리아데의 성과 속의 개념, 루이스의 상상
적인 영역의 개념, 그리고 전체성의 상징, 원형의 출현을 용이하게
하는 아스클레피우스 신전에서의 치유나 점술을 위한 공간(C. A.
Meier; 이부영, 2004a에서 재인용)으로서 신성한 공간(temenos)이라
하겠다. 이 공간은 의식과 무의식이 만나는 장소로서 어린이들의
놀이에서, 성인들의 즉흥연기에서, 영웅과 여걸들이 묘사되는 장
소에서, 모든 창작예술 작업(그림, 조형, 노래 부르기, 춤, 연기, 작곡,
글 쓰기 등)의 창작이 이루어지는 장소에서, 사방의 원칙에 따라서
그려지는 나바호 인디언들의 모래그림, 오방의 원칙을 이용하여
공수를 하는 무당, 기발한 아이디어와 발명, 또는 직관적인 성찰이
솟아나는 곳에서, 신화와 민담으로 구체화되어 이야기되는 장소
등에서 찾아볼 수 있다. 이러한 공간에서 우리의 어린 시절의 정서
적인 패턴과 초기대상관계와 연관된 인간관계가 재연되어 지난날
이 재창조되고, 자연과의 관계를 회복함으로써 우리의 역사가 생
생하게 되살아나게 된다.

전통적으로 종교가 이러한 신성한 공간을 제공하는 역할을 했으나, 최근에 와서는 세속화되어 재력과 권력의 그림자의 영향을 받아 그 기능을 다하지 못하고 있는 실정이다. 이것이 현대인의 정신적 위기에 일조를 한다고 볼 때 성장과 치유를 가능하게 하는 이 상상적인 제3의 공간의 필요성이 부각된다.

에딘저(Edinger, 1985)는 심리치료와 연금술의 상징에 관한 자신의 저서에서, 연금술사의 작업장이자 분석실은 치유에의 기대(expectation)와 염려하는 마음(concern), 적절한 개입(involvement), 사랑하는 마음과 간구(prayer)함이 함께하는 공간이어야 하고, 마치 요리가 만들어지는 오븐이나 새로운 생명이 자라는 자궁 같은 분위기라야 한다고 했다. 이러한 신성하고 안전한 공간(temenos)은 이를 적절히 관리하는 치료자의 역할을 필요로 한다.

신어머니의 역할

하너(Harner, 1980)는 『샤먼의 행로』라는 책의 서문에서 환자들이 병과 죽음과 투쟁할 때 홀로 있게 하지 않고 자신의 생의 에너지를 기꺼이 제공하는 샤먼의 자기희생적인 역할을 강조하였다. 치유과정에서 샤먼이 전적으로 참여하고, 그의 정신, 신체 그리고 영적인 에너지를 능동적으로 투입하는 것은 전통적인 심리치료자의 중립적인 입장에서 전이관계를 지적으로 해석하려는 자세와 매우 대조된다. 그러나 이러한 샤먼의 역할은 환자의 치유에 전념하는 예술치료사의 역할과 그다지 다르지 않다. 자신의 모든 생명력을 제공하며 영적으로 전념하는 행위는 치유를 가능하게 한다는 점에서 돌봄과 치료는 함께 한다고 해도 좋을 것이다. 엘렌버그(Ellenberger, 1970)

가 주술치료의 특징 중 한 가지로 사람들이 심각하고 위험한 질병에 걸렸을 때 약이나 기술보다는 치료자 자체를 믿고 치료자의 인격이 치료의 주된 도구가 된다는 점을 꼽은 것과 같은 의미다(이부영, 서경란, 1994에서 재인용).

이부영과 서경란(1994)이 보고한 병굿 사례와 내림굿 사례에서도 가지고 있던 문제와 그들의 결과는 달랐지만 주무/신어머니의 보살핌이 도움이 됐다고 보고한 것도 같은 맥락으로 이해할 수 있다.

에딘저(Edinger, 1985)는 좋은 심리치료사는 연금술 작업에서 풀무의 불을 조심스럽게 유지하는 연금술사와 같이 세속적이지 않은 공간에서 일상과는 약간 거리를 두고 모든 것은 환자로부터 받아 내고 그들의 영혼이 변할 때까지 기다리는 사람이라고 했다. 여기서는 조용히 기다려야 하는 치료사의 모습을 볼 수 있다. 이러한 샤먼/치료사는 모든 치유가 그들로부터 오는 것이 아니라 그들 안의 신성으로부터 온다는 것을 알고 몸주/수호신령을 모심으로써 자신의 내면의 신성을 받은 샤먼은 그들의 환자를 위하여 전념하는 행위를 통하여 서서히 환자의 내면의 신성과 재연결하도록 하는 것을 허용하고 영적인 것이 활성화될 수 있는 그릇의 역할을 하여 내적 진리가 다른 이와 공유될 공간을 제공한다.

샤머니즘과 분석심리학적인 예술치료의 실제를 잘 보여 주는 접근방법으로서 '진정한 동작(authentic movement)'이 있다. 진정한 동작이란 분석심리학적인 무용치료사 화이트하우스(Mary Whitehouse)가 만든 무용-동작치료 기법으로서 신체를 통한 적극적인 상상이라고 보기도 하지만 샤먼의 타계여행 모티브와 유사한 면을 가지고 있다.[22] 진정한 동작에서 동작자와 목격자와의 관계는 샤먼과 그의 환자와의 관계와 가깝다.

샤먼은 치유의 근본과 생의 토대에 아무 의심도 없다. 샤먼은 만물이 신성한 것이라고 믿고 있고 삼라만상이 살아 있는 신성의 에너지를 담고 있으며, 이것이 세상을 응집하게 한다고 인식하고 있다. 진정한 동작에서 목격자-의식은 그 자체를 인식하는 자기 안의 신성에 대한 표명으로서 목격자는 동작자의 동작이 내면의 신성이 이끌어 간다는 것을 안다. 융에 따르면, 우리가 겪는 곤경의 대부분은 우리 내면에 있으나 오랫동안 잊혀져 온 지혜와 접촉하지 못한 데서 비롯된다고 한다. 꿈뿐만 아니라 진정한 동작은 신체 동작을 통하여 우리로 하여금 이러한 차원의 지혜와 만나도록 해 준다(Avstreih, 1993).

진정한 동작은 '내적 영혼' 혹은 토마스가 이야기한 '초인적인 능력'의 목소리를 들을 수 있는 수단을 제공해 준다. 이것은 우리가 의식적 및 무의식적 정신을 초월한 지식에 가까이 갈 수 있도록 해 준다. 이러한 '새로운 비전' 혹은 '내부로부터의 소견'은 변환 과정에 필수적이다. 심리학적인 측면에서 동작자와 목격자의 관계는 우리가 자신을 새롭게 볼 수 있도록 도와준다. 영적(spiritual)인

---

22) 진정한 동작은 내담자/동작자(mover)가 아무것도 없는 빈 공간에서 아무런 외부적인 자극이나 지시 없이 치료자/목격자(witness)가 보아 주는 가운데 몸이 가는 대로 움직이는 것과 시작과 마감을 알리는 신호로서 작은 놋그릇을 작은 채로 치는 것이 전부인 가장 단순한 형태의 무용치료기법이자 가장 깊은 경험을 하게 하는 무용치료다. 치료적인 일정한 시간 동안 동작을 한 후 바로 토론에 들어가기도 하고 그림을 그리게 하는데 그것은 추상적이었던 동작차원의 경험을 구체화하는 데 좋은 매체가 된다. 마지막으로 동작과 그림에 대한 동작자의 경험을 이야기하고, 목격자가 관찰한 것에 대하여 이야기한다.

측면에서 동작자와 목격자의 관계는 우리가 전체로서의 우리 자신을 볼 수 있도록 도와준다(Avstreih, 1993).

터먼(Thurman)은 후이촐 원주민들이나 티벳 라마승들의 작업이 종교와 예술 간의 밀접한 연관성을 잘 보여 준다고 하면서, 그들은 신성함이 출현되도록 빈 그릇으로서의 자신을 그대로 내어 놓을 수 있을 정도로 개방적인 사람으로 자신의 명예나 이익을 위한 것이 아닌, 높은 영역에 대한 헌신을 위하여 창조적인 작업에 참여하는 사람이라고 했다.[23] 터먼이 묘사한 종교 예술가들의 자세가 인간의 심혼을 치유하기 위하여 전념하는 예술치료사의 자세라 해도 좋을 것이다.

3. 현대사회에서 진정한 샤먼/치료사가 된다는 것의 의미는 무엇인가

심리치료를 받기를 원하는 사람들 중에 자신이 무당이 될 것 같다는 느낌을 가지고 있다는 이야기하는 경우를 자주 접하게 된다. 그러한 경험을 하는 사람들은 그러한 느낌을 두려워하기도 하고 신비화하기도 하는 것을 볼 수 있다. 이러한 현상이 가지는 의미는 각 개인에 따라 다르기 때문에 좋다 나쁘다 할 수 있는 종류가 아니고 아마도 내용적으로 다음의 3가지 차원 중에 하나에 속할 것이다. ① 유약한 자아가 산신령님, 모든 능력을 가지고 있는 막강한

---

23) ARAS, San Francisco Jung Institute, p. 37.

신에게 의존의 욕구를 가지고 있는 경우(정신분석학적인 측면),
② 현실 상황이 너무 열악하여 개인의 존엄성이 무시되는 상황에
서 탈피하려는 통로를 모색하고 있는 경우(사회심리학적인 측면),
③ 치유자가 되라는 부름일 수도 있는 경우(분석심리학적 측면)로
나눌 수 있다.

치료사로서 무당이 될 것 같다는 호소를 접하는 경우는 이 세 가
지 중에 어디에 해당하는가를 분별하는 것이 중요하다고 본다.

유약한 자아의 소유자가 의존의 욕구를 가지고 있을 경우는 우
선 심리적인 지원이 선행되어야 할 것이고, 존엄성이 무시되어 신
병을 안전한 출구로 사용하는 경우는 열악한 현실적인 여건을 완
화시키는 것이 선행되어야 할 것이며, 진정한 신의 부름에 해당되
는 경우는 이를 존중해야 한다는 것이 기본적인 입장이다. 그러나
각 개인의 특성이 있기 때문에 일률적으로 단정하기는 어려운 듯
하다.

무당을 한국의 전통문화 속의 샤먼이라고 볼 때 샤먼은 스스로의
상처를 치유한 치료자로서, 무당이 된다는 것 자체가 좋거나 나쁘
다기보다는 진정한 무당이 되느냐 선무당이 되느냐가 중요하다고
보며, 이는 다른 치료 분야의 전문가에게 적용되는 과정과 다르지
않다고 본다.

진정한 샤먼/치료사가 되기 위해서는 샤먼의 경로를 거친 사람
으로서 저승/무의식의 지혜를 이승에 가지고 와서 자기와 공동체
를 이롭게 할 수 있을 만큼의 충분한 훈련과 분석의 경험이 있어야
하고, 정신의 전체에 대한 경험과 이해가 있어야 가능할 것이다.

진정한 샤먼/치료자가 되는 길은 길고 험난하다. 입무과정의 고

통을 선택받은 자들에게 주어진 의미 있는 고통으로 받아들이고 그것을 넘어서 무한한 미지의 세계, 무의식이라고 할 수 있는 저승을 오고 갈 수 있어야 하기 때문이다. 그것이 두려워 길을 나서지 못하고 머물면서 마술적인 생각에 빠져 있는 것이 바로 신경증이라 할 것이다. 폰 프란츠가 "융이야말로 큰 샤먼"(이부영, 1998, p. 338)이었다고 한 것도 그의 인간의 본성에의 자각이 오랜 고행의 산물이라는 점에 있다고 하겠으며, 인간정신을 살펴가는 그의 자세가 샤먼과 같이 이승, 다시 말하면 가시적이고 구체적인 현실에서 미지의 무한한 저승, 즉 무의식계로 향하고 있다는 데 있다. 이러한 맥락에서 입무과정과 거기에 따르는 고통은 융의 개성화과정의 원초적인 유형으로서 현대의 분석적 정신치료의 목표와 거기에 따르는 고통과 궁극적으로 일치한다고 하겠다.

융이 스스로 무의식의 작용에 참여하여 무의식계의 여러 심리적 내용과 그 특징을 알아내고자 한 심리학적 탐구의 자세를 샤먼 후보자가 샤먼이 되기 위하여 고통을 견디며 정령들이 사는 저승에의 길을 뚫고 정령과 대화를 시작하는 과정에 비길 수 있는 것이라면, 이는 분석심리학자들의 수련과정뿐만 아니라 인간의 성격의 근본적인 변화를 기도하는 다른 정신치료학파 치료자와 예술치료사의 수련과정에서도 볼 수 있다. 심층예술치료사가 되려면 심층심리학적인 이해가 있어야 하고 따라서 분석을 받아야 할 필요가 여기에 있다.

샤먼이 저승과 이승을 넘나들 수 있는 능력은 입무(入巫)의 고통을 겪음으로써 획득되듯이 예술치료사도 예술작업을 통하여 자유롭게 무의식의 여행을 할 수 있기 위해서는 인간정신 현상에 대한

폭넓은 지식과 경험을 하기 위한 수련과정에 따르는 고통을 감내
해야 한다.

고통을 통한 낡은 자아의 죽음, 새로운 신령의 영입과 함께 영력
을 갖춘 신성한 몸으로 변화하는 과정은 상징적으로는 새로운 전
체적 인격의 실현과정을 의미한다. 입무과정에서 겪는 해체의 고
통과 한국무당이 신병과 내림굿 과정에서 겪어야 하는 고통은 현
대 심리치료과정에서 성숙을 위한 아픔과 비교할 수 있고, 모든 변
형과정에 나타나는 모티브이기도 하다.

내림굿은 한국문화 속에 아직도 존재하고 치병을 위한 제의라는
점에서 그 상징성 자체는 중요하지만 무속이 바로 자기실현을 촉
진하게 한다고 말할 수는 없다. 무속이 알 수 없는 무의식의 내용
을 무신의 형태로 구체화한다는 것에서 오히려 상징의 의미를 축
소하고 있다고 볼 수도 있고, 유약한 자아가 범람하는 원형적 상징
에 노출되었을 때 고객의 자아를 팽창시켜서 분별력을 약화시킬
수도 있기 때문에 무속이 정신건강에 미치는 부정적인 점은 일찍
부터 지적되어 오고 있다.[24]

샤머니즘은 원래부터 있어 온 인간정신의 뿌리의 표현이기 때문
에 타파될 무엇이 아니다. 무속이 가지는 부정적인 측면에도 불구

---

24) 무속이 한국인들로 하여금 통찰력의 감소, 역사의식의 둔화, 책임감 회피 등의 현대
사회에서 바람직하지 않은 인간상이 되게 하고(김광일, 1973, 1975, 1991), 투사와
책임전가 등으로 피해망상적인 성격이 될 수 있는 가능성, 무당과 무속치료의 참여자
들이 정신병환자인 경우가 많아서 증상이 오히려 악화될 수 있고, 조기진단과 치료의
기회를 놓치게 하며, 막대한 경비를 소모(이부영, 1970, 1986a)시키는 폐단이 있다고
하였다.

하고 우리 모두가 관심을 가지는 것은 인간정신의 근간이 되는 원
시적인 정신과 단절된 현대인에게 자아의 경계를 넘어서 저승세계
와 연관할 수 있는 통로가 될 수 있다는 점이다. 그러나 망아체험으
로 저승여행을 한 후 반드시 의식세계로 되돌아옴과 통합의 과정
이 있어야 한다. 이것이 가능하게 하려면 무당의 경우, 자신의 몸
주인 살아 있는 혼을 성실히 키우고 가꾸어 가면서 무속의 전통인
엄격한 수련, 고통의 의미를 인식할 수 있는가에 달려 있다. 이는
인간의 영혼을 돌보려는 예술치료사의 경우도 다르지 않다고 하겠
다. 〈표 5-2〉는 저자가 샤머니즘, 심층예술치료, 분석심리학적인
치병양식을 샤머니즘적인 측면으로 정리해 본 것이다.
  심층예술치료의 형태는 샤머니즘과 분석심리학이 현대 예술
심리치료와 합쳐진 듯하다.

〈표 5-2〉 샤머니즘적 측면에서 본 분석심리학과 심층예술치료의 치유적인 요소들

	망아체험 창출 방식	망아체험을 통한 타계 여행 모티브	치유과정을 수호하는 제의적 구조	정화된 공간창출	적절한 샤먼/ 치료자의 역할
샤머 니즘	북, 춤, 소리, 그림, 상징적 인 행위, 약 물 등을 사용	무신/몸주빙 의, 하늘과 다른 세계로 가는 행위 및 의식	전통적인 제 의과정을 지 킴으로써 잡 귀의 범접이 나 부정 타는 것을 방지	신성한 공간 창출, 부정을 씻고, 굿당을 정화, 잡귀를 먹여서 쫓음	이승과 저승 을 오고 가며 저승의 지혜 를 이승에 가 지고 와서 자 기와 공동체 를 이롭게 할 수 있는 샤먼 의 역할

분석 심리학	적극적 상상 등으로 자아와 무의식의 경계가 사라지게 함 자는 상태(무의식)에서 꾸는 꿈	무의식의 인격상 출현으로 심리적 콤플렉스 해소, '타자의 출현'으로 영적으로 고양	자기원형의 창조성을 허용하여 무의식의 의도를 실현	밤바다 여행 같은 위험한 과정을 안전하게 수행할 수 있는 물리적인 공간확보, 연금술의 용기로서의 공간에 대한 개념	충분한 훈련과 분석의 경험이 있고, 정신의 전체에 대한 경험과 이해가 있는 분석자
심층 예술 치료	예술작업의 몰입(소리, 놀이, 춤, 연기, 그림 등)	무의식의 심상이 이미지, 소리, 동작, 놀이 등으로 표출됨으로써 심리적인 콤플렉스 해소. 자기상징 출현으로 누미노제 체험	집단 및 심리치료이론, 각 학파의 발달 이론 및 발달 맥락의 예술 치료 이론 등을 토대로 한 치료과정의 구조화	상상적인 영역의 공간 창출, 양육적이고 편안한 느낌을 주는 치료공간 창출	예술작업을 통하여 공감적이고 적절한 돌봄을 제공할 수 있는 치료사

제6장
내림굿과 이러쿼이의 치병의식 개념을
적용한 예술치료 사례[1)]

"모든 제의(Ritual)는 신화의 재연으로서 새로운 삶을 시작하게
하며"(Eliade, 1963), "신화는 개인을 우주적인 축과 연결시켜 신화
적인 삶을 살게 한다."(Campbell, 1988)

1. 서 론

내림굿과 샤머니즘적인 개념과 구조 속에서 실시했던 "꿈을 통
한 창조적인 내면여행(Creative Journey Through Dream)"이라는 치

---

1) 이 장의 일부가 저자의 논문 "Facilitating Ritual Process Through the Use of Extended
Projective Techniques in Drama Therapy: An Anthropological Approach"(1992a)에 게
재되었고 보완된 논문이 1993년도 6월 Albany의과대학에서 개최된 Creative Arts
Therapy Annual Conference에서 발표되었다.

유워크숍이 변형과정의 원형성을 검증하기 위한 목적으로 뉴욕에 소재했던 저자의 스튜디오에서 시행되었다. 현지 미국인, 그리스계 미국인, 이스라엘 유학생 등 다양한 문화적인 배경을 가졌으면서 저자의 취지를 숙지한 사람들로 구성되었다. 워크숍의 취지는 이해할 수 없는 꿈을 예술작업을 통하여 이해함으로써 참여자들이 현실 속에서 경험하는 어려운 점을 해결하려는 데 있었다.

이 실험적인 목적의 집단치료는 1990년 3월부터 한 주에 3시간씩 8주간에 걸쳐 시행되었으며 참여자들은 대학원 재학 중이거나 대학원 이상의 교육을 받고 예술이나 심리학 분야에 종사하는 20대 후반 내지 30대 여성들로서 저자가 배포한 홍보물을 보고 자발적으로 참석하였다.[2] 7명의 참여자 외에도 보조지도자로서 뉴욕대학원 연극치료학과 학생 한 명이 참여하였으며, 모든 참여자들이 실험적인 워크숍의 취지에 동의했고 연구재료로 사용되는 것을 허락해 주었음을 밝히며 감사드린다.

이 장에서는 이 실험 워크숍의 전 과정을 소개하면서 문화와 삶의 경험이 달랐던 참여자들의 경험이 표면적인 형태는 달라 보였지만 심리적, 영적, 사회적 역할의 변화가 한국의 입무자의 경험과 유사했다는 점을 부각시키면서 인간정신의 보편성과 치유 및 변형과정의 원형성을 보여 주고자 한다. 특히 다중인격장애(MPD)를 가지고 있던 여성 사례의 확충을 통하여 보다 세부적으로 소개하려 한다.

---

2) 그 당시 뉴욕대학원에서 저자가 발표했던 「한국의 내림굿의 치유성과 예술치료와의 연관성」에 관련된 발표가 도움이 되었던 것 같다.

2. 치유워크숍의 구조화 배경

1) 꿈을 사용했던 배경

집단에서 이해할 수 없는 꿈을 원자료(prima materia)로 사용한 이유는, 꿈이 무의식으로 가는 왕도(프로이트)이자 무의식/자연이 우리에게 보내 주는 선물(융)이라는 심층심리학적인 배경도 있으나, 이 연구에서는 이러쿼이족의 꿈을 통한 '내적인 영혼'의 구원이라는 개념이 더 비중 있게 사용되었다.

이러쿼이족에 따르면, "인간의 영혼은 한정된 시간과 공간 안에 있는 자아의 경험으로부터가 아니라 정신의 깊은 곳으로부터 나온 본래적인 욕망을 가지고 있으며 이러한 내적인 계시는 천상의 신으로부터 영감을 받으므로 주의 깊은 관심을 가져야 하고 그것들을 무시하는 것은 내적인 신의 계시를 무시하는 것이기 때문에 재해를 초래한다."는 것이다. 그들은 꿈이 이러한 내적 목소리와 직접 관련된 것이고, 꿈에 대한 해석은 개인과 공동체 구성원들의 내부에 있는 천상의 신의 목소리인 '내적인 영혼'과 조화를 이루도록 해 준다고 믿고 있다.

그들이 말하는 내적 영혼은 어떤 차원에서 융의 자기(Self)라는 개념과 동일하게 이해될 수 있으며 자기는 자율적으로 움직이며 스스로 절대적인 타자처럼 행동하고 이러쿼이족의 '내적인 영혼'과 같이 인간은 그것에 대한 깨달음과 관계없이 존재하는 듯하다. 그것은 확실히 자체적인 욕구와 소망을 가지고 있으며 개성화하려는 의지를 나타내는 인간의 핵심적인 부분이라 하겠다.

융은 이러쿼이와 같이 우리가 꿈에서 이야기했던 것과 꿈의 이미지에서 자기의 목소리가 가장 확실하게 들린다고 믿는다. 융의 '객체적인 정신(objective psyche)'의 자기는 인간 안에 있는 신적인 이미지의 원천으로서 내적인 영혼이라는 용어가 가지는 개인의 심리적이고 영적인 핵심, 즉 자기 안의 신성(divine-within)이라고 볼 수 있다.

소개하는 집단치료에서 꿈을 이해하기 위한 목적으로 시행한 예술작업은 자기 안의 신성/무의식과의 적극적인 대화를 한다는 의미를 가진다고 하겠으며, 이는 분석심리학에서 말하는 적극적인 상상[3]의 개념과 동일하게 볼 수 있다.[4] 저명한 분석심리학자들이 참여한, 융의 사상에 관한 다큐멘터리 필름 〈Matter of Heart〉에서, 분석심리학자인 로렌스 반데르포스트(L. Van Der Post)가 케냐의 엘곤산에서 원주민들을 방문하고 돌아온 융에게 언제 다시 아프리카에 갈 예정이냐고 묻는 장면이 나온다. 융이 그 질문에 대한 답

---

3) 적극적 상상은 융이 창안한 "내면의 이미지의 흐름을 관찰하기 위한 내성(introspective)의 한 방법이다." 인간의 마음은 주로 이미지로 존재하고 있다고 보고 있다. 이는 생명활동의 '그림'이며 의미와 목적으로 가득 차 있는 가장 진실한 일련의 이미지로서 이를 관찰하는 것이 적극적 상상이라 할 것이다.

4) 융은 The Secret of the Golden Flower에 관한 논평(1931)에서 "무의식세계와의 교류가 없는 상태에서는 손을 통해서만 내면의 환상을 창출해 낼 수 있다. 이러한 결과물은 의식과는 전혀 무관하다."(C. W. Vol. 13, p. 17)고 하였고, 『회상, 꿈, 반영』(1961)이라는 회고록에서는 적극적인 상상으로 무의식의 심상을 떠올리는 것만으로는 충분하지 않으며 고통으로부터 자유로워지기 위해서는 전체(totality)적인 정신세계에 도달해야 하고 그것에 이르는 유일한 길은 그것을 창출하고 실현하는 것(p. 193)이라 함으로써 예술작업이 무의식과의 대화의 도구이자 전체정신에 이르는 방편으로써의 의의가 있음을 간접적으로 시사하였다.

변의 말미에 자신을 "꿈 속에 신이 있다고 믿는 아프리카의 치유
자"와 같다고 말하는데 여기서 꿈에 대한 융의 믿음이 드러난다.
그만큼 꿈을 귀중하게 보고 관심을 기울여야 한다는 것으로 이해해
도 좋을 것이다. 이 집단치료에서 꿈을 다룬 배경도 이와 유사하다.

2) 제의과정으로 구조화된 치료과정

모든 제의가 3단계 구조를 가지는 것은 재앙이나 잡귀들로부터
수호하는 것의 의미를 갖는다.

이 워크숍에서 위험할 수도 있는 망아/몰입경험을 통한 타계여
행/치료과정을 안전하게 수호하기 위하여 모래놀이, 가면제작, 신
체 본뜨기, 실물인형제작 및 꿈의 연극화 등의 다양한 예술치료 접
근방법을 내림굿과정 및 터너(Turner, 1969)의 '3단계 제의이론'과
접목한 것을 도표로 만들어 보면 〈표 6-1〉과 같다.

여기에서 강조하고 싶은 점은 치료는 기법만으로는 부족하다는
것이다. 인간정신의 심층적인 부분에 관한 지식과 치료사 자신의
자기탐구를 위한 내면여행의 경험 없이는 불가능하다. 아무런 개
념적인 틀이나 대책이 없는 가운데 남들이 사용하는 기법을 그대
로 적용해 보는 치료사의 작업은 자신이 가 보지 않은 오지여행을
안내하는 관광안내자와 같이 자신과 책임을 져야 할 대상들에게
이롭지 못한 사태를 초래할 수 있다는 점에서 윤리적으로 맞지 않
다고 하겠다.[5] 여기서 소개하는 예술작업은 꿈의 의미를 이해함으

---

5) 저자는 1980년대 초반부터 예술치료사가 되기 위한 교육과 함께 교육분석을 받으면서
분석심리학자가 되는 길을 걸어 왔다는 점을 참고로 하기 바란다.

〈표 6-1〉 유동식과 터너의 제의과정이론, 서울 내림굿 그리고 예술치료과정

유동식	터너의 제의 과정	서울 내림굿	워크숍과정
서장	pre-rite	1) 부정거리 2) 가망거리(신을 초청)	홍보 및 참여자 선정
	pre-liminal phase	3) 대감거리 4) 애기씨거리 5) 창부거리 6) 불사거리 7) 신장거리 8) 대신할머니거리	• 제1주: 모래상자를 이용한 위밍업. 석고 붕대를 이용한 가면제작. 가면의 이름짓기와 연기 • 제2주: 가면의 장식. 가면에 나타난 모습에 대한 자발적인 토의
중장	liminal Phase	9) 내림굿	• 제3~4주: 가면에 나타난 인물의 연기를 동작, 소리, 언어 등을 통하여 하게 함 • 제5주: 신체 본뜨기. 개인의 몸에 대한 여러 가지 문제를 직시할 수 있는 방법으로 꿈속에 나타난 인물, 즉 무의식 집단무의식의 몸을 통한 경험 • 제6~7주: 실물크기 인형제작이나 신체 부분의 조각화, 신체를 통한 경험의 객관화
종장	post-liminal phase	10) 장군거리 11) 터대감거리 12) 조상거리	• 제8주: 워크숍 동안 제작한 여러 가지 작품을 이용해 각자의 꿈을 연극화. 무의식의 산물인 꿈을 영상화하여 구체화하려는 목적의 비디오 촬영
	post-rite	13) 말명거리 14) 뒷전거리	후속모임: 작업에서의 경험을 돌아보고 치료 후유증이 있는지를 확인하기 위한 목적으로 2주 후 다시 모여 비디오 시청

로써 현실은 일일이 언급하지 않고 있지만 예술치료사로서 알아야
할 제반 내용들이 포함되어 있다고 봐야 할 것이다.

3) 내림굿의 치유성

앞서 논의한 내림굿의 치유적인 요소인 ① 망아체험 및 무신빙
의의 치유성과 타계여행으로의 망아체험, ② 타계여행을 수호,
보호하는 제의적 구조, ③ 제의과정을 안전하게 수행할 수 있는
공간, ④ 적절한 신어머니의 역할을 염두에 둔 개념으로 치료과
정을 구조화하였다.

참여자들이 편안하게 예술작업에 몰입(망아체험)하여 적절한 수
준으로 무의식의 자료가 드러나도록 치료과정을 보호하고 유지할
수 있어야 하고, 그러한 작업이 침범받지 않고 자유로우며 안전한
물리적인 공간과 심리적인 공간이 창출되어야 하며 이 모든 과정
을 함께하고 지원하는 치료사가 있어야 함은 이미 언급하였다.[6]

저자가 여러 가지 갖추어야 하는 요소들에 대해서 강조하는 배
경에는 용감한 치료사들이 한국사회에 뜻밖에 많다는 것을 경험적
으로 알고 있기 때문이다. 미지의 여행은 혼자만으로 족할 뿐 아니
라 반드시 그래야만 하기 때문이다.

---

6) 치료공간으로 사용되었던 저자의 뉴욕 스튜디오는 실물크기의 인형제작이나 공연 등
을 하는 데 충분한 공간으로서 다양한 자료들과 작품들을 보관할 수 있었고, 밝기를 조
절할 수 있는 여러 색상의 조명 시설이 있는 자유로우면서도 아늑한 분위기였다는 점
이 긍정적인 경험을 하게 했다고 본다.

3. 사례들

각 사례의 간단한 배경과 워크숍과정에서의 경험, 꿈을 연극화
한 작품과 각자의 그 당시의 당면한 문제와의 관계, 각자의 꿈의
연극화과정과 입무과정의 상징적 의미와의 관계를 논의하려고 한
다. 6명의 증례 중 사라라고 부르는 사례는 워크숍 전후에 공식/비
공식적인 치료적인 만남이 있었기 때문에 보다 자세하게 다루려고
한다.

1) 자신의 연기능력에 한계를 느끼고 있던 연극배우 제니

제니는 그리스의 조각품을 연상시키는 미모의 30대 초반 여성으
로 뉴욕 시에서 활동하고 있던 연극배우였다. 그 당시 그녀는 자신
이 하고자 하는 배역을 도저히 해낼 수 있을 것 같지 않다는 불안한
마음을 가지고 있었고, 두 개의 얼굴 모습을 한 사람이 반복적으로
자신을 괴롭히는 꿈을 이해하면 자신의 문제가 해결될 것이라는
믿음을 가지고 참여하게 된 경우다.

석고가면 제작 시 두 사람이 짝이 되어서 서로의 얼굴 위에 가면
을 떠 줄 때 그녀는 짝에게 콧구멍만 남기고 머리 정수리로부터 얼
굴 전체를 두껍게 모두 막을 것을 부탁했다. 가면장식을 할 때 먼저
얼굴 중앙에 수직선을 그려서 얼굴을 둘로 나누고 양쪽에 각각 다
른 얼굴을 그렸는데, 작업을 하면서 두 개의 얼굴이 하나가 되는 경
험을 했고, 이 경험을 통하여 제니는 꿈에 나타나는 두 개의 얼굴이

▲ 첫 가면뜨기

자신이 대면하기를 거부해 온 자신의 일부라는 것을 알게 되었다고 했다. 그녀는 장식을 끝낸 가면의 이름을 아이나나(Inanna)[7]라 불렀다. 가면을 쓰고 꿈속에서 본 인물의 동작을 연기하는 동안, 그녀는 깜깜한 어둠 속에서 서너 겹의 석고붕대가 겹쳐져서 만들어진 가면의 한 부분에 희미한 빛이 들어오는 곳을 보게 되었고, 거기에서 '아이나나의 비밀통로', 즉 자신의 통로를 발견했다고 하였다.

가면에서와 같이 신체 본뜨기에서도 번쩍 든 두 손의 모습과 밑으로 내린 두 손을 그리고, 자신의 다리 모양 위에 물고기의 꼬리 모양을 첨가하였고, 신체의 양쪽에 다른 색상을 칠함으로써 여러 가지 차원의 두 가지가 합쳐진 그림을 그렸다. 신체 본뜨기에 대한

---

7) 아이나나(Inanna)는 고대 수메르 문명권의 여신으로 해마다 땅속여행을 하여 자연계의 질서를 지키고 풍요한 농작물을 수확하게 도와주는 역할을 하며 그들의 무조신으로 숭배되었다.

그녀의 소감은 마치 어둡고 긴 터널을 통과하고 나온 기분이라고 하면서 주위를 전혀 의식하지 못했다고 하였다. 이러한 그녀의 경험은 아이나나 여신의 지하여행/저승여행 모티브와 일치하고, 현실세계를 의식하지 못했던 망아상태는 샤먼의 망아체험 경험과 유사하다고 볼 수 있다.

인형을 만드는 과정에서 그녀 자신이 인형이 되는 방법을 선택하여 자신에게 입힐 의상을 만들었다. 먼저 목과 어깨부분을 석고붕대로 조형하고, 가면의 바탕색이었던 은회색의 금속성 아크릴페인트를 칠하고, 아랫부분에는 여러 가지 레이스와 장식을 달아 자신의 어깨에 올려놓기만 해도 자연스럽고 우아한 여신의 의상이 되게 만들었다. 석고 조형을 주문할 때 특히 어깨가 솟아오르게 조형할 것을 당부했던 것은 지하여행에서 솟아오르는 아이나나의 모습을 생각해서인 듯하다. 그래서인지 그녀의 의상과 가면을 벽에 걸었을 때 마치 아이나나 여신이 지하여행을 마치고 벽에서 튀어나오는 모습 같았다.

그녀의 공연은 아이나나의 입무의식이었던 같다. 무대의 배경으로서 신체 본뜨기 그림을 걸고 촛불점화를 하고 향을 피우면서 그녀는 자신의 자작시를 속삭이는 듯한 목소리로 낭독하였다. "아이나나가 나를 부르네. 북이 울리고 입무식이 시작되네. 나는 거기에 있었고 여기에도 있네." 시 낭독 후 바하의 미사곡에 맞추어 천천히 춤을 추기 시작했다. 처음에는 앉아서, 그리고는 서서 온 세상에 풍요를 가져다주는 아이나나의 춤을 추었다. 아름답고 성스러운 공연이었다.

그 무렵 제니는 자신이 하기를 원하던 배역을 잘할 수 있게 되었고 곧 공연여행을 떠나게 되어서 후속모임에 참석할 수 없다고 하면서 참여자 모두에게 욕조에 넣어서 사용할 수 있는 꽃잎으로 만든 향수를 나누어 주는 넉넉함을 보여 주었다.

여신의 하강 또는 타계여행을 다루는 신화와 민담은 여러 문화권에 나타나고 있다. 그러한 신화와 민담에서는 한국의 바리데기 무조신화, 일본의 아자나미, 희랍의 코레-페르세포네, 로마의 푸쉬케 등 온갖 모험을 하면서 목적지에 도달하는 여자 주인공들을 찾아볼 수 있다. 이러한 모티브를 가진 신화 중에서 가장 오래된 것이 5천년 전의 고대 수메르인들의 하늘과 땅, 지하세계의 여신인 아이나나의 신화다. 그녀의 시에서 "나는 여기에도 있고 거기에도 있음"이라는 표현은 시공을 초월하여 반복하여 나타나는 원형의 실체를 그대로 묘사하고 있는 듯하다.

'하늘의 여신' 아이나나가 지하세계로 내려갈 결심을 하고 모든

▲ 제니의 아이나나 가면과 신체 본뜨기

것을 버린 후 왕관, 가발, 목걸이, 잣대와 측량줄, 제의복 등 일곱 개 물건을 걸치고 저승여행을 떠난다. 그녀는 일곱 개의 저승 문을 거치면서 물건들을 하나씩 빼앗기고 끝내 벌거숭이가 되어 저승의 여신에게 죽임을 당한다. 그러나 그의 수종 닌슈버가 구출하며 그 후 정기적으로 지하여행을 함으로써 세상에 풍요를 가져다준다고 한다(Perera, 1981).

워크숍 전반부에 등장했던 아이나나와 그녀의 비밀 문을 통하여 '내면의 신성'과 절대적인 '타자'와 샤먼으로서의 통로를 보게 되고, 신체 본뜨기에서의 길고 어두운 터널을 지나가는 지하여행을 통한 입무과정, 그리고 공연에서 보여 준 아니나나의 입무식을 통하여 자신감을 잃고 불안해 하던 여성이 당당한 연기자로서 변화할 수 있었고, 함께했던 동료들에게 특별한 선물을 나눌 수 있는 풍요한 여성의 모습으로 되돌아왔다. 이러한 차원에서 불안으로 주어진 배역을 할 수 없어서 힘들어 하던 제니가 성공적인 연기인이 되는 과정은 무기력했던 여성 신병환자가 내림굿을 통하여 신병도 없어지고 치유자 무당이 되어 경제적으로 독립하게 되는 경우와 비슷하다고 하겠다.

2) 분리-개별화 이슈와 대면한 낸시

낸시는 30대 초반의 연극치료 대학원 졸업반 여성으로, 논문과 졸업을 앞두고 취직을 위한 첫 인터뷰를 앞두고 거기에 따르는 중압감을 가지고 있었고, 그러한 그녀의 상황 때문에 기존에 가지고 있던 분리-개별화 이슈가 다시 대두되어 불안감이 고조된 가운데 새로운 통로를 찾기 위하여 참여한 경우로 가지고 온 꿈은 없었다. 가면제작에서 짝이 떠 준 석고붕대 가면에 광대뼈를 높이는 등의 추가작업을 하여 자신의 실물과 다른 모습으로 만든 후, 푸른 색조로 얼굴바닥을 만들고, 진갈색 지푸라기로 길고 숱이 많은 머리카락을 달았다. 그 풍만한 머리카락에 조개껍질과 금속장식 등을 달았고, 아리아드네(Ariadne, 디오니소스의 반려자이자 고대 크레타 문명에서 숭배되던 달의 여신)라고 불렀다.

가면을 통한 연기에서 그녀는 물속에 사는 여신이 되어 물속 세계를 여행하는 듯했는데, 시간이 지나고 저자가 가면을 벗고 자신으로 되돌아오라는 지시를 했지만 아무 반응이 없었다. 당황한 저자는 치료사의 가면을 쓰고 그녀의 물속 세계 속으로 들어가 함께 유영을 하다가 서서히 그녀에게 접근하여 바깥세상으로 이끌고 나왔다. 그 속이 너무나 신비롭고 편안해서 나오기 싫었고 주위를 전혀 의식하지 못했다고 했다. 현실세계를 의식하지 못하고 물속 세계에 머물러 있던 그녀의 의식상태가 바로 망아상태로서 모성과의 분리하는 것에 어려움을 가지고 있었던 그녀에게 모성세계인 바닷속이 매우 편안하게 느껴졌을 것이다.

하너(Harner, 1980)는 치유과정에서 그의 모든 정신, 신체 그리고 영적인 에너지를 능동적으로 투입하는 것이 샤먼의 역할이라고 했다. 워크숍 상황에서 저자가 취한 행동에는 물에 빠진 사람을 구출하기 위하여 바다에 뛰어드는 듯한 비장함이 있었는데, 전통적인 (예술)심리치료에서 치료사의 역할은 중립적이어야 한다고 보는 것과 대조가 되며 하너가 말하는 샤먼의 역할에 해당한다고 하겠다.

신체 본뜨기 과정에서는 푸른색의 몸에 여러 층의 해초 같은 푸른 옷을 걸친 여신을 그림으로써 여신의 모습을 보다 구체화했다. 인형제작 단계에서는 스타킹 같은 천에 솜을 넣어 풍만한 유방을 강조한 몸을 만들어서 여러 겹의 얇고 푸른색 천의 의상을 입힌 여신의 모습을 만들었다. 그런데 다음 시간에 자신이 최근에 구입한 짙은 코발트색의 양복저고리를 가져와 자신의 인형에게 입히면서 연극치료사의 옷이라고 하였다. 부드러운 질감의 재료로 만들어진 인형이 자신의 배우로서, 부드러운 예술가적인 부분의 표현이라면, 딱딱한 느낌을 주는 양복저고리는 전문직 직장여성이 되어야 할 것의 표현이라고 했다.

공연은 그가 제작한 인형(아마도 어머니)과의 대화로 시작하여, 왜 대답이 없느냐는 등의 화난 음성으로 싸우는 듯하다가 인형과 춤을 추었고, 마지막으로 바닥에 주저앉아 몇 년 전에 친구로부터 들은 이야기라고 하면서 달나라의 여신에 관한 이야기를 하기 시작하였다.

먼 옛날 달 속에 한 여신이 매우 평화롭고 행복하게 살고 있었고 모든 것이 태평스러웠다. 그러나 여신은 더 이상 그곳에 머물 수가 없었고 인간 세상으로 돌아와야 하는 시간이 되었다. 내려오는 유일한 방법은 밧줄을 타고 내려가는 것이었는데 밧줄이 짧아서 공중에서 뛰어내려야만 했다. 거기에서 지켜야 할 규칙은 눈을 뜨고 뛰어내려야 한다는 것이었다. 두려움을 무릅쓰고 뛰어내린 여신이 다쳐서 죽었다는 것이 그의 이야기였다.

잠시 침묵이 있은 후, 이야기할 때의 숙연했던 목소리와 전혀 다른 일상적인 목소리로 자신의 현재 상황을 이야기하였다. 다가온 학교졸업과 직장문제, 특히 예술성과 전문성이 공존해야 하는 연

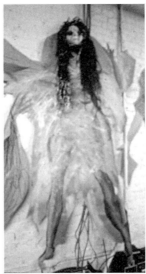

▲ 낸시의 가면 아리아드네와 신체 본뜨기

극치료사로서 살아가야 할 불확실한 앞날에 대한 혼란스러움, 그리고 처음으로 구하는 직장의 시험이 며칠 앞으로 다가온 것에 대한 불안한 마음을 이야기하였다. 그녀는 워크숍 이후 자신이 원하던 첫 직장에 채용되어 전문직의 여성으로 활발하게 활동하고 있는 것을 보았다.

낸시의 경우 졸업에 따른 그녀의 분리불안을 안전한 예술매체를 통하여 대면하였고, 공연에서 같은 주제가 달에서의 생활을 마감하고 지상으로 내려와야 하는 달의 여신 이야기로 재등장하지만 옛 모습에 머물지 않고 땅으로 내려오는 결단을 내려 전환점을 찾는 것을 볼 수 있다. 달의 여신은 심리적으로 의존적이었던 자신의 부분을 대변하는 내면의 인격상으로 여신의 죽음은 새로운 존재로 태어나기 위하여 필요한 상징적인 죽음이라 하겠다. 현실세계 속에 전문여성으로의 탄생은 상징적인 죽음을 통해서만이 가능했다. 죽고 새롭게 태어나는 샤먼적인 모티브를 엿볼 수 있다. 이러한 차원에서 워크숍 전 과정이 입무자라고 할 수 있는 학생 입장에서 치유자로서의 전문인이 되는 의례였다고 할 수 있다.

3) 악몽이 치유된 실비아의 사례

실비아는 이스라엘에서 유학 온 20대 후반의 여성으로 언제나 생기 없는 창백한 얼굴에 손질하지 않은 긴 머리채를 늘어뜨린 가녀린 체구에 헐렁한 옷을 걸치고 다니던 여성이었다. 당시 실비아는 대학원 논문을 마치지 못한 가운데 매일 밤 꾸는 악몽으로 힘들어하고 있었고, 저자가 지도하는 워크숍이 도움이 될 것이라는 믿음을 가지고 참여하게 되었다. 나중에 알게 된 그녀가 가지고 왔던 꿈은 그녀가 여중생이었던 1970년대에 예루살렘의 학교에서 집으로 돌아오던 중 벌어졌던 시가전으로, 유태인 군인들의 무차별 난사로 피투성이가 된 한 아이가 그녀에게 달려와 안긴 채 숨을 거둔 이후 매일 밤 그 장면이 재연되는 것이다. 그녀를 더욱 힘들게 했던 것은 전통적 유대인 랍비의 딸로서 유대인 군인들의 잔인함을 목격했던 것

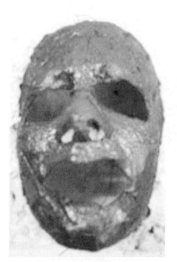

▲ 실비아의 가면: 침묵의 울음

이 가치관의 혼란을 초래한 것이라고 말하며, 그동안 온갖 치료를 받아 보았으나 아무 도움이 되지 않았다고 했다.

워크숍 초반에 있었던 가면제작 시 자신의 파트너가 본을 떠 주는 동안 꿈속에 나타나는 공포의 얼굴 모습을 생각했는데 완성된 가면의 표정이 믿을 수 없을 정도로 똑같이 나왔다고 하였다. 다른 참여자들이 여러 가지 재료를 사용하여 가면을 장식하는 것에 많은 유혹을 느꼈으나, 가면의 모습을 그대로 간직하고 싶었기 때문에 아무런 장식을 하지 않기로 작정하고 구릿빛의 페인트 칠만 했다고 한다. 그녀는 가면의 이름을 '침묵의 울음'이라고 지었고, 돌아가면서 가면을 쓰고 자기가 누구인가를 소개할 때 침묵을 지켜서 심상치 않은 경험을 하고 있다는 것을 느낀 저자가 가면을 벗게 하였다. 나중에 가면을 벗은 상태에서 그 상황을 이야기했는데 누군가가 목을 조이는 느낌이 들어서 아무 말을 할 수 없었을 뿐 아니라 숨도 제대로 쉬지 못했다고 하면서 창백한 얼굴로 강한 감정을 표출했다.

신체 본뜨기 과정에서 나무의 모습으로 변한 자신의 몸통에 풀을 칠하고 모래를 뿌리는 등의 작업을 하였고 자신의 두 발은 나무뿌리로, 두 팔은 나뭇가지로 변하게 했다. 특히 선 채 나무둥지에 모래를 뿌리고 있는 모습이 인상적이었는데 마치 제사장이 어떤 제례를 집전하고 있는 듯 경건해 보였다. 이때부터 실비아는 자신의 기운을 찾아가는 듯했다. 가면을 나무형태의 신체 본뜨기 머리 부분에 부착하자, 평소 창백하고 허약하던 몸이 어떤 힘을 가지게 되는 것같이 보였고, 소리도 낼 수 없던 가면의 모습이 강한 힘의 소유자같이 보였는데 그녀 스스로도 그렇게 느껴진다고 하였다.

많은 신화와 민담에서는 나무 아래에서 깨달음과 탄생이 이루어
졌다. 석가모니는 인도 가야산 피팔라 나무 아래에서 깨달음을 성
취하였고, 단군신화의 환웅, 북구신화의 주신 오딘, 인도의 크리슈
나, 이집트의 하토르, 인도네시아의 창조신 시라오 등 세계의 많은
신이 나무에서 태어나거나 나무 자체이거나 나무와 깊은 관련을
맺고 있다.

융은 나무는 생명의 원리나 성장의 힘을 의미하며, 내적 성장의
힘들과 무의식으로부터 나오는 안내를 따라야 하는 숙명을 성취하
는 자기상징으로서의 의미를 갖는다고 했다. "자기 그 자체는 무시
간성(無時間性)으로 나타나며 이미 모든 탄생 이전에 존재하고 있
는 것"(융 기본 저작집, 3권, p. 191)으로 근원적인 에너지 리비도를
상징한다고 했다. 실비아가 자신과 나무가 동일시되는 일종의 신
비적인 참여를 제의적으로 구조화된 공간에서 창출함으로써 자신
의 힘을 찾아가는 현상으로 볼 수 있다.

실비아의 공연은 그렇게 만들어진 신체 본뜨기를 바닥에 깔고
본뜨기 모양에 자신의 몸을 맞추어 반듯이 누운 다음 준비한 짚북
데기를 하반신 위에 덮은 상태에서 수평상태로부터 시작하였다.
물소리, 바람소리, 천둥소리 등을 들으면서 잠시 가만히 누워 있다
가(horizontal plane)[8] 손가락부터 움직이기 시작하여 서서히 일어
나서(vertical plane) 빙빙 돌아가는 동작(rotation)의 춤을 춘 후 알

---

8) 동작분석방법 중에 사용하는 용어로서 가장 초기/아기시기의 신체적인 동작인 누워
   있는 수평(horizontal plane), 일어나 혼자 걸을 수 있는 시기인 동작이 수직(vertical
   plane) 차원의 동작에서 걸어갈 수 있는 동작(sagital plane)으로서, 그리고 빙빙 돌아
   가는 실비아의 동작을 발달적인 맥락으로 분석해 보는 것도 의미 있는 작업일 듯하다.

아들을 수 없는 언어, 히브리어 대사를 하고 나중에는 "아다마" "아담"이라는 소리로 계속 하다가 다시 빙빙 돌아가는 동작을 한 후 짚북데기 속으로 들어가 처음의 자세로 되돌아가는 것으로 마감을 했다. 공연 후 경험을 나눈 시간에 공연 시 왜 아담을 불렀느냐는 질문에 그녀는 자신이 무엇을 했는지 전혀 기억이 나지 않고 뭘 어떻게 하겠다는 의도 없이 그냥 했다고 했고 매우 만족스럽다고 했다. 이러한 현상은 예술작업을 통한 망아체험으로서 샤먼들이 망아체험에서 경험하는 것과 다르지 않다고 본다.

그중에서도 자신의 신체적인 뿌리와 정신의 본질의 의미를 내포하고 있다고 볼 수 있는 조상이자 그녀의 모국어인 히브리어로 흙이라는 의미의 '아담', 그리고 먼지라는 의미의 '아다마'를 불렀다는 것으로 스스로 그녀의 조상 아담이 된 것과, 또한 꿈의 연극화 과정에서 자신의 조상인 아담의 이름을 부른 것(그의 조상이자 몸주라고 볼 수 있는 아담을 의식세계로 끌어올린 것)으로 본래적으로 있어 왔던 '자기'와 연결하게 됨으로써 악몽에서 해방되었다고 볼 수 있다. 이 차원에서 그녀의 꿈의 연극화는 아담을 몸주로 맞아들인 그녀의 내림굿으로 볼 수 있겠다. 빙빙 돌아 들어갔다가 돌아나오는 동작은 굿거리에서 무당이 무신빙의를 하기 위하여 둥글게 돌아가는 춤을 추고 공수를 하고 현실로 돌아올 때 추는 춤과 동일하다는 것이 주목할 만하다. 이러한 춤은 범문화적으로 치유자 샤먼들이 망아체험 상태를 유도하기 위하여 추는 춤사위로서 어디를 중심으로 돌아간다는 행위(circumambulance)는 치유를 가능하게 하는 모성적인 정신으로의 회귀의 표현이라는 노이만의 지적을 상기시킨다.

신체를 통하여 심리치료를 하는 전문인들(무용/동작치료자. 아마 참선이나 기공, 무술로 정신을 가다듬는 도인들도 여기에 해당될 것)은 인간의 몸은 전의식 내지 무의식에 해당된다고 보고 이를 의식화하는 것에 초점을 맞추고 있다.

실비아는 신체를 통하여 받은 심리적인 상처에 해당하는 신체부분을 석고로 조형하여 구체화함으로써 치유의 효과를 얻었다. 이러한 사례는 신체를 통하여 받은 심리적인 상처는 신체를 이용한 방법을 통해서만 치유가 가능하다는 점을 보여 주고 있다. 분석심리학에서는 꿈을 보상적, 예시적, 초월적 그리고 반응적인 꿈으로 분류하고 있다. 반응적인 꿈은 전쟁 등의 심한 충격의 사례에서 나타날 수 있고, 이때 결정적인 인자로 나타나는 것은 그러한 충격적인 상처의 반복이다. 이러한 꿈은 분석을 통해서도 사라지지 않는다. 실비아의 악몽이 여기에 해당된다고 하겠다.[9]

내림굿과정에서 신병환자/입무자 내림굿거리, 몸주신을 부르고 이름 짓는 것은 클라이막스이자 무당이 되느냐 못 되느냐를 좌우한다. 적극적인 상상을 통하여 심리적인 콤플렉스에서 벗어나거나 치유자/무당이 된다고 할 수 있다면, 실비아의 경우 지속적으로 꾸던 악몽이 침묵의 울음이라는 인격상의 등장과 조상신이자 몸주, 자기상이라고 볼 수 있을 것이며, 아담을 부르고 연기하면서 악몽

---

9) 상처 입은 내용이 자주 체험됨으로써 서서히 그 자율성을 상실하여 다시금 정신의 계위에 포함된다는 사실은 총체적 정신기능에는 분명히 매우 중요한 사실이다. 그러나 그런 꿈은 대개 상처의 재생일 뿐이므로 보상적인 꿈이라고 할 수 없을 것 같다. 그 꿈은 정신의 분열된, 자율적인 부분을 되돌려주는 듯 보이지만 꿈속에 재생된 부분을 의식적으로 동화해도 상처를 결정하는 충격은 결코 없어지지 않는다는 사실이 곧 판명된다. 꿈은 계속 '재생' 된다(융 기본 저작집, 1권, p. 179).

이 사라지게 되었다고 하겠다.

유대인 군인들의 잔혹함으로 인해 자신의 조상과 문화, 부모에 대하여 회의를 느낀 나머지 그들과 멀리하려고 했던 실비아가 망아체험을 통하여 조상신/몸주에 빙의함으로써 악몽이 없어졌을 뿐만 아니라 조상/문화/부모와 관계를 회복하게 되었고, 새로운 치유자로서의 삶을 살 수 있게 되었다고 하겠다. 이는 한국 병굿의 치유성이 "조상과의 화합을 포함한다."(이부영, 서경란, 1944)는 것과 같은 맥락으로 이해할 수 있다.

워크숍 후 짧게 자른 머리스타일과 함께 실비아는 미루어 오던 석사논문을 마치고 대학원을 졸업하면서 미국 동부의 명문대학의 임상심리학 박사과정에 입학하였다.

4) 다중인격장애를 가지고 있던 사라

사라는 뉴욕에서 활동하고 있던 30대 초반의 화가로 그녀의 작품에 나타나는 토템적인 원초성 때문에 미술평론가들의 관심을 받아 오고 있었다. 오랫동안 부적응아동들을 위한 미술교사로 일해오던 그녀가 저자가 일하던 정신병원의 낮병원에서 미술교사로 일하게 되었고, 그 당시 다른 정신병동에서 미술치료사로 일하고 있던 저자에게 관심을 보이면서부터 맺은 친분으로 워크숍에 참석하게 되었다.

사라는 미국 캘리포니아의 어느 시골 마을에서 알코올중독자 아버지와 정신병 환자 어머니의 맏딸로 태어났다. 어린 시절 캘리포니아 지역에 있던 어느 사교집단에 가담했던 그녀의 부모로부터 자신과 그의 동생이 집단구타 및 성폭행을 당한 경험을 가지고 있었고, 자주 정신병원을 입원해야 했던 어머니를 대신하여 어린 나이에 살림을 도맡아 하면서 동생들을 돌봐야 하는 불우한 환경이 다중인격장애[10]의 원인이 된 듯했다. 그녀가 특히 분하게 생각하는 것은 그녀의 어린 시절을 지켜보았던 이모로부터 들은 이야기로, 그녀가 두 살 무렵에 울음을 그치지 않는다고 그녀의 부모가 다량의 수면제를 먹여서 이틀 동안 잠을 자게 했고 그녀의 부모는 자기가 죽든 살든 상관하지 않았다는 것이다. 그러한 부모와 멀리 떨어져 살기 위하여 뉴욕 시로 이사를 왔고, 과거에는 약물과 알코올남용의 경험이 있었지만 저자와 만나는 기간 동안은 없었던 것으로 보였다.

저자가 표면적으로 알고 지내던 당시 그녀는 나무랄 데 없는 외모를 가진 금발의 백인 여성이었으나 항상 불안하고 초조하며 남의 눈치를 보기 바빴고, 다소 변덕스러워 보였지만 업무를 수행하는 데는 별 문제가 없었다. 그녀는 워크숍 참석에 대하여 양가적인 태도를 보이다가 어렵게 참석하기로 했는데, 평소와 다른 그녀의 모습을 접했던 것은 워크숍을 시작하기 전날 밤이었다. 워크숍 전날 저녁에 자신의 작품들을 보지 않겠느냐는 전화가 왔다. 이것은 매우 이례적인 경우지만 그래야만 하는 이유가 있을 것이라는 생각이 들어서 좋다고 승낙을 하였더니 저녁 9시경에 저자의 스튜디오에 도착하였다.

저자의 스튜디오는 뉴욕 시만이 가지고 있는 로프트라고 부르는

---

10) 다중인격장애(MPD)는 인격이 형성되는 생의 초기에 극심한 박탈로 하나로 응집되어야 할 인격이 여러 개로 쪼개져서 상황에 따라 완전히 다른 인격으로 변하는 장애다.

예술가들을 위한 공간으로서 오래되고 허술한 건물이었지만 넓고 자유로웠으며 작업공간과 생활공간이 나뉘어 있었다. 장소가 넓은 만큼 평소에는 생활공간에 위치한 작은 테이블에 작은 불만 켜고 있었기 때문에 어두침침하였는데 그녀는 실제적 작품과 출판된 작품, 그리고 슬라이드 등 말하자면 그녀가 가져올 수 있는 최대한의 작품들을 가져다 펼쳐 놓았다. 그때까지 그녀의 작품세계가 치열할 것이라는 짐작만 했지 실제로 접하지는 못했던 상태였는데, 어두침침한 공간에 펼쳐진 그녀의 작품들을 보면서 저자는 소름이 끼치는 경험을 하였다. 그러한 경험을 하고 있는 저자의 표정을 놓치지 않겠다는 듯이 노려보고 있던 그녀의 모습은 마녀, 유령의 모습 그대로였던 것 같다. 그녀의 그때 표정은 저자가 평소에 알고 있던 그녀가 아니었다. 적어도 외면적인 표정에는 동요를 보이지 않았던 것이 그녀의 시험에서 통과되었던 것 같다. 그러한 와중에서도 저자가 그렇게 해야만 하는 그녀의 마음을 읽을 수 있었던 것이 객관성을 잃지 않게 한 것 같다.

그다음 날 워크숍 시작 두 시간 정도 전에 또 전화가 왔다. 혹시 모임 중에 사교적인 목적으로 술을 마시게 되지는 않느냐고 물었다. 그렇지 않다고 하자 자신이 술을 끊었기 때문에 다시 술을 마시게 되지 않을까 걱정이 되어서 그런다고 했다.

이러한 일련의 사건들로 미루어 보아 그녀는 남을 신뢰하고 자신을 내보인다는 것을 무척 위협적으로 느꼈다는 것을 짐작할 수 있었다. 그러나 평소에 저자에 대한 신뢰감이 한몫을 한 듯 결국 참여하게 되었다.

그녀가 해결하려고 가지고 온 꿈의 내용은 여러 개의 어머니와

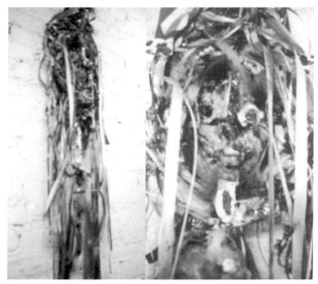

▲ 사라의 가면

알 수 없는 어린 소녀의 모습이었다. 워크숍 과정에서 그녀는 5살 짜리 어린 소녀를 자신의 소녀시절에 불리기를 원했던 이름 '라라'라고 불렀고, 꿈의 연극화 과정에서 주인공이 되었다.[11] 모래상자에 둘러앉아 연상되는 이미지를 소개할 때, 단어 하나씩만 이야기하라고 지시했음에도 불구하고 바닷가에서 자신을 죽이려고 쫓아오는 어머니의 모습을 생각해 냈다고 하면서 눈물을 흘렸다. 느닷없이 쏟아내는 그녀의 이야기에 구성원들이 다소 당혹해 했으나 곧 지지적인 분위기가 되었고, 그러한 분위기는 그녀로 하여금 구성원들에 대한 신뢰감을 가지게 되는 계기가 되었다.

---

11) '알 수 없는 어린소녀'는 자신 속의 아이거나 여러 개로 쪼개진 모성상을 창조적으로 보상, 중재하기 위한 아령일 수 있다.

두 명씩 짝을 지어 했던 가
면제작 과정에 대한 그녀의 소
감은, 보호받기를 갈구했던
자신의 어린 시절의 모습을 타
인이 불편한 기분 없이 받아들
였다는 사실이 승리감을 체험
하게 했다는 것이었다.

가면을 장식하는 재료가 저
자의 스튜디오에 충분히 있었
는데도 불구하고 그녀는 자신
의 재료를 한 가방 가지고 와서
가면이라기보다는 여러 개의

▲ 사라의 신체 본뜨기

얼굴이 겹쳐진 듯한 추상적인 현대 회화작품, 특히 De Kooning의
작품 여성상[12]을 연상시키는 가면을 만들었다.

신체 본뜨기에서도 사라는 자신의 몸의 가장자리보다 훨씬 확대
된 부분에 다른 어느 모습의 몸을 그리고, 또 몸 속에 다른 사람의
모습을 그리는 등 적어도 네 개의 몸이 겹쳐져 있어 보기에도 섬뜩
한 그림을 그렸다. 인형작업에서 실물크기의 인형 대신 자신의 어

---

12) 디쿠닝(Willem de Kooning)은 홀랜드에서 뉴욕으로 이민한 미국화가로서,
1950~1952년 사이에 그린 그의 작품 〈여성상 I〉은 '미술사 속에서 가장 흉물스러운
여성의 이미지'라고 할 정도로 무시무시한 모습을 하고 있다. 그는 강압적이고 위협
적이었다고 기억하는 어머니와 차가운 아버지 사이에서 태어나서 결국 이혼한 아버
지의 집에서 새어머니에게 양육을 받았고, 부인과의 불화 등 여성에 대하여 부정적인
경험을 가지고 있었다. 그는 이 그림을 그리기 시작하면서부터 술을 마시기 시작하였
고 결국 알코올중독성 치매로 죽게 된다(Stevens & Swan, 2004 참조).

린 시절의 모습인 라라에게 입힐 옷을 만드는 것으로 대신했다. 십자가상을 연상하는 나무 두 개를 묶어서 어깨를 만들고 여러 층의 얇은 옷감으로 만든 드레스를 만들었고, 어린 시절 자신이 입고 싶었던 드레스라고 했다. 사라의 가면, 신체 본뜨기, 인형작업은 여러 개로 찢겨진 모습이 하나가 되는 과정이라 하겠다.

사라의 내림굿과정을 보면, 가면과 신체 본뜨기에 나타난 여러 개의 자신의 모습을 내림굿에서 입무자가 버려야 할 허주(콤플렉스)들이라고 본다면, 꿈의 연극화과정의 주인공 라라와 그 후에 제작된 여신상이 무의식의 '타자' 내지 몸주라고 볼 수 있다. 라라는 사라의 어린 시절인 동시에 일종의 아령(兒靈)으로, 라라와의 만남은 사라로 하여금 몸주 또는 자기원형이라고 볼 수 있는 '내면의 신성' 여신과의 연관을 가지게 하였다. 마치 내림굿에서 박씨무당이 성공적으로 몸주를 받아 신병도 고치고 신성력을 갖춘 무당이 되어 가는 것과 비슷하다고 하겠다.

마지막 시간 사라는 자신의 꿈을 공연하는 시간에 드레스 속에 전등불 장치를 하여, 레이스와 여러 겹의 얇은 천들을 통하여 불빛이 비치는 강조한 드레스를 입고, 자신이 만든 가면을 머리에 이고, 천천히 등장하여 의자에 앉아서 자작시를 읽었다.

사라의 시

사실대로 내보이기는 너무나 아픈
침묵의 이야기

여러 개로 찢겨진 나의 모습이
빨려들 것 같은 웅덩이 주위를 맴돌며
여덟 사람과 춤을 춘다.

그들의 비정한 목소리를 들으면서
나는 태모의 젖을 먹고 목욕재계한
순수한 인간으로 다시 태어났고
차가운 바위를 녹이고
그 속에 숨겨져 있는 보물의 비밀을 가르쳐 주는
요정으로부터 날개를 선물받았다.

다른 이들은 잊어버린 기억을 회상하는 동안
나는 지난날의 흐트러진 기억들을
호피 인디언들이 바구니를 짜듯
금색 실로 엮으면서 그 모습을 되찾고 있다.
마치 여러 겹의 나의 의상이 기억과 망각을 의미하듯
그 이지러진 모습 속에서
서서히 그 문양이 드러나고 있다.

마녀 같은 어머니
약물에 절어서 흐물거리던 아버지

죽을 때까지 술을 퍼마시던 비정했던 할아버지가
우리 속에 갇히고 밤의 공포가 증발되었다.

나는 더 이상 침묵과 혐오의 숭배자가 아니다.
찢겨졌던 나의 조각 조각들이
영롱한 소리를 내는 풍경(風磬)이 되고
자유의 송가를 부르고 있는 나는
새로 탄생한 여신이다.

자작시 낭독 후 사라는 구성원들의 권유로 사뿐사뿐 춤을 추었고, 자신의 옷을 자랑하는 듯한 몸짓을 하였다. 워크숍을 마친 얼마 후 사라는 자신의 일기장 중에서 발췌한 글을 저자에게 전해 주었다.

나는 워크숍을 통하여 나 자신의 승리를 맛보는 특별한 체험을 하였다. 이 체험은 글을 쓰고 공연을 하는 등의 창작활동이 얼마만큼 치유적인 변화를 가져올 수 있는가를 실감하게 하였다. 최근에 한 정신적인 경험은 나로 하여금 나에게 내면의 목소리가 있다는 것을 알게 하였고, 어린 시절 있었던 끔찍한 경험을 이야기해야 할 필요성을 느끼게 하였다. 이런 생각을 하게 되면서부터 누군가 나를 죽이려 한다는 공포에서 해방되었다.

나는 이 워크숍을 계기로 다시 글을 쓰기 시작했고 AA모임(알코올중독자나 가족을 위한 모임)에서도 적극적인 자세로 임하게 되었다. 특히 기쁘게 생각하는 것은 내가 쓴 글을 Voices Against Violence(여러 가지 종류의 폭력에 대한 희생자들의 모임)에서 읽고 간단한 공연을 한 것이 좋은 반응을 얻어 두 달 동안의 순회공연

부탁까지 받은 것이다.

이러한 상황에 대한 소감은 최근 워크숍에서의 체험이 나를 폭력에 대하여 분노하는 일종의 사회운동가가 되게 했고, 그 분노가 회복과 희망의 씨앗이 되고 삶에 대한 의지로 나타난다는 사실을 깨닫게 되었다는 것이다. 또 나에게 남에게 희망과 용기를 줄 수 있는 재질과 능력이 있다는 깨달음은, 나로 하여금 남들이 나를 어머니같이 정신병자로 보지 않을까 하는 공포로부터 해방되게 하였다.

다중인격장애는 일회적인 워크숍으로 간단히 해결되는 않는 심각한 장애다. 워크숍 후 사라는 계속 불안해 했고, 그래서 저자와 정기적으로 따로 만나서 작업을 계속하기로 했다.

워크숍의 후속

워크숍 이후에도 사라는 직장에서 직장동료나 환자 중에서 자신과 비슷한 처지에 있는 사람들과 자신을 지나치게 동일시하여 객관성을 잃는 데서 오는 평소의 문제들을 가지고 있었다. 그러한 문제들은 사라 자신의 문제 때문이기도 했지만 직장 자체 내의 문제이기도 했던 것 같다. 인간관계에 대한 갈등적인 요소에는 워크숍 후에 별로 달라진 것이 없었지만 그녀의 개인생활에는 많은 변화를 가져왔다.

사라는 그해 가을 약물중독자와 예술가들이 뒤섞여 살고 있는 지저분한 곳으로 알려진 뉴욕의 이스트 빌리지에서의 오랜 생활을 청산하고 부자들이 사는 뉴욕 교외의 바다가 가까운 동네로 이사를 하였다. 집주인이었던 친구가 어딘가로 이사를 하면서 무기한으로 그 집을 맡아 달라는 부탁을 받은 것이다. 동쪽으로 롱아일랜드만 바닷가를 정원으로 하고 있는 그 집은 오랫동안 사귀어 오던 남자 친구와 장래를 같이할 보금자리로서 함께 이사를 하게 되었다. 그녀는 모든 시간을 집치장하는 데 쏟아 부었고, 그 작업을 스스로 '새가 둥우리를 트는 작업'이라고 표현하였다. 그러한 상황에서도 실제로 직원들 간에 문제가 많은 직장에서 계속 일하고 있었다.

워크숍 이후 사라는 저자와 일주일에 한 번 정도 만나 상담할 기회를 가지면서 그녀의 변화상에 대한 이야기를 나눌 수 있었다. 그 중에 특기할 만한 것은 그의 바닷가 정원에 만들어질 조그마한 동산과 거기에 세워질 여신상 제작에 관한 것이었는데, 작업과정을 그림으로 그려 가며 자세히 설명하여 주었다. 여러 가지 조형 재료를 이용하여 만들어질 여신이 바다를 배경으로 한 작은 꽃동산의 꼭대기에 세워지고, 동산에는 방위각에 따라서 다른 색상의 꽃을 심고, 여신의 목 부분에 장치한 분수에서 나오는 물이 주위에 있는 꽃에 물을 주도록 꾸며지고 있다는 것, 그리고 그 동산의 위치가

▲ 사라의 바닷가 집 동산 위의 여신 조형물

이층에 바다로 향해 있는 그녀의 침대에서 일어나 앉으면 마주보게 되어 있는 창문과 해가 뜨는 바다풍경과 일치하는 장소에 만들고 있다고 했다. 그 모든 것이 스스로를 돌보고 양육하는 작업인 듯 했다.

다음해 6월 그녀의 바닷가 집에서 가까운 친구만 초청한 약혼식에 참석하게 되었을 때 그러한 세팅으로 꾸며진 그녀의 침실을 보게 되었는데, 여러 가지 말린 꽃들과 부드러운 장신구 등으로 치장한 그녀의 침실은 마치 그녀 자신의 성소와 같았다. 약혼식 참석여부에 대하여 그녀의 상담자로서 전통적인 심리치료에서는 적절하지 않은 것이었기 때문에 약간 망설여지기도 했다. 그러나 그녀에게 실제적으로나 심리적인 모성이 부재하고 있다는 것과, 내담자이자 직장동료로서 그녀가 모처럼 맺은 인간관계를 유지한다는 차원에서 치료적으로도 바람직하다고 생각하여 참석하기로 하였다. 약혼식에서 특기할 점은 약혼 축하케이크가 두 개였다는 것이다. 그녀는 자신이 결혼에 앞서 두 사람이 합쳐져야 한다는 것에서 오는 두려움을 나타낸 것이라고 설명하였다. 약혼자와 이 문제에 대하여 이미 논의했고, 서로 독립된 삶을 살기로 합의를 본 결과라고 했다.

그해 늦여름 약혼자의 생일파티에 초청되어 갔을 때, 여신상이 여름 장맛비로 밑동지가 문드러져서 기울어져 있었다. 불길한 기분이 들었으나 그것이 기우였다는 것을 그 후에 알게 되었다. 허리케인이 지나간 초가을에 여신의 보수공사를 고려해 보았으나 여신상의 바위같이 딱딱한 유방 등이 마음에 들지 않아 처분을 하기로 했고, 여신의 시체를 묻기 위하여 손으로 구덩이를 파는 동안 손을 다쳐서 피가 나게 되었고, 상처에서 흘러내리는 피를 흙과 함께 여신의 시체 위에 뿌렸다고 했다. 자신의 피를 함께 뿌렸다는 부분이 특히 인상적이었던 것은, 희생의 피를 뿌리는 제사의식과 같이 느껴졌던 것 때문인 듯하다. 희생의 의식은 새롭게 태어나게 되는 다음 과정으로 이어지듯 그녀의 작업은 다음 과정으로 이어졌다.

변환과정의 상징으로서의 배

그 무렵 사라는 역학과 동양철학에 대한 관심을 가지게 되었고, 자기도 모르게 시체와 시체를 실은 배가 강물에 떠내려가는 그림을 그리고 있다고 하면서 스케치한 일부 그림을 보여 주었다. 그의 그림과 이야기를 들으면서 문득 떠오른 이미지가 있었는데 그것은 이승과 저승 사이를 흐르는 황천강과, 그 강을 건너는 다양한 사자들의 모습들과, 한국무속에서 사자(死者)를 천도하기 위하여 사용하는 무구 '용선' 혹은 피안으로 인도하는 '반야선'[13]이었다. 저자가 한국무속에서 배가 영혼을 저승으로 떠나 보내는 무구로 쓰이고 있다는 이야기를 했을 때, 사라는 자신도 지난날의 자신의 시체 혹은 자신을 심리적으로 얽매고 있는 어머니의 시체를 떠나 보내는 것과 같은 의미를 가지고 있다고 했다.

그 후 사라는 배의 모습을 실체화해야 할 필요를 느꼈고 그 작업

---

13) 동해안 무속에서 사자를 천도하는 배로서 대중을 반야, 즉 지혜의 피안으로 인도한다는 대승불교의 사상이 무속의 전통과 혼합되어서 나온 것이 아닌가 사료된다. "나룻배가 무사히 강을 건너기 위해서는 노가 필요하다. 노를 어떻게 젓느냐에 따라 도강은 성공할 수 있다. 노는 화두를 말한다. 화두가 없다면 아니 화두를 제대로 들지 않으면 생사의 흐름을 어떻게 건너겠는가. 생사의 흐름은 매우 험난하다…." (동봉스님의 『나룻배와 행인』 중에서)

에 착수하였다. 그녀의 집은 롱아일랜드만의 가장 깊숙한 곳에 위치해서 대서양에서 표류하던 온갖 물건들이 파도에 밀려 그녀의 마당인 해변에 와서 쌓이고 있었다. 보통 사람들에게는 쓰레기에 불과한 것을 작가인 그녀는 버리지 않고 종류별로 분류하여 모아 오고 있었다. 저자가 방문했을 때 보았던 물건들 중에는 대서양을 건너온 듯한 300여 년 전의 라벨이 붙은 유리병을 본 일이 있었고, 저자도 분류하는 작업을 거들어 주었던 것으로 기억한다.

해변가 마당이 작업장이 되고 쌓아 두었던 재료들은 그녀의 작품 제작에 요긴하게 쓰였다. 그의 작품의 관념적인 배경은 동양철학의 5행으로서 地는 대지를 상징하기 위하여 바위나 땅 속에서 발견한 물체를 사용하는 것으로, 水는 받아 두었던 빗물로 재료를 세척하고 그림물감 섞는 것에 이용하는 것으로, 火를 상징하기 위하여 숯불과 촛불을 이용한 것으로, 木은 목재로 된 여러 가지 물건을 사용하는 것으로, 金은 금속성의 페인트를 사용하는 것으로 사라의 작품에서 구체화되기 시작하였다.

그해 늦가을 어머니의 자살미수와 정신병원 입원 소식과 직장에서의 문제 등으로 심한 심리적인 갈등을 느낀 와중에도 그녀는 작업을 계속하였다. 이제까지 살아오는 동안 자신이 좀 정신을 차리는 듯하면 서로 연락을 하지 않았는데도 어머니가 귀신같이 알아서 문제를 일으켜 자신으로 하여금 옛날의 모습대로 되돌아가게 했다고 하며 이번에는 무시하고 작품에 전념할 것이라고 했다.

그해 초겨울 사라는 직장을 임시휴직하고 작품제작에 전념하였고, 그해 12월에서 다음해 1월까지 그녀의 작품 〈Wreckage of Fast Life〉가 워싱턴DC의 어느 화랑에서 전시되었다. 작품의 규모가 길이 20미터(보통사람 키의 약 12배), 너비 6미터(보통사람 키의 약 4배)로, 자신의 작품 하나가 화랑전체 공간을 채웠다고 한다.[14] 제작과정과 전시회장으로 완성된 작품을 운송했던 사연은 치밀한 작전하의 전쟁을 방불하게 하는 처절한 데가 있었다. 전시회를 마치고 거기서 있었던 일들을 이야기 하는 중에 자신의 작품을 관람했던 저명한 인류학자가 고대이집트의 피라미드 속의 벽화에 나타나는 'Re의 배'와 같은 느낌을 준다고 말했다는 것이 인상적으로 다가왔다.

런던 대영박물관이 소장하고 있는 파피루스 10470의 CXXXIV장은 『사자의 서(Book of the Dead)』로서, 매(falcon)의 머리에 신성을 나타내는 머리장식을 한 태양의 신 Re가 삶의 상징 ankh를 잡고 태양 아래 미이라의 모습으로 배 위에 앉아 있다. 그의 앞에 있는 커다란 원상은 태양을 상징하고 뱃머리에는 호루스의 눈 wedjat가 있다. 『사자의 서』는 "이 글은 Re의 배와 그의 뜻을 따르는 사람들과 함께 출범한다."로 시작된다. 이 문헌의 일부인 축원문을 인용한다.

"스스로의 성소와 함께 하는 당신에게,
당신의 광채로 주위를 비치는 당신에게
그를 사랑하는 이들에게 수백 만 년 동안 기쁨을 선포해 온 당신에게
모든 인간들을 위하여 온 마음을 다하는 당신에게
당신의 배를 타고 있는 적 Appe를 쓰러트린 Khepri 신에게

---

14) 작가로서 사라의 입장을 고려하여 이 작품은 공개하지 않는다.

영광이 있으라.

사랑하는 자들아. 권력을 노리고 권좌를 노리고, 승리를 노리는 Ani
오시리스의 적들을 쳐부수고, Re의 배에의 접근을 불허하라." (Ani
의 파피루스 22번째 쪽)

앞에 소개한 파피루스의 문헌은 태양의 신 Re의 위상을 묘사하
면서 천상과 저승을 영원의 공간 속에 오가는 그의 출항을 경하하
면서 배를 타고 있는 死者는 흑암의 어둠을 극복하고 아침 해가 솟
아오르듯, 재생을 위협하는 저승의 모든 적대적인 힘을 뱃사공의
도움으로 퇴치하게 될 것이라는 점을 강조하고 있다. 적들의 피로
서 목욕을 함으로써 그들의 힘을 보유하게 되고, 그들을 제압하는
힘을 가지게 된다는 맥락의 믿음은 많은 원시적인 문화에서 찾아
볼 수 있다.

이집트의 고분벽화 및 파피루스 문헌에 나타나는 '태양의 신 Re
의 배'는 이집트의 최고의 여신인 이시스가, 황폐한 사막을 다스리
는 사악한 형제인 세트에 의해 산 채로 관 속에 들어가 나일강으로
떠내려 갔던, 남편 오시리스를 찾기 위하여 타고 다니던 배이기도

하다.[15]

이집트문명의 신화에 나타난 Re의 배는 이시스로 하여금 죽은 남편을 찾는 동시에 새 왕국을 건설하는 아들 호루스를 낳게 하는 운송수단, 즉 전환의 상징(transitional symbol)으로서의 의미를 가진다면 사라의 배는 쪼개진 여러 개의 자신이 합쳐진 자신의 모습으로 가게 하는 운송수단이라 하겠다.

폰 프란츠(Von Franz, 1999)는 루마니아의 고양이 민담의 주인공이 배를 타고 성모마리아를 향한 여행을 하는 것에 대한 분석을 하는 부분에서 배의 상징적인 의미에 대하여 자세하게 다루고 있다.

배는 인간의 기적적인 발명품의 성질을 지니며, 신으로부터 기원하고 여신의 형태의 게시로서 인간이 마음으로 그것을 모방했기 때문에 신성한 성질을 가진다. 배는 무의식의 바다를 건넌다. 그러므로 배는 언제나 당신을 물 위에 떠 있게 해 주고 당신이 무의식 속으로 빠지지 않도록 해 준다. 만일 우리가 준비되지 않은 채 무의식으로 들어간다면, 익사할 것이다. 만일 우리가 생산적이 되고 새롭게 되기를 원한다면 현실의 그러한 영역, 신성성과 미지의 세계로의 여행을 필요로 한다.

---

15) 이시스는 먼 나라 궁전의 기둥이 되어 있는 남편을 찾아서 돌아오면서 죽은 남편과의 수태로 호루스를 낳게 되고, 호루스는 아버지의 원수를 갚기 위하여 세트에 대항하지만 세트는 전갈로 하여금 호루스를 물어 죽이게 했다. 이시스가 태양신 Re에게 기도했고 태양신은 그녀에게 죽은 몸을 다시 살려내는 방법을 가르쳐 줌으로써 호루스는 다시 살아나게 된다. 죽어 있던 동안 호루스는 죽은 자의 나라에 가서 아버지 오시리스를 만나 지혜를 배우게 되어 파라오들의 수호신이자 이집트 번영의 보호자로 숭배받게 되었다.

사라에게 배를 제작한 것과 전시회 전 과정은 사라의 내면의 신성, 여성성, 안정감을 주는 수호신을 향한 여정이라 해도 좋을 것 같다.

융은 원형이 상징을 통하여 의식세계 속의 경험으로 체험되어야만 원형이 가지는 긍정적인 에너지가 풀려 나온다고 하였다. 사라가 자신의 배를 만드는 작업에 심혈을 기울였다는 사실은 고양이 민담(Von Franz, 1999)에서 왕의 아이가 무언가를 찾아 나서야만 한다고 말하면서 목적지를 향해 떠나는데 땅이 아니라 배를 타고 바다를 가로질러야 하는 것의 의미와 같다고 볼 수 있다. 그녀가 작업의 의미를 직관적으로 알았고 그것만이 자신이 살 길이라는 일념에서 나왔다고 하겠으며, 그것을 온 마음을 다해서 행동에 옮김으로써 새롭게 태어나게 하였다고 볼 수 있다. 이러한 맥락에서 치료 전 과정이 사라에게는 치유자의 원형(wounded healer)이 되어 가는 입무과정이라 할 수 있고, 초인간적인 열정으로 배를 만들었던 전 과정이 망아체험적인 경험이었다고 볼 수 있다.

굿 구경을 다닐 때 영험이 있다는 강원도 산 속에서 온 한 젊은 여자무당이 동료무당의 가족을 위해 굿을 하는 것을 지켜본 경험이 있다. 하루 종일 밤새도록 온 마음을 다하여 굿을 한 후 이른 아침에 모든 무구들을 태웠는데 그때 굿을 하면서 받은 돈까지 실수로 태우게 되었고, 나중에 그것을 안 그녀는 아무렇지도 않게 자신의 몸주가 필요해서 가져갔다고 말한 것이 기억난다. 사라와 그녀의 이미지가 교차되는 것은 그들이 가지고 있던 진지함과 치열함 때문인 듯하다.

작품을 '전시'한다는 것은 개인적인 작업이 대중에 노출 내지 떠

나보낸다는 의미를 가질 수 있는데 사라의 작품 '배'의 전시가 가지는 의미는 내림굿이나 지노귀굿, 씻김굿 등에서 사령(死靈)을 용선에 태워 저승으로 보내는 굿거리로서 그 행위나 기대하는 치유성과 비슷하다고 하겠다.

그해 사라는 평생 처음으로 그의 어머니에게 크리스마스 선물을 보냈다고 하였고, 그 사실은 그녀를 부정적으로 조정하고 있던 어머니의 영향으로부터 자유로워졌음을 시사한다고 보았다. 사라는 그해 3월에 다시 복직하였고, 문제가 많던 낮병원을 벗어나 우호적인 분위기의 다른 외래진료소로 옮겨 직장생활을 계속하였고, 그때까지 복용해 오던 우울증 치료약물을 더 복용할 필요가 없어졌다. 그녀의 전사적인 용기 있는 태도와 치료과정에 대한 신뢰감이 그로 하여금 자신의 통관의례, 입무, 치유과정을 마칠 수 있게 한 것이다.

사라는 약혼한 지 만 일 년 후 1992년 초여름에 결혼식을 하였고 그 1년 후 저자가 귀국하기까지 무난하게 결혼생활과 직장생활을 하고 있었다.

워크숍 참여자들 모두가 고학력자로서 창작적인 작업을 해 본 경험이 있었고, 자신의 문제가 집단예술치료로 해결될 수 있다는 믿음이 있었다는 것에서 일반적인 임상의 현장과 거리가 있을 수 있다고 볼 수도 있다. 그러나 사라의 변화 및 치유과정과 내림굿과정에서 나타나는 동질적인 모티브를 통하여 복합문화권에서 실시된 이 집단치료사례들은 한국내림굿에서 입무자의 무신빙의/망아체험을 통한 타계여행이 시공을 초월하여 어디에서나 있어 온 원형적인 현상임을 보여 준다. 이러한 점을 감안한다면 문화와 학력에 따르는 차이는 별 의미가 없다고 하겠다. 물론 치료대상의 현실원리에 기초를 둔 자아의 강도와 인지력과 기능적인 면은 고려되어야 할 것이다.

한국의 내림굿과 예술치료의 공통점과 차이점에 대하여 요약하는 것으로 마감하려 한다. ① 내림굿과 예술치료가 빙의/몰입체험을 통한 타계여행을 통하여 심리적, 영적, 사회적인 치유까지 가능하게 한다는 공통점, ② 내림굿/샤머니즘의 치료성이나 예술치료의 치료성이 극도로 전문화된 정신건강 분야가 가져다줄 수 있는 편파적인 점을 보완하고 영적 차원을 돌볼 수 있는 은유를 제시할 수 있다는 공통점, ③ 내림굿에 참여하는 무당들이 무속의 전통에 의거한 방법을 사용한다는 점에서 문화적으로 전통성은 있으나 치료성에 대한 객관적인 이해가 부족함으로써 기인되는 문제점이 있는 반면에, 예술치료는 창작이라는 주관성과 현대 심리치료라는 이론적인 객관성에 따라서 시행되고 있다는 것이 차이점이라 하겠다.

4. 결론

샤머니즘의 가장 핵심적 체험은 샤먼의 망아체험을 통한 저승으로의 여행이다. 엘리아데의 말처럼 저승은 본래 그렇게 멀리 떨어져 있는 것은 아니었는데 이제는 망아체험의 대가라고 부르는 원시부족의 샤먼만 저승의 경계를 뚫고 들어가 분리된 두 세계를 하나로 통하게 되는 시대에 살고 있다. 이러한 시대를 살고 있는 현대인들의 인간정신의 근원적인 것과의 단절로 자기 소외와 심리적인 불균형에 따르는 다양한 심리적인 문제들을 경험하게 된다. 이러한 현상은 현대 한국인들뿐만 아니라 현대인들의 보편적인 문제이기도 하다.

이제까지는 기존의 종교가 어느 정도 인간정신의 전체성을 담아주는 역할을 했으나 더 이상 그 기능을 하지 못하는 듯하고, 정신적인 부분을 돌봐야 할 심리치료 및 정신의학 분야는 세분화되어 가면서 전문성을 가진다는 긍정적인 면과 인간정신의 전체성을 보지 못하는 부정적인 면도 가지고 있다.

이 책에서는 샤머니즘이 시공을 초월하여 반복되어 나타나는 현상이라는 점에서 인간정신의 원형적인 부분을 지원할 수 있는 은유적인 틀이 되며 이러한 개념이 예술치료에서도 적용된다는 관점을 제시하고자 하였다. 심층적인 관점으로 시행되는 예술치료는 현대 심리치료에 관련된 전반을 포함하는 객관성을 가지고 있기 때문에 샤머니즘이 가지는 현대의 시대정신에 맞지 않는 부분을 보완할 수 있다고 본다. 이러한 맥락에서 심층예술치료는 기존의 심리치료 및 정신의학적 접근의 치우친 점을 보완할 수 있다고 하겠다.

이 책에서 말하는 샤머니즘은 실제로 샤먼적인 치병방법의 재연이 아닌, 근원적인 것과 멀어진 현대인에게 요구되는 내적인 변화와 치유의 가능성을 위한 은유를 제공하는 신샤머니즘(neo-shamanism)적인 개념의 의미를 지닌다. 이러한 은유적인 틀을 제시하는 것의 취지는 의식/이승과 무의식/저승의 통합뿐만 아니라 고대와 현대의 통합하여 인간정신의 전체성을 지향하여 현대인의 심혼을 돌볼 수 있는 예술치료의 가능성을 제시하기 위한 것이라는 점을 밝힌다.

국외 예술치료 분야가 전문화되어 가면서 평가 위주 또는 개인사 위주의 심리학으로, 그리고 지적인 방향으로 치우치는 듯하다. 지난 15년 동안 국내에 새로운 정신건강 분야로 뿌리를 내리고 있는 예술치료 분야는 세계 어느 나라에서 찾아볼 수 없는 발전을 하여 기초적인 토대는 확보된 듯하다. 이러한 시점에서 샤머니즘적 개념의 예술치료가 예술치료 분야의 지평을 넓히고 인간의 마음과 영혼을 돌보는 것에 관심을 가지는 학도들에게 도움이 됐으면 하는 것이 저자의 바람이다.

참고문헌

국내 문헌

김광일(1970). "강신몽의 정신분석". 한국전통문화의 정신분석: 신화, 무속, 그리고 종교체험. 서울: 교문사, 1991.

김광일(1972a). "병굿의 정신 의학적 평가". 한국전통문화의 정신분석: 신화, 무속, 그리고 종교체험. 서울: 교문사, 1991.

김광일(1972b). "병굿의 정신분석". 한국전통문화의 정신분석: 신화, 무속, 그리고 종교체험. 서울: 교문사, 1991.

김광일(1973). "무녀의 정신분석". 한국전통문화의 정신분석: 신화, 무속, 그리고 종교체험. 서울: 교문사, 1991.

김광일(1975). "무속과 한국인". 한국전통문화의 정신분석: 신화, 무속, 그리고 종교체험. 서울: 교문사, 1991.

김광일(1990). 한국샤머니즘의 정신분석학적 고찰. 서울: 교문사

김광일, 이근덕, 김명정(1979). "고양이 빙의". 한국전통문화의 정신분석: 신화, 무속, 그리고 종교체험. 서울: 교문사, 1991.

김열규(1980). "접신현상에 관한 몇 가지 노트". 정신의학보, 4(9), 169-173.

김열규(1981). 恨脈怨流. 서울: 주우.

김열규(1993). "무속의 질병관". 임상예술학회 10주년 기념 학술대회 자료집:

무속, 임상예술, 그리고 정신치료.

김인회(1987). 한국민속 사상연구. 서울: 집문당.

김진숙(1992a). "Facilitating ritual Process Through the Use of Extended Projective Techniques in Drama Therapy: An Anthropological Approach". 임상예술학회지, 7(1), 60-76.

김진숙(1992b). "성장과정중심으로 본 임상예술의 특수성: 이론중심으로". 임상예술학회지, 7(1), 51-59.

김진숙(1992c). "연극치료 : 포스트모더니즘 연극과 현대심리치료와의 만남의 장". 임상예술학회보, 10(6), 4-5.

김진숙(1993a). "연극치료와 샤머니즘". 임상예술학회 10주년 기념 학술대회 자료집: 무속, 임상예술, 그리고 정신치료.

김진숙(1993b). 예술심리치료의 이론과 실제. 서울: 중앙적성출판사(2001년 KEAPA Press에서 재출간).

김진숙(1996). "예술치료란 무엇인가". 표현예술심리치료 연구교재. 서울: 한국예술치료연구소.

김진숙(1999a). "제의적인 모델의 예술치료를 통한 다중인격장애치료사례". 한국 표현예술심리치료협회 창립 기념 학술대회 자료집: 폭력의 희생자들을 위한 표현예술심리치료, 111-121.

김진숙(1999b). "표현예술치료란 무엇인가". 한국 표현예술심리치료협회 창립 기념 학술대회 자료집: 폭력의 희생자들을 위한 표현예술심리치료, 12-27.

김진숙(1999c). "PTSD와 표현예술치료". 한국 표현예술심리치료협회 창립 기념 학술대회 자료집: 폭력의 희생자들을 위한 표현예술심리치료, 1-30.

김진숙(2001). "진정한 동작과의 만남". 한국 표현예술심리치료협회 학술대회 자료집 II: 표현예술심리치료와 동작무용치료, 75-79.

김진숙(2002). "분석심리학적 예술치료: 적극적 상상을 중심으로". 목회상담협회 제7차 학술강연 논문발표집: 목회상담과 융심리학, 70-100.

김진숙 편역(2003). "정신분석학적 미술치료". 명지예술심리치료연구센터 자료집, 1, 105-114.

김진숙(2004). 정신분석학적 미술치료. 서울: 명지대출판사.

김진숙(2005). 분석심리학적 모래상자치료. 서울: 명지예술심리치료연구센터.

김진숙(2006a). "객체적인 정신(objective psyche)의 초월적인 기능: 소 상징확충 중심으로". 표현예술치료, 1, 20-50.

김진숙(2006b). 자아초월로서의 예술치료. 정신세계.

김진숙(2007a). "말러와 노이만 이론의 예술치료적인 적용". 표현예술치료, 1, 29-50, 2008.

김진숙(2007b). "내림굿과 예술치료: 심층심리학적 관점으로". 표현예술치료, 1, 31-73, 2008.

김태곤(1976). 韓國巫俗集, 서울: 창문

김태곤(1981). 韓國巫俗硏究. 서울: 집문당.

김태곤(1985). 韓國巫俗神話. 서울: 집문당.

김혜영(2003). "미술치료를 통한 상징화 능력의 발달이 자아 강화에 미치 는 효과: 자아심리학의 이론 중심으로". 명지대학교 예술치료 석사 논문.

유네스코 한국위원회 편(1998). 샤먼유산의 발견(International Symposium: Discovery of Shamanic Heritage), 22-23.

유동식(1975). 한국무교의 역사와 구조. 서울: 연세대학교 출판사.

이부영(1965). "소위 강신적 입무과정의 정신의학적 연구". 명주완박사 회 갑기념 논문집

이부영(1969). "입무과정의 몇 가지 특성에 대한 분석심리학적 연구". 최 신의학, 2, 1-26.

이부영(1970). "사령의 무속적 치료에 대한 분석심리학적 연구". 최신의학, 13, 79-94.

이부영(1978). 분석심리학. 서울: 일조각.

이부영(1981). "한국무속의 심리학적 고찰". 고려대 민족문화연구소(편), 한국무속의 종합적 고찰, 149-178.

이부영(1986a). "한국민간신앙과 윤리의식". 고려대 민족문화연구소(편), 현대사회와 전통윤리, 541-564.

이부영(1986b). "한국설화에 나타난 치료자 원형상". 심성연구, Vol. 1, 5-27.

이부영(1987). "분석심리학과 예술". 임상예술학회, 3, 47-56.

이부영(1993). "무속과 정신치료". 임상예술학회 10주년 기념 학술대회 자료
　　　집: 무속, 임상예술 그리고 정신치료. 서울: 집문당.

이부영(1995). 한국민담의 심층분석. 서울: 집문당.

이부영(1998). 분석심리학 (개정판). 서울: 일조각.

이부영(1999). "무속에서 본 그림자의 상징과 그 처리". 분석심리학의 탐구
　　　1권, 그림자. 서울: 한길사.

이부영(2001). "민간전승을 통해 본 아니마, 아니무스현상". 분석심리학의
　　　탐구 2권, 아니마, 아니무스. 서울: 한길사.

이부영(2002). "바리공주설화와 심청전, 무속과 전체성의 상징". 분석심리
　　　학의 탐구 3권, 자기와 자기실현. 서울: 한길사.

이부영(2004a). "샤머니즘과 분석심리학". 한국융연구원 특강, 2004년
　　　10월.

이부영(2004b). "정신과 신체: 분석심리학적 입장에서". 심성연구, 19(1,
　　　2), 1-32.

이부영, 서경란(1994). "병굿의 정신치료학적 고찰: 사례추적 연구를 중심
　　　으로". 심성연구, 9(1, 2), 43-135.

이부영, 우성일(1990). "내림굿과정의 심리역동과 그 정신치료적 의미에
　　　관한 분석고찰". 신경정신의학, 29(2), 471-501.

최길성(1991). 韓國人의 限. 서울: 예천사.

황루시(1988). 韓國人의 굿과 巫堂. 서울: 문음사.

외국 문헌

村山智順(1929). 조선의 귀신, 제1부 민간신앙. 김희경 역, 서울: 동문선,
　　　1990.

秋葉隆(1950). 조선무속의 현지 연구. 최길성 역, 대구: 계명대학교 출판사,
　　　1987.

Adler, G., & Jaffe, A. (Ed.). (1973). *C. G. Jung's Letters, Vol I*. Princeton University Press.

Akiba, T. (1929). *A Field Study of Shamanism in Korea*. Yotokusha, Tambaichi, Japan, 1950.

Akiba, T., & Akamatsu, C. (1937, 1938). *Study of Korean Shamanistic Beleifs and Practices, Vol. I & II*. Osakayago Shoten, Tokyo.

Apt, T. (2005). *Introduction to Picture Interpretation*. Living Human Heritage Publications, Zurich.

Arieti, S. (1976). *Creativity, The Magic Synthesis*. Basic Books, New York.

Avstreih, Z. (1993). "The Path of the Shaman". *10th Anniversary Conference of Korean Clinical Art Association*.

Bourguignon, E. (1976). *Possession*. Chandler & Sharp Publications Inc., San Francisco.

Campbell, J. (1988). *The Power of Myth*. The Apostrophe S. Productions & Alfred van der Mark, Inc.

Castaneda, C. (1984). *Journey to Ixtlan The Lessons of Don Juan*. New York, Simson & Shulster

Choe, Kil Sung. (1978). "Initiation in Korean Shamanism". *Minzokugaku, 38,* 108-119, Kenkyu, Japan.

Choe, Kil Sung. (1987). "The Meaning of Pollution in Korean Ritual Life". *Religion and Ritual in Korean Society*, Laurel Kendall and Griffin Dix (Eds.), Institute of East Asian Studies, 139-148, University of Berkeley.

Clark, C. A. (1961). *Religions of Old Korea*. The Christian Literature Society of Korea, Rep.

Clements, F. (1932). "Primitive concept of disease". *American Archeology and Ethnology, 32,* 185-245, 189(E).

Cole, D. (1975). *The Theatrical Event*. Wesleyan University Press.

Crapanzano, V., & Vivian, G. (1977). *Case Studies in Spirit Possession*.

John Wiley & Sons.

Cwik, A. J. (1991). "Active Imagination as Imaginal Play-Space". Liminality and Transitional phenomena, Schwartz-Salant, N., & Stein, M. (Eds.), *The Chiron Clinical Series* III: 99–114, Chiron Publication, Wilmette, Illinois.

Edinger, E. F. (1972). *Ego and Archetype*. Penguin Books, New York.

Edinger, E. F. (1984). *The Creation of Consciousness*. Inner City Book, Toronto.

Edinger, E. F. (1985). *Anatomy of Psyche: Alchemical symbolism in psychotherapy*. Open Court.

Edinger, E. F. (1990). 살아 있는 심혼. 김진숙 역, 서울: 집문당, 1996.

Edwards, M. (1987). "Jungian Analytic Art Therapy". In J. Rubin (Ed.), *Approaches to Art Therapy*. Brunner/Mazel Inc., New York.

Ehrenzweig, A. (1965). *The Psycho-analysis of Artistic Vision and Hearing*. George Braziller, New York.

Eliade, M. (1958). *Patterens in Comparative Religion*. Sheed and Ward Ltd., London.

Eliade, M. (1963). *Myth and Reality*. Harper and Row Publishers, New York.

Eliade, M. (1964). *Shamanism: Archaic techniques of Ecstasy*. Princeton University Press, New Jersey.

Eliade, M. (1987). *The Sacred and the Profane: Nature of Religion*. Harcourt Brace Jovanovich, Inc.

Ellenberger, H. (1970). *The Discovery of the Unconscious: The History and Evolution of Dynamic Psychiatry*. Basic Books Inc., New York.

Fincher, S. F. (1991). 만다라를 통한 미술치료. 김진숙 역, 서울: 학지사, 1998.

Frankl, V. E. (1959). *Man's Search for Meaning*. Pocket Books, New York.

Freud, S. (1900). *The Interpretation of Dreams*. Hogarth Press, London.

Freud, S. (1917). *Introductory Lecture of Psychoanalysis, Standard Edition, Vol. 17*. Hogarth Press, London.

Furth, G. (2002). *The Secret World of Drawings*. Inner City Books.

Gardner, H. (1980). *Artful Scribbles*. Basic Books, Inc., New York.

Goodman, F. (1986). "Body Postured the Religions, A. S. Cons. An Experiential Investigation". *Journal of Humanistic Psychology*, 26, 81-118

Greenberg, J. R., & Mitchell, S. R. (1983). *Object Relations in Psychoanalytic Theory*. Harvard University Press, Massachusetts.

Halifax, J. (1979). "Shamanic Voices and the Shaman". *The Wounded Healer*. New York, Dutton.

Halifax, J. (1982). *Shaman: The Wounded Healer*. Crossroads, New York.

Harding, E. (1965). *The Parental Image: It's Injury and Reconstruction*. G. P. Putnam's Sons, New York.

Harner, M. (1990). *The Way of the Shaman* (3rd ed). Harper & Row, New York.

Harroll, M. (1983). 분석심리학적 여성심리치료. 김진숙 역, 서울: KEAPA Press, 2000.

Harvey, Youngsook Kim. (1979). *The Six Korean Women*. West Publishing Co, St. Paul, Minnesota.

Harvey, Youngsook Kim. (1989). "Possession Sickness and Women Shamans in Korea". In , N. Falk & R. Gross (Eds.), *Unspoken Worlds: Women's Religious Lives in Non Western Cultures* (pp. 41-52). Wadsworth Publications, Belmont, Ca.

Herbert, H. B. (1903). "Mundang and Pansu". *Korean Review*.

Herbert, H. B. (1969). *The Passing of Korea*. Yonsei University Press,

Seoul.

Horner, J. A. (1979). *Object Relations and Developing Ego in Therapy.* Jason Aronson, New York.

Houston, J. (1981). "Myth and Pathos in Sacred Psychology". *Dromenon, III Spring,* 32–34.

Irwin, E. (1977). "Play, Fantasy, and Symbols". *American Journal of Psychotherapy, Vol. 31* (3), 426–436.

Irwin, E. (1983). "The Diagnosis and Therapeutic Use of Pretend Play". In C. Schaefer & K. O' Connor (Eds.), *Handbook of Play Therapy.* John Willey and Sons, New York.

Irwin, E. (1985). "Externalizing and Improving Imagery Through Drama Therapy: A Psychoanalytic View". *Journal of Mental Imagery, Vol. 9* (4), 33–42.

Irwin, E. (1988). "Art Therapy and Healing". *The Arts in Psychotherapy, Vol. 15,* 293–296

Jacobi, J. (1955). "Pictures from the Unconscious". *Journal of Projective Techniques, Vol. 19,* 3.

Jacobi, J. (1979). *The Psychology of C. G. Jung: An Introduction with Illustration.* New Haven, Yale University Press.

Jaffé, A. (1961). C. G. Jung의 회상, 꿈, 그리고 사상. 이부영 역, 서울: 집문당, 1989.

Jaffé, A. (1964). "Symbols in Visual Art". In C. G. Jung (Ed.), *Man and His Symbols.* Aldus Books, London.

Jaffé, A. (Ed.). (1979). *C. G. Jung Word and Image.* Princeton University Press, New Jersey.

Jaffé, A., & Adler, G. (Eds.). (1973). *C. G. Jung Letters, Vol. I.* Princeton University Press.

Johnson, D. & Eicher, (1990). "The use of dramatic activities to facilitate dance therapy with adolescents". *International Journal of Arts in Psychotherapy, 17,* 157–164.

Johnson, D. (1982). "Developmental Approaches in Drama Therapy". *The Arts in Psychotherapy, Vol. 9*(3), 183-190.

Johnson, D. (1986). "The Developmental Method in Drama Therapy: Group Treatment with the Elderly". *The Arts in Psychotherapy, Vol. 13*, 17-33.

Johnson, D. (1987a). "The Role of Creative Arts Therapists in the Diagnosis of Treatment of Psychological Trauma". *The Arts in Psychotherapy, Vol. 14*, 7-13.

Johnson, D. (1987b). "Creative Arts Therapies in the Treatment of Post-Traumatic Stress Disorder". 2nd NCATA Conference.

Johnson, D. (1990). "Drama Therapy for Emotionally Disturbed Populations". New York University Lecture, Spring.

Johnson, D. (1999). Essays on the Creative Arts Therapies, Charles C, Thomas. Publisher, Ltd. Springfield, Illinois, U.S.A.

Johnson, D. R., Sandel, S. L., & Bruno, C. (1984). "Effectiveness of different group structures for schizophrenic, character disordered, and normal groups." *International Journal of Group Psychotherapy, 34*, 413-429.

Johnson, D., & Sandel, S. (1977). Structural Analysis of movement sessions. *Americal Journal of Dance Therapy, 1*, 32-36.

Johnson, D., & Sandel. S. (1974). "Indications and Contraindications for dance therapy and psychodrama in a long-term psychiatric hospital". *American Dance Therapy Association Monograph, 3*, 47-65.

Johnson, D., & Sandel. S. (1984). Effectiveness of different group structures for schizophrenic, character disordered, a normal group. *International Journal of Group Pshchotherapy, 34*, 413-429.

Johnson, D., Sandel. S., & Eicher, V. (1983). "Structural aspects of group leadership styles". *American of Dance Therapy, 6*, 17-

30.

Jung, C. G. (1961). *Memories, Dreams, Reflection,* Edited by A. Jaffé, Random House, New York, 1965.

Jung, C. G. (1964). 인간과 무의식의 상징. 이부영 외 공역, 서울: 집문당, 1983.

Jung, C. G., & Kerenyi, C. (1949). *Essays on Science of Mythology.* New York Pantheon, 1950.

Kalff, D. M. (1980). *Sand Play.* Sigo Press, Santa Monica, Ca.

Kaplan, L. (1963). *Oneness and Separateness: From Infant to Individual.* A Touchstone Books, Simon and Schuster.

Kaplan, L. J. (1978). *Oneness and Separateness.* Touchstone, New York.

Kellog, R. (1969). *Analysing Children' s Art.* Mayfield Publishing Co., Palo Alto, California.

Kendall, L. (1977). "Mugam: The Dance in Shaman Clothing". *Korea Journal, 17, 12,* 38-44

Kendall, L. (1983). "Korea Ancestors: From the Women' s Side". In Laurel Kendall & Mark Peterson (Eds.), *Korea Women: View from the Inner Room* (pp. 97-112). East Rock Press, Inc. New Haven.

Kendall, L. (1985). *Shamans, Housewives, and Other Restless Spirits.* University of Hawaii Press, Honolulu.

Kendall, L. (1987). "Let the Gods Eat Rice Cake: Women' s Rites in a Korean Village". *Religion and Ritual in Korean Society,* Laurel Kendall and Griffin Dix (eds.), Institute of East Asian Studies, 118-138, University of Berkeley.

Kendall, L. (1988). *The Life and Hard Time of Korean Shaman.* University of Hawaii Press, Honolulu.

Kim, Jin-Sook. (1994). *Exploration of Role in Naerim Kut: Korean Initiation Ritual,* Doctoral Dissertation of NYU.

Kirby, S. T. (1975). *Ur-Drama The Origins of Theatre*. New York University Press, New York.

Klein, M. (1960). *The Psycho-Analysis of Children*. Grove Press, Inc.

Kris, E. (1952). *Psychoanalytic Exploration in Art*. International University Press, New York.

Landy, R. (1983). "The Use of Distancing in Drama Therapy". *The arts in Psychotherapy, Vol. 10*(3), 175-185.

Landy, R. (1984a). "Conceptual Methodological Issues of Research in Drama Therapy". *The Arts in Psychotherapy, Vol. 11,* 89-100.

Landy, R. (1984b). "Puppets, Dolls, objects, Masks, and Make-up". *Journal of Mental Imagery, Vol. 8*(1), 79-90.

Landy, R. (1985). "The Image of the Mask: Implications for Theater and Therapy". *Journal of Mental Imagery, Vol. 9*(4), 43-56.

Landy, R. (1986). *Drama Therapy: Concepts and Practices*. Charles Thomas Publisher, Springfield, Illinois.

Larsen, S. (1988). *The Shaman's Doorway: Opening Imagination to Power and Myth,* Station Hill Press.

Larsen, S. (1990). *The Mythic Imagination*. Bantom Books, New York

Lee, Du-Hyun. (1988). "Role Playing Through Trance Possession in Korea Shamanism". In Chai, Shin Yu & R. Guisso (Eds.), *Shamanism: The Sprit World of Korea* (pp. 163-178). Asian Humanities Press, Berkeley.

Lee, Jae-Hoon. (1989). "A Study of Han of the Korean People: A Depth Psychological Contribution to the Understanding of the Concept of Han in the Korean Munjung Theology". Unpublished Doctoral Dissertation Union Theological Seminary, New York.

Lee, Jung-Young. (1981). *Korean Shamanistic Rituals*. The Hague, Mouton

Lee, Kwang-Kyu. (1986). "Confucian Tradition in the Contemporary

Korean Family". The Psycho-Cultural Dynamics of the Confucian Family: Past and Present, ed. W. Slote, *International Cultural of Korea, Series 8*, 3-18, Seoul.

Lévi-Strauss, C. (1986). *The Sauaage Mind.* Chicago University Press.

Lévy-Bruhl, L. (1910). *How Natives Think* (English trans. 1926). Washington Square Press, New York.

Lewis, L. M. (1989). *Ecstatic Religion: A Study of Shamanism and Spirit Possession* (2nd ed.) Routledge, New York.

Lewis, P. P. (1984). *Theoretical Approaches in Dance-Movement Therapy Vol. II*. Kendall/Hunt Publishing Company, Dubuque, Iowa.

Lewis, P. P. (1985a). "Embodied Transformational Images in Dance-Movement Therapy". *Journal of Mental Imagery, Vol. 9*(4), 1-8.

Lewis, P. P. (1985b). Myths of Alchemical Transformation in Interplay of Art, Dance and Drama Therapy. Paper Presented at first Joint Conference on Creative Arts Therapies, New York.

Lewis, P. P. (1987). "The Expressive Arts Therapies in the Choregraphy of Object Relations". *The Arts in Psychotherapy, Vol. 14*, 321-331.

Lewis, P. P. (1988). "The Transformative Process Within the Imaginal Realm". *The Arts in Psychotherapy, Vol. 15*, 309-316.

Lewis, P. P. (1993). *Creative Transformation: The Healing Power of the Arts*. Chiron Publications, Wilmette, Illinois.

Lewis, P. P., & Singer, D. (Eds.). (1983). *Choreography of Object Relations*. Antioch University, Keene, NH.

Lindstrom, M. (1957). *Children' s Art: A Study of Normal Development in children's Modes of Visualization*. Berkeley University Press.

Ludwig, A. M. (1996). "Altered States of Consciousness". In Charles Tart (Ed.), *Altered States of Consciousness*. Anchor/Doubleday, New York.

Mahler, M. (1968). *On Human Symbiosis and the Vicissitudes of Individuation, Vol. 1.* Infantile Psychosis, International University Press, New York.

Mahler, M. (1972). "On the First Three Subphases of the Separation-individuation Process". *International Journal of Psychoanalysis, Vol. 5.*

Mahler, M. (1975). *The psychological Birth of the Human Infant.* Basic books Inc., New York.

McNiff, S. (1979). "From Shamanism to Art Therapy". *The Arts in Psychotherapy, Vol. 6(3).*

McNiff, S. (1988). "Shaman Within". *The Arts in Psychotherapy, Vol. 15(4),* 285-292.

Miller, A. (1981). *The Drama of the Gifted Child,* Basic Books Inc., New York.

Mindell, A. (1981). *Dream Body.* Sigo Press.

Mindell, A. (1984). *Working with Dreaming Body.* Viking-Penguin-Arkana, London and Boston.

Mitchell, S. A., & Black, M. (1995). 프로이트 이후 - 현대 정신분석학 -. 이재훈, 이해리 공역, 서울: 한국심리치료연구소, 2000.

Moore, R. (1991). "Ritual, Sacred Space, and Healing: The Psychoanalyst as Ritual Elder". Liminality and Transitional Phenomena, Schwartz-Salant, N., & Stein M., (eds.), *The Chiron Clinical Series* III: 13-32, Chiron Publication Wilmette Illinois.

Moreno, J. (1988). "The Music Therapist: Creative Arts Therapist and Contemporary Shaman". *The Arts in Psychotherapy, Vol. 15,* 271-280.

Myerhoff, B. (1974). *Peyote Hunt, The Sacred Journey of the Huichol Indians.* Ithacad London, Cornell University Press.

Naumberg, M. (1950). *Schizophrenic Art: Its Meaning in*

Psychotherapy. Grune & Stratton, New York.

Naumberg, M. (1966). *Dynamically Oriented Art Therapy*. Grune & Stratton, New York.

Neumann, E. (1949). *The Origins of History of Consciousness.* Bollingen Foundation Inc., Princeton University Press, 1954.

Neumann, E. (1955). *The Great Mother: An Analysis of the Archetype.* translated by Ralph Manheim, Bollingen Series XLVII, Princeton University Press.

Neumann, E. (1956). *Amor and psyche*. Bollingen Foundation Series LIV, New York.

Neumann, E. (1959). *Art and the Creative Unconscious*. Panthoen, New York.

Neumann, E. (1973). *The Child.* Shambhala, Boston, 1990.

Obeyesekere, G. (1981). *Medusa's Hair*. Chicago University Press.

Perera, S. (1981). *Descent to the Goddess: A Way of Initiation for Women*. Inner City Books, Toronto.

Piaget, J. (1962). *Play, Dreams and Imitation in Childhood*. W. W., Norton and Company, New York.

Pincher, S. (1991). 만다라를 통한 미술치료. 김진숙 역, 서울: 학지사, 1998.

Portmann, A., et. al. (1977). *Color Symbolism*. Spring Publication, Zürich.

Robbins, A. (1980). *Expressive Therapy - A Creative Arts Approach to Depth - Oriented Treatment.* Human Science Press. New York.

Robbins, A., & Seaver, L. S. (1979). *Creative Art Therapy*. Pratt Institute, New York.

Rubin, J. (1984). *The Art of Therapy*. Brunner/Mazel inc., New York.

Rubin, J. (1987). 이구동성 미술치료. 주리애 역, 서울: 학지사, 2001.

Rubin, J. (1987). *Approaches to Art Therapy*. Brunner/Mazel inc., New York.

Rubin, J. (1984). 미술심리치료 총론: 예술로서의 미술치료. 김진숙 역, 서울:

KEAPA Press, 2001(2008년 학지사에서 예술로서의 미술치료라는 제목으로 재출간).

Schechner, R. (1973). *Environmental Theater.* Hawthorn Books, Inc., New York.

Schechner, R. (1985). *Between Theater and Anthropology,* University of Pennsylvania Press.

Schechner, R. (1988). *Performance Theory.* Routledge, New York, London.

Scheff, T. J. (1979). *Catharsis in Healing, Ritual and Drama,* University of California Press, Berkely, Ca.

Schmidt, W. (1931, 1949, 1955). *Die Ursprung der Gottesidea (The Origin of the Idea of God), Vol. 3, 9, 11,* München.

Schwartz-Salant, N. (1982). *Narcissism and character Transformation.* Inner City Books, Toronto, Canada.

Siikala, A.-L. (1978). *The Rite Technique of the Siberian Shaman, Folklore Fellows Communication,* 220. Helsinki, Soumalainen Tiedeskaremia Academia

Stern, D. (1985). *The Interpersonal World of the Infant.* The Basic Books, New York.

Stevens, M., & Swan, A. (2004). *De Kooning, An American Master.* Random House, Inc., New York.

Suzuki, D., Martino, D., & Fromm, E. (1987). 선과 정신분석 (pp. 117-243). 김용정 역, 원음사, 1992.

Turner, V. (1969). *Ritual Process.* Cornell University Press, 6th prt., New York.

Turner, V. (1974). *Dramas, Fields, and Methaphors.* Cornell University Press, 5th prt., New York.

Turner, V. (1982). *From Ritual to Theater.* PAJ Publications, New York.

Van Gennep, A. (1960). *The Rites of Passage,* repr., University of

Chicago Press.

Von Franz, M.-L. (1983). "Introduction". In M. F. Keyes (Eds.), *The Inward Journey.* La Salle, Il, Open Court.

Von Franz, M.-L. (1999). *The Cat, Remdemption of Feminine.* Inner City Books, Toronto.

Wallace, E. (1987). "Healing through Visual Arts: Jungian Approach". In J. Rubin (Ed.), *Approaches to Art Therapy.* Brunner/Mazel Inc. New York.

Walter, M. N., & Friedman, E. J. N. (Eds.). (2004). *Shamanism, An Encylopedia of World Beliefs, Practice, a caetare, Vol* Ⅰ, Ⅱ.

Whitemont, E. (1969). *The Symbolic Quest.* Princeton University Press, New Jersey.

Wilson, B. (1983). "The Korean Shaman". In L. Kendall & M. Peterson (Eds.), *Korean Women: View from the Inner Room* (pp. 113-128). East Rock Press, Inc. New Haven.

Winnicott, D. W. (1971). *Playing & Reality.* Tavistock Publications, New York.

Winnicott. D. W. (1984). 박탈과 비행. 이재훈, 박경애, 고승자 역, 서울: 한국심리치료연구소, 2001.

Winnicott. D. W. (1984). 성숙과정과 촉진적 환경. 이재훈 역. 서울: 한국심리치료연구소, 2000.

Wolf, R. (1990). "Visceral Learning: The Integration of Aesthetic and Creative Process in Education, and psychotherapy". *Art therapy. Vol.* 7(2), 60-69.

Collected Works of C. G. Jung

Jung, C. G. (1917). *Two Essays on Analytical Psychology. C.W., Vol. 7.* Princeton University Press, 1953.

Jung, C. G. (1930). *Alchemical Studies, C.W., Vol. 13.* Princeton University Press, 1967.

Jung, C. G. (1933). *The Archetype and the Collective Unconscious, C.W., Vol. 9. Part I.* Princeton University Press, 1968.

Jung, C. G. (1935). *The Aims of Psychotherapy. In Practice of Psychotherapy, C.W., Vol. 16.* Princeton University Press, 1966.

Jung, C. G. (1939). *Civilization in Transition, C.W., Vol. 10.* Princeton University Press, 1970.

Jung, C. G. (1940). *Psychology of Religion, C.W., Vol. 11.* Princeton University Press, 1969.

Jung, C. G. (1946). *The Development of Personality, C.W., Vol. 17.* Princeton University Press, 1954.

Jung, C. G. (1956). *Undiscovered Self, C. W. Vol. 10,* Princeton University Press, 1970.

융 기본 저작집

Jung, C. G. 꿈에 나타난 개성화과정의 상징(Grundwerk 융 기본 저작집 5). 한국융연구원 역, 서울: 솔출판사, 2002.

Jung, C. G. 상징과 리비도(Grundwerk 융 기본 저작집 7). 한국융연구원 역, 서울: 솔출판사, 2005.

Jung, C. G. 연금술에서 본 구원의 관념(Grundwerk 융 기본 저작집 6). 서울: 솔출판사, 2004.

Jung, C. G. 원형과 무의식(Grundwerk 융 기본 저작집 2). 한국융연구원 역, 서울: 솔출판사, 2002.

Jung, C. G. 인간과 문화(Grundwerk 융 기본 저작집 9). 한국융연구원 역, 서울: 솔출판사, 2004.

Jung, C. G. 인격과 전이(Grundwerk 융 기본 저작집 3). 한국융연구원 역, 서울: 솔출판사, 2004.

Jung, C. G. 정신 요법의 기본 문제(Grundwerk 융 기본 저작집 1). 한국융연구원 역, 서울: 솔출판사, 2001.

ARAS 사진자료

"3Cd.009" ARAS Online [online archive]. New York: The Archive for Research in Archetypal Symbolism; available from www.aras.org; accessed 30 July 2009.

"1Cc.129" ARAS Online [online archive]. New York: The Archive for Research in Archetypal Symbolism; available from www.aras.org; accessed 30 July 2009.

"88s.001" ARAS Online [online archive]. New York: The Archive for Research in Archetypal Symbolism; available from www.aras.org; accessed 30 July 2009.

"6Ae.060" ARAS Online [online archive]. New York: The Archive for Research in Archetypal Symbolism; available from www.aras.org; accessed 30 July 2009.

"8Cc.127" ARAS Online [online archive]. New York: The Archive for Research in Archetypal Symbolism; available from www.aras.org; accessed 30 July 2009.

Table of Contents

Shamanism and Depth-Oriented Arts Psychotherapy

by Kim, Jin-Sook, Ph.D., A.T.R., E.A.T.R

찾아보기

• 인 명 •

• 내 용 •

||||| 저자 소개 |||||

김진숙(Ph.D., A.T.R., E.A.T.R.)

뉴욕프랫대학원과 뉴욕대학원에서 각각 미술치료, 연극치료 석·박사 학위
를 취득하고, 1994년부터 한국에서 활동하고 있다. 명지대학교 특수대학원 예
술치료학과 전임 교수이며 초대 한국 표현예술심리치료협회장 및 학회장, 미
술치료단체 협의회장, 세계표현정신병리 및 예술치료(SIPE)학회의 부회장을
역임하고 있다. 한국융연구원의 전문연구원으로서 현재 샌프란시스코-버클
리 지역 분석심리학도들을 위한 중세 연금술과 모래상자치료 연구모임에서
연구 중이다. 저서로는『예술심리치료의 이론과 실제』, 역서로는『살아 있는
심혼』『만다라를 통한 미술치료』『여성심리치료』『미술치료학 개론』『가족미
술심리치료』등이 있다.

샤머니즘과 예술치료
-치유과정의 심층심리학적 은유-

2010년 1월 22일 1판 1쇄 발행
2011년 9월 5일 1판 2쇄 발행

지은이 • 김진숙
펴낸이 • 김진환
펴낸곳 • (주) 학지사
       121-837 서울특별시 마포구 서교동 352-29 마인드월드빌딩 5층
대표전화 • 02)330-5114   팩스 • 02)324-2345
등록번호 • 제313-2006-000265호

홈페이지 • http://www.hakjisa.co.kr
커뮤니티 • http://cafe.naver.com/hakjisa

ISBN 978-89-6330-245-4 93180

정가 14,000원

인터넷 학술논문 원문 서비스 **뉴논문** www.newnonmun.com